大学生思政课获得感的理论与实践研究

余绪鹏 ◎ 著

东南大学出版社
SOUTHEAST UNIVERSITY PRESS
·南京·

图书在版编目(CIP)数据

大学生思政课获得感的理论与实践研究 / 余绪鹏著.
南京：东南大学出版社，2024. 6. -- ISBN 978-7-5766-
1454-1

Ⅰ. G641

中国国家版本馆 CIP 数据核字第 20247NQ993 号

责任编辑：陈　淑　　责任校对：韩小亮　　封面设计：顾晓阳　　责任印制：周荣虎

大学生思政课获得感的理论与实践研究

著　　　者	余绪鹏
出版发行	东南大学出版社
出 版 人	白云飞
社　　　址	南京市四牌楼 2 号
经　　　销	全国各地新华书店
印　　　刷	广东虎彩云印刷有限公司
开　　　本	700 mm×1000 mm　1/16
印　　　张	14.5
字　　　数	245 千字
版　　　次	2024 年 6 月第 1 版
印　　　次	2024 年 6 月第 1 次印刷
书　　　号	ISBN　978-7-5766-1454-1
定　　　价	79.00 元

本社图书若有印装质量问题，请直接与营销部联系，电话：025-83791830。

项 目 资 助

- 上海应用技术大学马克思主义理论一级学科学位点建设项目（101100240042003-A21）

- 上海高等教育学会年度规划研究课题"地方应用型高校新进思政课教师教学能力提升研究"（2QYB24131）

- 上海教育科学规划项目"上海高校马克思主义理论学科建设发展与挑战"（2023ZSS007）

- 上海市教育科学研究一般项目"基于产教融合的应用型本科高校教师评价模型构建及实践探索"（C2024251）

目　录

绪　论

中国特色社会主义进入新时代，这是我国发展所面临的新历史方位。在这个新的历史时期，高校思政课面临着前所未有的挑战，如何培养人、怎样培养人以及为谁培养人，成为亟待解决的重要问题。首先，新时代要求明确培养人的目标。我国高等教育要培养的是具有社会主义核心价值观、德智体美全面发展的人才。这是一项关乎国家未来、民族命运的战略任务，需要我们从教育理念、教育内容、教育方法等多方面进行深入改革。其次，新时代要求创新培养人的方式。随着科技的飞速发展，互联网、大数据、人工智能等新兴技术为教育创新提供了广阔的空间。我们要善于运用现代科技手段，丰富思政课的教学形式，提高教学质量，使思政课更具吸引力、感染力和针对性。再次，新时代要求强化培养人的实效。思政课不仅要传授理论知识，更要引导学生践行社会主义核心价值观，培养学生的道德品质和社会责任感。我们要关注学生的成长需求，关注社会热点，将思政课与实践活动相结合，切实提高学生的思想政治素质。在新时代背景下，高校思政课承担着培养担当民族复兴大任的时代新人的重任。我们要深入学习贯彻习近平总书记关于教育的重要论述，深化思政课改革创新。这是新时代赋予的历史使命，也是高校思政课教师面临的严峻挑战。

一、研究背景和意义

"获得感"这一概念在我国国家治理现代化进程中应运而生。2015年2月，习近平总书记在中央全面深化改革领导小组第十次会议上明确指出：

"把改革方案的含金量充分展示出来，让人民群众有更多获得感。"自此，"获得感"一词被广泛传播。在"以人民为中心"的理念引导下，各领域将获得感视为工作评价标准和价值目标，高等教育领域亦然。中共教育部党组印发《高校思想政治工作质量提升工程实施纲要》，强调"不断提高师生的获得感"，并将获得感提升至战略高度。2016 年 12 月，全国高校思想政治工作会议召开，习近平总书记明确提出，思想政治理论课（简称思政课）改进需"提升思想政治教育亲和力和针对性，满足学生成长发展需求和期待"①。为贯彻全国高校思想政治工作会议精神，提升高校思政课质量和水平，切实增强大学生获得感，教育部将 2017 年定为高校思政课教学质量提升年，并审议通过《2017 年高校思想政治理论课教学质量年专项工作总体方案》。按照"思路攻坚、师资攻坚、教材攻坚、教法攻坚、机制攻坚"的总要求，深入实施该方案，努力将思政课建设成为大学生真心喜爱、终身受益的课程。2019 年，在纪念五四运动 100 周年大会上，习近平总书记对新时代青年提出六大期望：树立远大理想、热爱伟大祖国、担当时代责任、勇于砥砺奋斗、练就过硬本领、锤炼品德修为。这六点期望既是对新时代青年的呼唤，也是对思政课提出的要求。

近年来，我国高校在党和国家的高度关注下，纷纷加大思想政治理论课改革力度，不断创新教学模式。从对传统课堂的深入探索，到翻转课堂的实践应用，再到智慧课堂的引入，改革举措层层递进，使得思政课焕发出勃勃生机。广大教育工作者如复旦大学教师陈果、北京师范大学教师熊晓琳、南京航空航天大学教师徐川等，深入研究学生需求，将青年学生喜爱的话语融入课堂，从而提升思政课的吸引力、感染力和凝聚力。然而，在思政课日益走红的现象背后，我们需保持清醒的认识。教师不仅应创造活跃的课堂氛围和新颖的教学模式，更应关注学生的实际收获。思政课的获得感不仅是教学质量的直观体现，更是衡量教学效果的重要标准。特别是在中国特色社会主义新时代，面临诸多问题和挑战，思政课作为立德树人的关键课程，有责任引导学生树立正确的世界观、人生观和价值观。因此，深入研究大学生对思政课获得感不高的原因及提升策略，是推进中国特色社会主义伟大事业的重要课题。

---

① 习近平总书记在全国高校思想政治工作会议上的重要讲话 [N]. 人民日报，2016-12-09.

本研究的理论意义在于：首先，为我国高校思想政治教育课体系的优化提供理论支持。在思政课的教学过程中，教育者的关键职责是激发学生的学习需求，从而提升教育质量。从大学生角度研究新时代思政课获得感，并以马克思主义人学理论、需要理论、认知学习理论为理论基石，有助于拓宽思政课的研究视野，加深其深度，为思政课的科学发展提供有益启示。其次，本研究致力于丰富历史唯物主义理论中的"以人民为中心"理念。我党在继承和发展马克思主义关于"人的全面发展"理论的基础上，提出了"以人民为中心"的重要思想。大学生作为未来社会主义事业的栋梁之材，研究他们在思政课中的获得感有助于实现对他们的思想引领，培养一代又一代有志于为国家发展贡献力量的优秀青年。再次，本研究有助于推动高校思想政治教育接受论、学习论的完善与发展。大学生是高校思想政治教育的主要受众，他们在思政课中的接受程度和学习体验直接影响教学成果。深入研究思政课获得感，有助于从理论高度完善思想政治教育接受论、认知学习论，为提高思政课教学质量提供有力保障。

本研究的应用价值在于：首先，科学评估大学生对思政课的接受程度。在教育实践中，教学内容的接受程度是衡量思政课效果的关键指标。这意味着，需要深入了解学生对思政课的获得感，并根据这一情况对教学过程和内容进行调整。通过需求与获得感的因果关系，可以采用基于需求的获得感评估方法，从而确保评估的科学性，并进一步分析影响思政课获得感的各种因素。其次，本研究的一个重要目标是提升大学生的思想道德素质。思政课的终极目标在于引导大学生实现自我教育。为了达到这一目标，需要深入了解大学生的思想特点，开展有针对性的教学，激发他们主动接受思想政治教育的热情。通过实现知识、方法、思想与人格等方面的有效衔接，可以帮助大学生提高思想道德水平，形成自我教育的良性循环。再次，本研究对于国家在意识形态领域掌握领导权具有重要意义。高校思政课作为国家意识形态领域的重要组成部分，其作用不容忽视。通过对思政课获得感的深入研究，可以更好地发挥高校思政课的主渠道作用，巩固意识形态阵地，增强社会意识形态的凝聚力。

二、研究现状与评述

尽管思政课获得感受到了广泛关注，但毕竟这是最近几年才出现的新概念，学界对此开展研究并取得学术成果的文献并不多。在研究内容上，学者们都关注到了高校思政课获得感的诸多方面，包括内涵与特征、层次与结构、获得感现状及其原因分析、获得感的提升路径等等。研究最多的便是对策方面，即"如何提升思政课获得感"，这应该也是当前教学界和理论界最关心的问题。在研究方法上，既有深厚的学理化分析，比如核心期刊论文《"思政课获得感"的哲学意蕴》，也有详细的调查问卷方法，比如核心期刊论文《大学生思想政治理论课获得感现状调查分析》；既有词源学的阐释说明，比如核心期刊论文《论思想政治理论课获得感的内涵》，又有追寻生成路径的逻辑推理，比如核心期刊论文《论大学生思想政治理论课获得感的逻辑生成》；既有对中央政策的宏大解读，比如核心期刊论文《思想政治理论课改革创新的主导性和主体性相统一研究》，又有叙事性的中观和微观分析，比如核心期刊论文《高校思想政治理论课教学话语建设的实践逻辑》。在研究视角上，呈现出与时俱进的新态势。既有坚持一贯的传统视角，又有近些年来的新理论新视角。我们发现，有学者从社会主要矛盾变化的视角来看待高校思想政治教育领域的主要矛盾变化；有学者从人民向往美好生活引申到大学生向往幸福生活，然后再从这个角度去探讨幸福感与获得感；还有学者从近些年经济学界流行的供给侧视角出发，去探讨高校思政课供给与需求的关系问题，进而用"以需求来决定供给"的研究思路分析获得感提升路径；甚至还有学者在此基础上提出了思政课的"需求侧"和"协同侧"的新概念。在研究队伍中，我们发现，对思政课获得感进行探讨的基本上是年轻后辈，或者是知名度不高的普通教研人员，很少见到名家大师。这说明年轻学者和普通教师对思想政治教育领域的新概念和新现象更加关注。当然也可能是因为他们并没有形成长久稳定的研究方向，所以才没有所谓的"历史包袱"和"路径依赖"。

（一）大学生思政课获得感的内涵

2016 年 5 月 17 日，在哲学社会科学工作座谈会上，习近平总书记强调指出，"增强他们的荣誉感、责任感、获得感"，这里的"他们"是指哲学社会科学工作者，当然也包括了思政课教师。2017 年 12 月教育部印发《高校思想政治工作质量提升工程实施纲要》，其中明确提出"着力破解高校思想政治工作领域存在的不平衡不充分问题，不断提高师生的获得感"。由此可见，官方所认为的获得感涉及教师和学生两个层面。所以，从获得感主体上进行划分，思政课获得感包括了教师获得感和学生获得感。

在不断强调教学质量的今天，教师获得感的提出突出了教育主导者特别是课堂主导者的关键作用。这是因为，作为教学主体的高校教师不是机械的，更不是呆板的，而是有着价值取向和情感体验的并富有很强主观能动性的思想者。正是基于这一认识，有学者指出，教师获得感需要从几个不同层面去理解，包括作为教师的被需要感、对教育事业的认同感（使命感、责任感、荣誉感）、教育过程的互动感和教育结果的成就感。①

由于人才培养是高等教育的首要目标，所以在师生关系中，学生更具有目的价值。在现代教育教学实践过程中，思政课教学越来越注重学生体验，以学生层面的"需求"来调整教师层面的"供给"，这种教育"供给侧改革"在思政课上的目标就是要提高学生获得感。因此，纵览学界文献，学生获得感比教师获得感更加受到学界关注。如果没有特别说明，许多文献中所研究的思政课获得感就是指学生的获得感。本书也主要是指学生获得感。

那么，什么是学生的思政课获得感？它又包括哪些内容？学界一般认为，大学生思政课获得感，指的是大学生在课中和课后因满足自身的需要而产生的积极、正面而美好的感受。可以从以下方面来具体阐述：一方面，思政课的课堂供给，需要建立在大学生身心参与的基础之上，这样才能满足大学生的需要并使其有"感"。另一方面，课中和课后在知识、能力、情感、意志、思维方式、价值观念、行为等方面取得了实实在在的收获。由此可见，这主要指向的不是物质性的、实体性的"获得物"，而是一个兼及认知、情感、意志、信念的精神性感受，既来源于结果，更来源于过程，因而是过程和结果的相互统一。②

---

① 张业振. 论思想政治教育获得感的内涵、逻辑及其实现 [J]. 思想政治教育研究，2018，34（6）：67－71.

② 周金华，刘睿. 论增强"大学生思想政治理论课获得感"[J]. 思想政治教育研究，2019，35（2）：75－80.

很显然，这种获得感具有一定的结构和层次。首先，从思政课对大学生的影响范围上来说，包括大学生从思政课教学中获得的理论知识习得的满足感、情感体验的共鸣感、坚定理想信念的充实感和行为习惯养成的成就感①，或者包括知识能力获得感、价值引领的获得感和审美获得感②。其次，从时间跨度上来说，可以分为短期获得感和长期获得感。前者主要是指知识、理论的获得，后者主要是指信仰、观念的树立。③ 再次，从作用于大学生素质结构的层面来划分，有学者认为包括知识论层面的获得感、价值观层面的获得感、方法论层面的获得感。④ 有学者则区分为思想的获得感、情感的获得感、道德和规则的获得感、成长的获得感。⑤ 还有学者将其分为认知层面获得感、情感层面获得感和行为层面获得感。⑥

(二) 大学生思政课获得感的现状

作为同时奋战在思政课一线的授课教师，许多学者对自己的学生有着深刻的认识，他们普遍认为，大学生对于思政课的获得感不强，并且总体上对思政课呈现出"排斥"心理。这虽然是一种感性认识，但也是基于丰富教学实践上的价值判断。当然，科学毕竟是要"求真"的。因此，有学者通过设计若干问题来试图"科学化"呈现思政课获得感，并在大学生中专门做了调查问卷⑦。数据显示及学界的分析结果如下：

在"为何要上思政课"这个问题上，51.2％的人认为是"为拿学分而学习"，22.4％的人认为可以"提高理论素养"，10.7％的人认为可以"拓

① 张艳丽，何祥林. 新时代增强大学生思想政治理论课获得感的思考 [J]. 中国高等教育，2019 (6)：43-45.

② 杨志平，沈震. 切实增强大学生对思想政治理论课的获得感 [J]. 中国高等教育，2018 (20)：39-41.

③ 阎国华. 高校思想政治理论课获得感的内在要素与形成机制 [J]. 思想理论教育，2018 (1)：66-71.

④ 姚迎春，杨业华. 论思想政治理论课获得感的内涵 [J]. 湖北社会科学，2018 (4)：183-187.

⑤ 朱国栋. 论新时代高校思想政治理论课的获得感 [J]. 湖北社会科学，2018 (9)：161-166.

⑥ 李昊婷. 新时代高校思想政治理论课获得感的生成机制与提升路径 [J]. 思想教育研究，2019 (6)：73-77.

⑦ 邵雅利. 大学生思想政治理论课获得感现状调查分析 [J]. 学校党建与思想教育，2018 (6)：34-36.

宽知识面"，15.7％的认为"说不清楚"。由此可见，大学生对思政课没有动力，他们许多人没有积极心态，还依然处于一种被动的、被迫的客体角色，缺乏主体性和创造力。①

在"思政课有什么用"这个问题上，16.8％的人认为"很有用"，34.7％的人认为"有点用"，43.2％的人认为"用处不大"，5.3％的人认为"一点用都没有"。很显然，在当前社会还很浮躁很功利的现实面前，大学生也会将实际利益作为评判标准。由于不能带来直接明显的功用，思政课在近半数的大学生心中没有价值。

在"对思政课有多大兴趣"这个问题上，18.2％的人选择"很感兴趣"，38.6％的人选择"有点兴趣"，35.4％的人选择"兴趣不大"，7.8％的人选择"完全没兴趣"。从这组数据可以看出，当前的高校思政课对大学生没有吸引力。有学者对此进行分析并认为，新时代大学生对"高高在上"的政治理论比较排斥，容易产生"审美疲劳"，不喜欢教条式的灌输和死板的教学模式，对课堂中简单灌输的"定论"和苦口婆心的抽象说教则较为漠然。②

在"是否缺勤"这个问题上，经常缺勤的大学生占6.3％，偶尔缺勤的占74.4％，选择"每节课都去"的占19.3％。由此可见，在大学持续扩招的背景下，思政课普遍实行大班授课模式，再加上"90后"大学生自我约束能力较差，发生在思政课上的逃课现象比较严重。③

在"上课是否认真听讲"这个问题上，认为自己"专心听课"的人占21.7％，"有听课但经常走神"的占53.2％，"经常做与课程无关的事情，偶尔听课"的占16.9％，"基本不听课"的占8.2％。这就是我们常说的"心不在焉"。所以，我们会发现，在有的课堂上，讲者滔滔不绝，听者寥寥无几，甚至出现"教师讲得眉飞色舞，学生听得愁眉锁眼"的情况。这也被有些学者称为"隐性逃课"。④

---

① 张桂华，顾栋栋．从接纳到内化：思想政治教育的主体性生成逻辑［J］．江苏高教，2019（5）：110-114.

② 刘娜，吴纪龙．提高思想政治理论课实效性应着力实现"六个转化"［J］．思想政治教育研究，2019，35（3）：75-79.

③ 陈媛．高校思想政治理论课逃课问题的原因及对策［J］．教育与职业，2015（8）：108-110.

④ 于昆．高校思想政治理论课"隐性逃课"归因与课堂秩序重构［J］．思想教育研究，2014（6）：55-58.

（三）关于获得感不强的原因探讨

为何出现这些情况，为何思政课获得感难以提高，许多学者由此聚焦到课堂教学。首先，教学内容空泛陈旧。教师讲授的内容过于理论化、抽象化，同时又没有回应和解决学生关切的真问题。有问卷调查的数据显示，61.63%的大学生认为，当前思政课教学"内容空洞抽象，没有或很少与实践相结合"[①]。此外还存在着"同一个内容在不同的学段、不同的课程中重复出现，教师重复讲解"[②] 的现象，忽视了理论知识对现实事例的解读，疏忽了教学内容与教学对象的匹配，从而让学生感到课程空泛并产生厌倦。[③] 其次，教学话语生搬硬套。随着时代变迁和社会转型，在全球化、网络化和信息化日趋融合的今天，文化多元化、价值取向多样性、社会思潮多向度等冲击着马克思主义意识形态[④]，高校思政课教学面临话语形态泛政治化、话语方式缺乏交流互动、师生话语权不对称、师生话语语境间隔等诸多困境。[⑤] 许多教师不善于用学生更喜欢听、更容易懂，从而更能够接受的话语，来表达思想政治教育的内容。[⑥] 再次，教学方法老式陈旧。尽管"05方案"实施以来思政课教师大力改进教学方法，但由于数字技术、互联网技术、移动通信等的新媒体发展过于迅速，微博、微信、网络电视、手机报纸等已经日益影响大学生的日常生活，对他们的思想政治意识、价值尺度、道德观念产生了重要影响[⑦]，这使得当前看似多样化的思政课教学方法依然很落后，特别是抖音、快手等短视频的流行让传统

---

① 邱开玉，廖梦雅．大学生思政课教学话语有效性研究：基于浙江省7所高校的调研 [J]．中国青年社会科学，2019，38（5）：39-46．

② 刘建军．试析思想政治教育过程中的重复施教 [J]．思想理论教育导刊，2014（8）：93-97．

③ 史宏波．理论联系实际在高校思想政治理论课教学中存在的问题及对策 [J]．思想理论教育导刊，2018（10）：98-102．

④ 倪松根．高校思想政治理论课话语有效性探究 [J]．思想理论教育导刊，2016（10）：108-111．

⑤ 邵路才，才晓茹．论新时代高职院校思政课教学话语创新 [J]．教育与职业，2019（24）：85-88．

⑥ 刘建军．思想政治教育话语转换的三重基础 [J]．思想理论教育导刊，2016（5）：120-123．

⑦ 姬立玲．新媒体环境下高校思政课教学方法创新探究 [J]．思想教育研究，2016（10）：82-85．

的思政课教学方法显得陈旧保守。

有学者试图将思政课教学延伸到课堂之外，从一个更宽广的视野认为这是一个集课前准备、课堂教学和教学反馈为一体的过程性活动①。课前准备是基础因素，思政课教师要全面把握教学内容，根据学生实际状况从而甄选合适的教学方法。课堂教学是关键因素，当前教学内容的理论化色彩太浓，教学语言过于僵化生硬，离生活过于遥远，不能为学生带来积极的心理体验。教学反馈是拓展因素，不仅有课堂反馈，还包括课后反馈。许多教师没有及时为学生解疑释惑并优化考评体系，从而难以客观真实地反映教学效果。有调查问卷的数据显示，64.89％的大学生希望在思政课上"能及时发表自己的意见，并得到老师的回应"。而实际上，只有29.67％的大学生能够实现课上或课后与老师的及时交流，大部分的调查者只能"与同学交流"或"不交流"。② 这三个方面又是相互联系、不可分割的，一环紧扣另一环，共同影响着思政课获得感的生成与提升。

还有学者认为除了以上因素之外，外部环境也是不可忽视的原因。首先，西方意识形态的渗透导致思政课的"育人化人"功能逐渐消解。近些年来，西方的新自由主义和民主社会主义在我们一部分年轻人中还有着相当的影响力，严重干扰着大学生对社会主义核心价值观的认知、认同和践行。③ 再加上市场上的商家为谋利而进行的商业运作，现在大学生非常崇奉和重视西方的"情人节""万圣节""圣诞节"等各种西方节日。与此相反，部分青年学生与我国传统价值观和传统文化却渐行渐远。其次，国内错误社会思潮导致思政课的理论内容不断销蚀。比如，历史虚无主义试图否定中国革命和建设的成就，并以各种方式诋毁党和国家领导人的形象；宪政民主思潮和"普世价值"利用人们渴望民主、痛恨腐败的心理，宣扬西方的宪政民主是中国未来的康庄大道。再次，大学生学情的变化也构成

① 石文卓. 高校思想政治理论课获得感的影响因素分析［J］. 思想理论教育导刊，2019（8）：95－99.

② 邱开玉，廖梦雅. 大学生思政课教学话语有效性研究：基于浙江省 7 所高校的调研［J］. 中国青年社会科学，2019，38（5）：39－46.

③ 李虹. 高校思政课应对新自由主义思潮挑战的思考及对策［J］. 思想理论教育导刊，2015（9）：91－94.

对思政课教学的巨大挑战。"从前，教材是学生的世界；现在，世界是学生的教材。"当前大学生跟过去有很大不同，在以交互性、开放性、聚合性为典型特征的自媒体时代，大学生们能够熟练运用各种网络形式，从多种渠道获取或接收大量信息，即使思政课的教学内容很深刻、方法很先进，对他们来说也毫无新鲜感。①

(四) 大学生思政课获得感的提升

在提升对策上，学界普遍认为，一方面需要更新教学理念，另一方面在具体措施上需要优化师资队伍、课堂话语和教学方法。

1. 教学理念方面

教学理念即人们特别是教师对教学活动秉承的基本态度和总体观念。有学者倡导树立互联网理念，加强"互联网＋"教学平台建设，掌握"互联网＋"学习方法，推行"互联网＋"教学管理。② 有学者认为要以"实现美好生活"为理念。美好生活的彰显与实现为提升思政课的获得感提供了可行向度。因为只有思政课进入大学生的生活视野，引领并超越大学生的现实生活，显扬大学生的美好生活，构建起生活化的教学模式，才能使思政课获得感真正落地。③

更多的学者则认同要牢固树立"以生为本"的教学理念。作为一项实践活动，课堂教学的参与主体有教师和学生。但长久以来，在我们的课堂教学中，只有老师在唱"独角戏"，学生很难参与其中。直到教育界提出了"翻转课堂"概念，以学生为本的理念才逐渐成为越来越多人的共识。具体来说，高校思政课"以生为本"理念包括以下几个方面：首先，要充分发挥大学生的主体作用，考虑学生的接受意愿和接受能力，引导学生自主展开价值判断。其次，重建思政课平等对话的师生关系，使双方始终能够以平等、真诚、尊重的状态进行沟通交流。再次，思政

---

① 周金华，刘睿. 论增强"大学生思想政治理论课获得感"[J]. 思想政治教育研究，2019，35（2）：75-80.

② 房广顺，李鸿凯. 以大学生获得感为核心提升思想政治理论课教学质量 [J]. 思想理论教育，2018（2）：56-61.

③ 王润稼. 美好生活的显扬：提升思想政治理论课获得感的可行向度 [J]. 思想教育研究，2018（6）：89-93.

课要增强大学生的受尊重感，既要尊重他们的独立人格，又要保护他们的个性。①

"以生为本"的教学理念也被认为是一种"导向"，即以大学生需求为导向。看到这里或许有读者会问，既然尊重学生需求，那么大学生有哪些需求呢？从长远来说，大学生有成长的需求；从短期来说，他们也有许多难题困惑有待解决，比如对于社会某一事件的疑虑，对于人际关系不知怎样处理等。面对大学生的诸多需求，思政课既要"顶天"，也要"立地"。因此，有学者认为，在实际的思政课讲授中，思政课教师要帮助大学生解决在实际生活中遇到的问题，化解他们在思想上、认识上的困惑，真正将理论知识运用到实践中，实现知行合一，从而培养大学生积极的人生态度和高尚的道德品格。②

2. 具体措施方面

首先，优化师资队伍。提升思政课获得感，需要推出一批思想政治素质过硬、理论功底扎实、教学效果突出、深受学生欢迎的优秀思政课教师。正如习近平总书记在学校思政课教师座谈会上所强调的："办好思想政治理论课关键在教师，关键在发挥教师的积极性、主动性、创造性。"如何打造一支优秀的教师队伍？如何将教师的积极性、主动性、创造性发挥出来？有人认为，高校思政课应从思想、政治、理论和实践四个维度不断提升思想引领力、政治引导力、理论说服力和实践指导力，满足新时代高校立德树人根本任务的要求。③ 有人认为要严把教师的出入口，构建以教学为核心的评聘评价体系，从经费和政策上加大扶持力度，通过培训研修、学术交流等措施切实提高教师的综合素质。④ 有人认为要从理论宣讲魅力、个人人格魅力、情感感染魅力和语言艺术魅力这四个方面来提升思

① 王滢. 接受理论对增强大学生思政课获得感的启示 [J]. 学校党建与思想教育，2019 (19)：59 - 62.

② 王晨. 提升大学生思政课获得感的原则与路径 [J]. 学校党建与思想教育，2019 (19)：56 - 58.

③ 廖金香. 高校思想政治理论课教师能力提升的四个维度 [J]. 江苏高教，2019 (9)：98 - 101.

④ 雷虎强. 高校思想政治理论课教师队伍建设的基本路径 [J]. 思想理论教育导刊，2019 (8)：69 - 71.

政课教师的亲和力。①

其次，创新教学话语。话语本质上表征为权力关系，体现为某种叙事方式。欲提高课堂获得感，必须不断改进叙事方式，达成与时代合拍的话语体系创新。针对思政课教学话语陈旧、老套、不鲜活的问题，有学者提出需从话语内容和话语方式的生成问题入手，进行教材话语向教学话语的转化，同时注重教学话语对学生话语的关照。② 还有学者认为，课堂要适应新形势，实现话语体系从理论化和抽象化向生活化和具体化转变，要不断创建沟通式话语方式，尊重学生的话语权，铺设师生契合的话语语境。③ 特别是当前我们面临着全新自媒体时代的挑战，思政课话语体系的创新应充分结合微信、短视频等新媒介，着力做到在渠道融合中优化话语情境，在媒介融合中转化话语表达方式，在信息融合中丰富话语内容。④

再次，改进教学方法。在教育学理论上，"学校教育应采用何种不同的方法""对学生该怎样教"一直都是课程研究的重要问题⑤。对于思政课教学而言，要采用有效管用的方法增强课堂教学的吸引力，让思想政治理论课活起来。⑥ 在具体方法的采用上，学者们展开了热烈讨论。有人认为，高校思政课教学方法创新要因时而变、遵循规律，可以分别或同时采用启发式互动式教学、研究式专题式教学、新媒体新技术教学方法。⑦ 有人认为教学方法的运用需要讲究艺术，善于将"大水漫灌"与"精准滴灌"结

---

① 雷骥. 提升思想政治理论课亲和力应着重培养教师四种魅力［J］. 思想政治教育研究，2018，34（2）：54-57.

② 覃事太，马俊，金鑫. 高校思想政治理论课教学话语建设的实践逻辑［J］. 思想理论教育导刊，2018（5）：116-118.

③ 邵路才，才晓茹. 论新时代高职院校思政课教学话语创新［J］. 教育与职业，2019（24）：85-88.

④ 简臻锐. 全媒体时代思想政治理论课话语体系的创新发展［J］. 思想理论教育，2019（11）：72-76.

⑤ 西尔，戴克斯特拉. 教学设计中课程、规划和进程的国际观［M］. 任友群，译. 北京：教育科学出版社，2009：2.

⑥ 金文斌. 增强大学生对思想政治理论课获得感的路径研究［J］. 思想理论教育导刊，2017（9）：157-159.

⑦ 侯衍社. 因时而变 遵循规律 改革创新：高校思政课教学方法创新的若干思考［J］. 思想理论教育导刊，2017（9）：112-114.

合起来，善于将"线下"与"线上"结合起来。① 究竟大学生喜欢什么样的教学方法，有人基于"以生为本"的理念专门为此做了调查问卷。数据结果显示，在对教学方法改进的期望中，80.19%的大学生选择"以故事为案例的分析式教学"，52.15%的大学生选择"以视频播放为辅助的课堂教学"，48.73%的大学生选择"以问题为导向的线上线下互动讨论式教学"，可见大学生对互动性和情境性的教学方法很期待。②

三、研究方法

大学生思政课是公共课，也是意识形态教育课，更是立德树人的关键课程，本研究在指导思想上始终坚持马克思主义，因此会在辩证唯物主义与历史唯物主义的框架下选择研究方法。考虑到本研究具有跨学科性质，不仅属于教育学、马克思主义理论学科的范畴，也涉及历史学、政治学和社会学等学科内容，因此研究方法也必须符合这些学科的性质与特点。

(一) 问卷调查法

问卷调查法是通过设计和分发问卷来收集信息的研究方法。通过向被调查者提出一系列问题，可以了解他们的意见、态度、行为等方面的信息。这种方法可以帮助研究者获得大量的信息，并进行统计和分析，从而得出结论或发现问题。在本书中，问卷调查法被用作深入了解大学生思政课获得感现状的主要方法。

本书的目标是提升高校大学生思政课获得感，因此，了解大学生思政课获得感的整体状况是后续研究的基础。需要直接了解大学生对思政课的真实感受和评价，这正是本书采用问卷调查法的主要原因。因为仅通过大学生的成绩和教学评价无法准确分析大学生思政课获得感的现状。问卷调查是一种常用的量化研究方法，它可以有效地收集受访者的观点、意见和

① 李菊英，颜州. 获得感：思想政治理论课实效性的重要生成要素 [J]. 思想理论教育导刊，2018 (1)：85 – 89.
② 邱开玉，廖梦雅. 大学生思政课教学话语有效性研究：基于浙江省 7 所高校的调研 [J]. 中国青年社会科学，2019，38 (5)：39 – 46.

态度等信息。在研究过程中，根据相关文献和前期调研结果，设计了一份结构化的问卷，旨在探究高校大学生对思政课的获得感。该问卷分为两部分：一部分涉及大学生的个人信息，如性别、年级等；另一部分则关注大学生思政课获得感，例如，对思政课教学内容的满意度、对思政课教师的评价、思政课对个人成长的影响等。为确保样本的多样性和代表性，将通过多种途径进行调查问卷发放。首先，寻求思政课教师的协助，以便在思政课堂上进行问卷调查，向大学生发放纸质问卷，覆盖不同年级和专业的大学生。同时，为扩大样本规模，还通过网络在线平台和社交媒体发布在线问卷。数据收集完毕后，对数据进行清理和统计分析，以深入了解地方应用型高校大学生思政课获得感现状。问卷调查法为本书提供了丰富的信息，有助于深入了解高校大学生思政课获得感。

(二) 生活体验法

生活体验法是一种常用的研究方法，它以研究者本身的生活经历和体验为基础，通过回忆、观察和记录等方式，深入探索和分析特定主题或问题。在本书中，将运用生活体验法来探讨高校大学生思政课获得感。笔者曾在大学期间上过思政课，有着亲身经历。同时，笔者对高校思政课的教学内容、教学方法以及对大学生的影响有着深刻的体验和感受。因此，通过生活体验法的运用，可以将研究主题与研究者的生活经历相结合，使研究更加具体和真实，从而深入了解和分析大学生在思政课教学过程中的心理活动，更加细致地分析大学生思政课获得感现状。

在运用生活体验法进行研究时，笔者首先对在大学期间上思政课的经历进行了回忆和反思。仔细回顾了本科生期间思政课的核心内容，包括其教学理念、目标以及方法等。同时，笔者还回顾了自己在思政课程中的学习体验，包括对思政课的认识、理解、兴趣及参与度等。通过这种回忆和反思，笔者得以深入理解高校思政课对大学生的深远影响以及大学生在思政课中的获得感。除了回忆和反思，笔者还将通过参与观察和记录的方式获取更多的研究材料。具体来说，笔者亲身参与思政课教学活动，观察并记录大学生在课堂上的表现和反应。通过关注学生的参与度、学习态度及学习效果等方面的表现，以此来了解学生对思政课的真实感受。总之，生活体验法是一种有效的研究方法，它可以帮助我们深入了解和分析大学生对思政课的真实感受。通过回忆、观察和记录等方式，可以从自身的经历出发，获取最直接的研究材料，并进行深入的分析和探讨。通过这种方法的应用，能为高校思政课程改革和发展提供有益的借鉴和建议。

(三) 教学观察法

作为高校思政课教师，笔者可以较便利地通过教学观察法来开展研究。教学观察法是一种通过直接观察教学过程和学生行为来获取教学信息的研究方法。它通过观察教师的教学活动、学生的参与程度、教室氛围等方面的表现，来了解教学效果、教学方法的有效性、学生的学习动机等。教学观察法可以通过实地观察、录像观察、课堂记录等方式进行。观察者需要具备教育背景和专业知识，以便准确记录和分析观察到的现象。教学观察法在教育研究和教学改进中具有重要作用，可以提供直接、客观的教学反馈和改进建议。

笔者选取了部分高校并对其思政课教学进行系统观察。首先，明确详细的观察方案和指标，包括观察的时间节点、具体观察内容、观察地点以及观察人员等。同时，本书还专门设计了合理的观察工具，例如观察记录表、录音设备等。其次，在针对思政课堂进行实地观察时，本书采用了参与观察的方法，积极融入思政课课堂，以获取更准确的观察结果。此外，笔者还旁听了十几位老师的思政课。在听课过程中，采用了描述记录法，对大学生在思政课中的表现和行为进行了随时记录，包括他们的参与程度、互动情况以及学习态度等细节。同时，还特别关注了思政课教师的教学方式、教学氛围以及教学态度等多方面。通过这些观察数据的记录和分析，能够更深入地理解大学生对思政课程的接受程度和感受，以及思政课教师的教学效果和存在的问题。再次，针对观察结果进行了统计和分析。通过对观察数据的整理和归纳，能够发现思政课教学过程中存在的问题和不足之处，并以此提出相应的改进建议。教学观察法将为本书提供翔实的课堂情境信息，有助于深入了解大学生对思政课的接受程度及真实感受。

（四）深度访谈法

本书采用深度访谈法作为主要的数据收集方法。深度访谈法是一种质性研究方法，通过深入访谈的方式获取研究对象的主观感受和经验。这种方法具有较高的互动性和启发性，能够帮助研究者深入了解研究对象的内心世界和情感状态。首先，将根据研究目的和问题，确定访谈的主题和话题。主题涵盖高校教师和学生对思政课的认知、感受、影响等方面。话题主要围绕思政课的教学内容、思政课教师教学方法、大学生参与度、课程评价等展开，以便深入探讨相关问题。其次，邀请多名大学生参与深度访谈。为了确保样本的多样性和代表性，选择来自不同学校、年级和专业的学生进行访谈。在访谈中，要保证保密和匿名性，以便受访者能够自由表达他们的观点和体验。再次，在访谈过程中，会采用半结构化的访谈，以确保访谈的主题和话题得到覆盖，更有效地搜集信息，并可灵活调整访问的内容，使调查的结果更加准确。同时，给予受访者足够的自由回答空间。访谈以开放式问题为主，以引导受访者展开对思政课获得感的描述和解释。同时，也会灵活运用追问和深入探究的技巧，以进一步挖掘受访者的观点和意见。最后，在访谈结束后，将对访谈录音进行逐字转写，并进行数据整理和分析。通过对访谈数据进行归纳、编码和主题提取，分析出大学生思政课获得感现状。

第一章　大学生思政课获得感的理论基础

　　理论是研究问题的基石，对于思想政治教育领域的研究来说尤其如此。在探讨思政课获得感这一问题时，从思想政治教育及其相关学科的视角出发，可以找到丰富的理论支撑。回溯源头，本论著的理论基础主要包括马克思主义人学理论、需要理论和接受理论。

第一节

马克思主义人学理论

　　尽管马克思主义经典著作并未直接阐述"以人为本"的理念，但其核心要义实则是"关于现实的人及其历史发展的科学"①。马克思、恩格斯立足于人类社会发展的客观规律，汲取人学理论之精华，深入揭示了人的本质。

一、人的全面发展理论

　　"个人受制于分工，分工导致其片面发展，畸形进步，并受到约束。"②

---

① 马克思恩格斯选集：第4卷 [M]. 北京：人民出版社，1995：241.
② 马克思恩格斯全集：第3卷 [M]. 北京：人民出版社，2002：514.

这是马克思主义关于人的全面发展理论的初期表述。人的全面发展不仅是相对于片面发展而言的，且具有深厚内涵。首先，人的全面发展意味着个性得以充分展现，包括生理与心理、体力与智力、文化与思想的全面发展，以及人与人、社会、自然之间的全面互动。如马克思所言："任何人都没有特殊的活动范围，而是都可以在任何部门内发展，社会调节着整个生产，因而使我有可能随自己的兴趣今天干这事，明天干那事，上午打猎，下午捕鱼，傍晚从事畜牧，晚饭后从事批判，这样就不会使我老是一个猎人、渔夫、牧人或批判者。"[①] 其次，人的全面发展体现在社会关系的全面丰富上。马克思认为："人的本质不是单个人所固有的抽象物，在其现实性上，它是一切社会关系的总和。"[②] 随着生产力的进步，人们逐渐摆脱地域、血缘等束缚，打破民族、分工等限制，形成复杂的社会联系。然而，马克思主义所描述的人的全面发展在共产主义社会方能真正摆脱对物和人的依赖。再次，人的全面发展理论涵盖素质全面提升，包括身体素质、心理素质、文化素质等。列宁继承和发展了马克思、恩格斯关于人的全面发展的思想，提出"培养全面发展的共产主义社会成员"，并将"德智体美"视为基本素质。

　　人的全面发展理论是中国特色社会主义新时代建设的重要指导理论，它强调个体在德、智、体、美、劳等方面的全面发展，亦是大学生思想政治教育或思政课获得感提升的核心依据。本质上，我国倡导的大学生全面发展理念与马克思主义关于人的全面发展理论精髓相通。要提升大学生思政课获得感，必须以人的本质理论为指导，深入探讨大学生发展特质与思维方式。从社会发展视角看，人的自由而全面的发展是全球人类社会的共同追求，思想政治教育亦旨在培养全面发展的人才。在我国，思政课承担着培养具有社会主义核心价值观的新时代青年的重任，这些特质明确了高校思政课教学的具体目标和任务。为了提高大学生的思政课获得感，高校教育工作者应遵循以下原则：首先，以准确理解大学生的现实需求为基础，关注他们在成长过程中面临的困境和挑战；其次，视每位大学生为独立个体，尊重其个性差异，因材施教；再次，树立以学生为中心的教学理

①　马克思恩格斯选集：第1卷［M］. 北京：人民出版社，1995：85.
②　马克思恩格斯选集：第1卷［M］. 北京：人民出版社，1995：54－57.

念，将课堂主体地位归还给学生，激发他们的学习兴趣和积极性；最后，持续提高思政课的教学质量和水平，使之更具时代性、针对性和实效性。中国特色社会主义进入新时代，人的全面发展理论在大学生思政课中的指导地位愈发凸显。只有紧紧围绕这一理论，紧密结合新时代大学生的实际需求，不断创新教育方法，才能真正提高大学生的思政课获得感，为培养担当民族复兴大任的时代新人贡献力量。

二、主体性理论

马克思指出："这是一些现实的个人，是他们的活动和他们的物质生活条件，包括他们已有的和由他们自己的活动创造出来的物质生活件。"① 此处，马克思所提及的"现实的个人"即为主体。简而言之，主体为处于特定历史条件下，具有意识、目标，能认识客观世界、改造客观世界的有生机的人。马克思的主体性理论，需通过主体与客体、认识与实践等的关系来理解，一旦脱离实践，人对主体性的领悟将大打折扣。原因在于，人的实践性恰恰是主体性的关键体现，自我性、自为性、自主性、创新性和主动性等特质均为主体性的集中表现。自我性作为主体性的基石，需依赖自我意识才能展现。

自我意识属精神现象，在人从生理机能分化后方能生成并发挥作用。当然，自我意识随反思能力的发展而显现，反思能力标志着人能将自身视为对象，因此自我意识与意识能力同向发展，并肩前行。马克思指出："动物的活动不具有意识性，动物与其生命活动呈现出同一的关系。动物无法将自身同自己的生命活动相区别。……人有能力将自我的生命活动转化为意志与意识的对象。人的一切活动都是意识的行为。有意识的生命活动是人与动物之间存在本质性区别的重要标准。"② 如此一来，人与对象性世界得以区分。自我意识和意识能力作为人的基本属性，使人成为具有能动性、作用于自然对象的人，同时亦标志着客体间的分化。在自我意识的引导下，人作为主体开展积极、有意识、有目标的实践活动，实现对客观

① 马克思恩格斯选集：第 1 卷［M］. 北京：人民出版社，1995：67.
② 马克思恩格斯全集：第 42 卷［M］. 北京：人民出版社，1979：96.

世界的改造，以适应不断发展所需。

人的主体性是通过有意识的实践活动体现的，因此，理解人的意识活动是把握人的主体性的前提。意识不仅是人的属性，而且与人的机体密切相关。人的生理机能也会随着意识和社会的发展而不断变化。从这个角度来看，人的生理机体与人的意识共同构成了人作为主体能动性的客观基础，即人的主体性在一定程度上体现为人的主观能动性与客观现实性的统一。一方面，在人的意识发挥作用的过程中，主观能动性得到加强。人的内在动机有助于主观能动性的发挥。人们开展有目的的活动往往受到内在动机的驱使，这种内在动机是人类为实现特定目标制订计划的动力。人类的活动在一定程度上具有意向性，这是由人的生存本能和发展方向决定的，意向性体现了人们的客观现实性。另一方面，从主观能动性向客观现实性的转变来看，人的客观实践活动是主观能动性发挥的前提。无论主观能动性具有多么明确的目的性和计划性，都必须建立在一定的物质基础和客观条件之上。因此，主观能动性与客观现实性是相互统一的。

三、人的本质论

人的本质是哲学史上的重点研究内容。马克思在探索人类解放道路上始终贯穿着对人的本质问题的研究。马克思的人的本质论不是一蹴而就的，其观点的形成也有一个过程。起初马克思认识到人的本质是"自然的人"，而后在《关于费尔巴哈的提纲》中对人的本质有了更深层次的认识，提出"人的本质并不是单个人所固有的抽象物，在其现实性上，它是一切社会关系的总和"，表明"人是历史的人""人的本质是历史的本质"。这样马克思就指出人除了具有动物的普遍性之外，还具有与动物有本质区别的社会特性。

一方面，人具有普遍性。人的普遍性是指人作为种属的一般特性，马克思指出人的普遍特性表现为人的自由自觉的生产劳动。人的普遍特性一方面表现在人的主体性上。"主体是人，客体是自然"[①]，马克思指出人始终是主体，这一特性在一定意义上可以说是人的最本质的属性。主体性是

---

① 马克思恩格斯选集：第 2 卷［M］. 北京：人民出版社，2002：88.

指人作为活动的主体，在对客体产生作用的过程中所具有的自主性、能动性和创造性。人的自主性主要表现在人拥有的权利，真正的主体必然是拥有自主性的主体，是有能力且有权利去支配一切自然力。人的能动性是指人不是孤立、静止的自然存在物，而是能动地对周围的环境以及生产关系产生影响。人通过实践改造自然界，也通过实践创造人本身和推动人类社会的发展，当然人依靠自己的劳动在改变环境的同时也会改变自己。在人的主体性中，人的创造性是最高表现。创造性是对自然和人类社会本身的超越。人的普遍性另一方面表现在人的实践性上。马克思提出了"人的本质是社会关系"的观点，但并不否认劳动，其提出的理论前提恰恰就是劳动实践。《关于费尔巴哈的提纲》一文从社会关系和劳动实践相结合的角度论述了人和人的本质问题。实践性就表现在人类为了创造历史，就必须解决吃、喝、穿、住等问题，这些问题的解决都必须靠物质生产劳动，即实践。而人类在劳动过程中必然发生一定的社会关系，这不以人的意志为转移，社会关系一旦形成，反过来会对劳动中的人和人的劳动产生影响。

另一方面，人具有特殊性。相较于动物，人类具有社会性和发展性，这是人的特殊性所在。就社会性来说，马克思指出，在现实的社会中，一切劳动都不能离开人类而空谈，但劳动不是单个人的、孤立的劳动，"孤立的个人在社会之外进行生产——这是罕见的事"①。脱离了社会，人就不能称为真正的人，社会性是马克思人的本质论的根本性命题。人不可能脱离社会关系而存在。而且《关于费尔巴哈的提纲》中所提出的"社会关系"，是包括物质精神、政治经济等各个方面。就发展性来说，人会随着社会生产方式的变化而不断发展，会随着物质生产资料、生产力的变化而不断发展变化。人的本质是由社会关系总和决定的，这意味着人的本质也必然会随着生产力和生产关系的矛盾运动而不断变化。不同社会条件下的社会关系存在差异，决定了人的本质也具有差异性。这是因为在不同的历史条件下，人们的生产方式不同，人与人之间的社会关系也是不同的。

人的本质论为高校思政课的开展提供了理论价值和实用价值。人的本质论是思想政治教育工作的理论来源。一方面，人的本质论立足于实践，理论与实践的结合能够推动思想政治教育的进步和发展。另一方面，人的

---

① 马克思，恩格斯．马克思恩格斯选集（第2卷）［M］．北京，人民出版社，1995：2.

本质论推动着思想政治教育理论的不断创新和发展。高校思想政治教育的对象主要是大学生。随着时代的变化发展，当代大学生的思想动态与精神需求具有新的特点，只有在新时代中国特色社会主义建设的实践背景下，立足于人的本质论，才能准确把握当代大学生的思想道德诉求。党的十八大以来，马克思的人的本质论得到进一步贯彻和实施，如党中央从人民群众的角度提倡个人价值与社会价值的统一与融合。在思想政治教育领域，人的本质论能够引导思想政治教育工作认清人的社会属性，培养大学生的和谐发展观，进一步充实思想政治教育领域的人文内涵。人的本质论为思想政治教育的开展提供了实用价值。这主要表现在随着网络的发展及应用，当代高校思想政治教育的有效性被消解。特别是各种碎片化的信息一遍又一遍刷新着大学生的认知，甚至扭曲着大学生的世界观、人生观、价值观，导致部分大学生出现自卑、抑郁、轻生等不良现象。人的本质论要求思想政治教育要关注大学生，担负起人的全面发展的培养重任，切实为大学生的成长发展提供正确的引导。

总之，人的本质论为我们发现人、认识人、成就人奠定了坚实的理论基础，马克思的人的本质论揭示了人的主动性、自主性、创造性、发展性等本质属性，这些为我国高校思想政治教育的开展提供了理论指南。在高校思想政治教育中，充分运用马克思的人的本质论是中国具体国情与马克思主义理论相结合的必然结果，也要求高校思想政治教育工作者要充分认识和理解人的本质属性，在新时代背景下不断创新思想政治教育体系，全面把握当代大学生的特点，提升大学生的道德修养和政治素质，促进大学生个人价值与社会价值的实现，进而不断提升大学生的思政课获得感。

第二节

需要理论

"获得感"是在我国处于全面深化改革的时期被提出来的，在某种程度上就是指人的需求的满足程度。获得感既包括物质的获得，也包括精神的获得，而物质的获得是获得感产生的前提条件。随着生活条件的提高，人们的要求逐渐增多，不仅要有物质的满足，还有了精神方面的需求，开始期待更高的层次，这些要求既符合马克思主义的需要理论，也契合了马斯洛需求层次理论的观点。

一、马克思主义需要理论

马克思、恩格斯需要理论丰富且庞杂，多与其他重要理论内容交织在一起。总体上看，马克思、恩格斯需要理论围绕人产生了一系列衍生概念，如人的需求、迫切需求、需求的异化、需求的满足等等。关于需求，马克思、恩格斯并没有做出明确的概括，但从他们的相关著作中可以了解需求范畴的内涵。在《1844年经济学哲学手稿》中，马克思指出："随着对象性的现实在社会中对人来说到处成为人的本质力量的现实，成为人的现实，因而成为人自己的本质力量的现实，一切对象对他来说也就成为他自身的对象化，成为确证和实现他的个性的对象，成为他的对象，这就是说，对象成为他自身。"[1] 在《德意志意识形态中》中，马克思、恩格斯指出："个人怎样表现自己的生活，他们自己也就怎样。因此，他们是什么样的，这同他们的生产是一致的——既和他们生产什么一致，又和他们怎样生产一致。"[2] 在此，马克思、恩格斯从人的生活出发，从人的活动出发，对人的本性和人的需求进行了考察。马克思、恩格斯认为需求是现实生活中的个体或由个体所组成的各种群体对外部世界产生的种种诉求，是人自觉地进行各种活动的内在动力。"在任何情况下，个人总是'从自己出发的'，但由于从他们彼此不需要发生任何联系这个意义上来说他们不是唯一的，由于他们的需要即他们的本性，以及他们求得满足的方式，把他们联系起来（两性关系、交换、分工），所以，他们必然要发生相互关系。"[3] 因此，马克思、恩格斯关于需求的观点是：需求是人的本性，是人与生俱来的。

虽然马克思、恩格斯没有专门对需求类型进行划分，但是在相关著作

---

[1]　马克思恩格斯文集：第1卷［M］．北京：人民出版社，2009：190-191.

[2]　马克思恩格斯选集：第1卷［M］．北京：人民出版社，1995：31.

[3]　马克思恩格斯全集：第3卷［M］．北京：人民出版社，1960：514.

中，我们可以看到马克思、恩格斯对需求层次性的表述。影响最深、被学界广泛使用的是把马克思、恩格斯关于人的需求大致上分成三个层次，分别是生存需要、享受需要和发展需要。在这三个层次中，生存需要是最基础的需要，该需要主要是为了维持人的生命和繁衍后代。马克思也把它称为"必须的需要"。物质需要是人最基本的需要，自从人类诞生之日起，就一直为了生存资料的占有和消费努力，即便人们的物质需要有所不同，但无论是原始社会还是现代的文明社会，人作为有生命的个体，首先要生存，这是人产生其他需要的前提条件，是人从事任何活动的基础。然而，人类生存的目的不单是追求物质来满足肉体的生存，更重要的是实现自我的本质力量。享受需要作为人所独有的一种需要，是人在满足了生存需要之后才能享受的需要。享受需要有两方面的含义，一方面，从生活质量角度来讲，享受需要与人的物质需要联系在一起，要求物质需要的改进和提升。如在吃的方面，人们不再追求吃饱，而是追求更高级别的美味、健康、营养。另一方面，从生活意义角度而言，享受需要与人的精神世界和意义世界联系在一起，并不直接满足人的现实生活，即马克思所说的"奢侈需要"，是一种对生活的文化意义的体验。如在现代社会，人们用音乐、绘画等艺术形式来丰富自己的精神世界。在这个层次的需求中，人可以按照自己的意志表现出来。发展需要则是最高需求，是一种超越肉体需要和自我实现需要的精神追求。发展需要的目标是劳动者拥有丰富和成熟的主观世界、较高的综合素质，如对想象力、创造力、道德情操和文化修养等较高文明层次素养的追求。同时，发展需要也体现在人们的劳动需要中，通过劳动，把人的文化修养、品质、想象力和创造力等内在的价值运用到劳动对象上，这样在劳动创造的过程中，自身的创造力和实践能力都得到了升华。在这一过程中，劳动者并不在意劳动成果，劳动者所体验到的是精神上的愉悦和满足，劳动本身也成了人类自我实现的手段。

随着社会的不断发展，在三个需要层次中，维持基本生理需要的占比将会减少，享受需要和发展需要的比重则不断提升。当然，这里的意思并不是说维持生存的物质需要不重要，人们也不再需要物质资料，而是随着社会生产方式的变革、科学技术水平的提升，物质需要越来越容易满足，低层次的需要不再成为人类的首要需要，反而人们会更加关注自身的生活质量和精神世界，如改造世界的能力，个人价值的实现程度，自主性和个性的发挥等。总的来说，自我实现的需要在整个需要系统中所占的比重会越来越大。

二、马斯洛需求层次理论

20 世纪 40 年代，美国著名心理学家马斯洛在《人类动机理论》论文中提出了需求层次理论，即把人的需求分成五个不同层次，分别是"生理、安全、爱、尊重和自我实现，而当每一种需要得以满足，另一种需要便会取而代之"[①]。马斯洛认为："人类的需求构成了一个层次体系，即任何一种需求的出现都是以较低层次的需求的满足为前提的。人是不断需求的动物。"[②]

生理需要是人最基本、最强烈的需要。它是指人们在饥饿时希望得到食品，渴了有水喝，冷了有衣服穿，累了有休息的场所等，这些需求直接关系到个体的生死存亡，因而是每个人最原始、最基本的需求。人类对食物、水、住所等的需求都属于基本的生理需求，这也就是马斯洛需求层次理论中的最低需求。人类在追求更高级别的需求前，总会想方设法满足这类需求。当生理需要得到满足时，就会产生一种新的需要——安全需要。它是指人们渴望稳定的职业、相当的积蓄、安定的社会和和平的国际环境等。和生理需要一样，在安全需要没有得到满足之前，人们最关心的就是这种需要。前两个都得到满足后，归属与爱的需要（社交需要）就会产生，处于这一层次的人把友爱作为新的中心，希望得到亲朋好友的信任，渴望成为团队中的一员。前三种需要满足后，尊重的需要就会产生，它是指人们希望别人尊重自己的人格，自己的能力和工作得到大家的认可和支持，渴望在团队中确立自己的地位。尊重需要包括自尊和他尊，这种需要一旦满足，人们的自信心就会增强，增强其奋斗的决心。在这一层次中，人们关心的是名声、地位、成就和晋升机会，这些因素的满足，不仅得到了别人的尊重，自身也因对自己价值的满足而充满自信。当以上所有需要满足后，自我实现的需要就会成为中心。

---

① 马斯洛 . 马斯洛人本哲学［M］. 成明，编译 . 北京：九州出版社，2003：1.
② 马斯洛 . 马斯洛人本哲学［M］. 成明，编译 . 北京：九州出版社，2003：1.

马斯洛强调，一种需要只要得到某种程度的满足而不是百分之百的满足时，另一种更高层次的、新的需要就会产生，需要才是激励人行动的最主要的动机。[1] 这五种需求虽然具有层次性，并不意味着低层次的需求没满足时就没有高层次的需求，仅是处在不同时期，对以上需求的强烈程度不同而已，而且人们经常会出现同一时期有多种需要存在的情况，当然几个层次的需求顺序也不是固定不变的，在某种程度上是可以颠倒的。而后在1954年，马斯洛又增加了两个需求，分别是求知需求和审美的需求。求知需求也被理解为认知与理解的需求，该需求的一个特点就是好奇心，是一种人们对世界的好奇心，驱使人们主动地、自发地去探索；审美需求是人的一种较为高级的需要，每个人都有审美的需要，并且可以通过各种方式方法把丑转化为美，从而产生满足感。前五种需求被马斯洛称为意动的需要，而求知和审美的需求是不同于前五种类型的需要。马斯洛认为这两种需要，不用在两者之间采取绝对的二分法，欲望本身就是意动的，而且认知需要本身就属于人格需要。这两种需要不是相互对立而是彼此协调的。但是这两种需要与前五种意动需要并不处于同一阶层的发展系统中，而是一种既相互叠加又相互区别的关系。[2]

第三节

学习理论

学习理论是专门研究人类学习现象的本质和规律的科学。从学习理论的发展来看，大致可分为行为主义学习理论、认知主义学习理论和建构主义学习理论。三大理论广泛运用于教育教学中。其中，认知主义学习理论和建构主义学习理论对于大学生思政课获得感的提升具有很强的借鉴意义。

---

① 李营辉. 高校民族生教育获得感的异化与复归 [J]. 贵州民族研究，2018，39（5）：232 - 236.

② 马斯洛. 马斯洛人本哲学 [M]. 成明，编译. 北京九州出版社，2003：62.

一、认知主义学习理论

认知主义学习理论认为知识是建构的，对人的教育要依据认知的发展过程开展，学习者也只有主动地参与到知识建构和学习建构的环境中，学习才是有效的。认知主义学习理论发展到今天，其内容也在不断地更新与丰富。1912年，德国就诞生了格式塔心理学派，代表人物主要有苛勒、布鲁纳、托尔曼、奥苏贝尔和加涅。苛勒指出："学习是一个顿悟的过程，而非试误的过程。"[①] 美国著名心理学家、教育学家布鲁纳认为，学习不是单个在外部环境影响下的刺激—反应联结，而是一种主动在头脑内部对认知进行构造的过程。学习是通过思维的顿悟与理解产生的期待，是依据每个人的态度、需要和兴趣，再结合过去的知识和经验所主动做出的对外界信息的加工，从而形成新的认知结构的过程。布鲁纳表明学生在认知过程中，要经过获得、转化和评价三个阶段，并提倡发现学习。托尔曼在研究白鼠迷宫实验后，用"符号"代表有机体对环境的认知，提出了符号学习理论。他认为人的学习是对周围环境、目标位置以及达到目标的方法和途径的认知，即对符号意义的认知。为了证明这一理论，托尔曼还提出了期待、位置学习和潜能学习等概念，并结合相关实验进行说明。奥苏贝尔则更加看重同化对人认知过程的作用，认为学生的学习不是一味地接受，而是将新知识与已有知识建立起非人为和实质性的联系。作为吸收了行为主义学习理论和认知主义学习理论成果的学习理论，加涅的信息加工论观点更符合现代教育理念，基于对学习活动的进阶分析，他表明学习过程有八个阶段，分别是动机、了解、获得、保持、记忆、概括、操作和反馈。

认知主义学习理论把知识分为旧知识与新知识，在学习过程中强调学生的主观能动性，并把理论与实践结合起来，通过"顿悟""发现""同化"来促进新旧知识之间的联系。换句话说，认知主义学习理论也就是通过教学者的心理结构变化来解释学习主体对外部信息的吸收过程，这为我们研究思政课教育教学过程提供了一定参考。然而在我国教育教学活动中，总会受传统

---

① 杨建华，陈鹏，等. 现代教育学［M］. 北京：中国社会科学出版社，2003：245.

文化"尊师重教"的影响，受教育者在其自身的成长过程中，还会受到环境的影响，从而形成一定的思维方式、政治观念与价值取向，尤其是受教育者习惯了教学过程中的教师讲授为主，形成了先积累再运用的知识积累形式，这些观念和方式缺乏应有的系统性和科学性。很显然这些因素都会对受教育者接受新知识的方式与程度产生一定的阻碍作用。所以以认知主义学习理论为基础，提升思政课获得感，就是要改变原有认识结构的生成方式，强调知识与知识之间的关系，通过一定的教育手段，使受教育者产生"同化"与"积累"，随后对新知识产生"顿悟"。在整个教学过程中，都注重强调受教育者的自主能动性。当然，从根本上而言，思政课教学内容的接受过程，也就是受教育者的思想、情感、观念的认知学习过程。

二、建构主义学习理论

建构主义学习理论也是学习理论的重要组成部分，诞生于 20 世纪初的欧美国家，主要代表人物有苏联早期著名心理学家维果斯基和瑞士心理学家皮亚杰。总体上，建构主义学习理论认为学习过程是个体积极地形成新的认知结构的过程，它"更加关注学习者如何以原有的经验、心理结构和信念为基础来建构自己独特的精神世界"[①]。建构主义学习理论一方面对教学过程中教学的目的、方法、模式、评价等进行新阐述，另一方面还主张学习要建立在主体个人经验的合理化基础上，要以学习者为根本，要尊重个人意见以及要以互动为基础。

维果斯基尖锐批判心理学研究中无视动物行为和人的心理活动存在的本质差异，以个体发展和种系为角度，通过分析人类心理发展的实质，提出了文化历史发展理论，从而说明人的高级心理机能的社会历史发展问题。他指出，人的心理发展有两条客观规律：第一条是人类所特有的高级心理机能并不是自发地从内部产生的，而只能产生于人与人的交往中以及人们的协同活动中；第二条是人类所特有的并不断发展的高级心理机能和结构首先通过人的外部活动形成，之后才有可能转移到内部，从而组成各种复杂的内部心理过程。维果斯基还提出了"最近发展区"概念，他指出

---

① 顾明远，孟繁华. 国际教育新理念 [M]. 海口：海南出版社，2001：266.

要使教学取得效果，不能忽视学习者本身所拥有的水平，而且教学要走在学习者发展的前面。因此教育者在实施教学过程时，要考虑到学生现有的发展水平，还要考虑到通过教师指导能够达到的较高解决问题的水平，而现有水平与能够达到的较高水平之间的差距就叫最近发展区。维果斯基的最近发展区，既为教师提供了教学上的现实性，也为学生的发展提供了可能，促进了教和学之间的相互发展。此外，最近发展区还会受到个体差异和情景差异的影响，也就是说不同的个体之间，不同的情景之间，最近发展区也是不一样的。针对这一现象，维果斯基提出教师可以通过"教学支架"的方法，即当学生要试图解决超出他们现有认知和知识水平的问题时，教师给予指导和支撑，从而帮助学生顺利解决问题，通过最近发展区，最终完成学习任务。

维果斯基的建构主义学习理论从社会角度来探讨人类的学习过程，皮亚杰则从认知角度进行分析。皮亚杰表明人类认知发展的过程本质上就是建构的过程，是人类在和环境的相互作用中实现的。学习是人类认识世界和认知发展的重要方式，归根结底是个体已有的知识与外在的新知识相互作用的结果。在论述认知建构主义时，皮亚杰提出了图式、顺应和同化等概念。图式即自己独特的认知结构，此"结构"主要指心理组织，它代表着经验和行动的某种固定形式。此外，皮亚杰认为，认知结构的构建还包括同化和顺应两种方式。同化就是把主体在环境中学习到的信息纳入并整合到自己原有的认知结构中，不会改变原有的图式，是一种量的变化。顺应则是当主体的图式不能适应客体的要求时，就会发生改变，从而产生质的变化。当然，人类的认知结构，就是通过同化和顺应形式交替进行，从而不断形成新的认知结构的。心理发展就是个体通过同化和顺应达到机体与环境的平衡。影响心理发展的因素主要有成熟、经验、社会环境和平衡化。成熟指的是有机体的成长，尤其是指内分泌系统和神经系统的成熟。经验则分为物理经验和数理逻辑经验两种。社会环境是人与人之间的社会文化的传递，也可以称之为观念之间的交流。平衡化是影响认知发展因素中最重要的、具有决定性的因素，主要指个体内部的自我调节。总之，皮亚杰的认知建构主义学习理论考虑到了人的先天图式和后天环境间的相互作用，指出了人在学习过程中的主观能动性，从而否认了人类学习就是动物学习的观念。

三、思想政治教育理论

思想政治教育理论涉及思想政治教育的思想基础、教育史、载体论、环境论等内容，主要对思想政治教育的对象、内容、特点、指导思想、目的、价值、方法等进行系统梳理，是一种理性、知识性的存在。党的十八大以来，思想政治教育在理论和实践上不断创新发展，为大学生思政课获得感研究提供了坚实的理论基础。

1. 接受理论

20世纪中后期，德国哲学家伊瑟尔和姚斯创立了接受理论。伊瑟尔指出，文学文本只有读者的参与才能真正让其潜在的意义得到实现。他表明在人的审美接受中有情感和想象力的参与，审美接受对象不仅追求理智的满足，更追求愉悦的情感和脱离功利性的自由境界。姚斯表明在不同的历史阶段，社会环境是不一样的，读者的经历和文化修养也有所不同，因此在面对同一接受对象时，理解也会不一样。但传播学与上述理论有所不同，该学科探索了接受对象接受信息的不同影响，表明接受对象具有主观能动性，而且相关学者依据受众的性别、年龄和社会地位，把他们分成不同类型的社会群体，提出相同类型的受众群体面对相同的信息时会有相似的反应。

思想政治教育接受理论就是在借鉴和吸收接受美学中的接受理论、传播学的受众理论的基础上，把思想政治教育和接受理论结合起来所形成的理论体系。在《思想政治教育接受论》中，王敏教授从接受主客体的关系、接受目的、接受过程和结果等方面严谨地阐述了思想政治教育接受的定义，即"发生在思想政治教育领域内的接受活动，它反映了思想政治教育接受主客体之间的相互关系，是接受主体出于自身需要，在环境作用影响下通过某些中介对接受客体进行反映、选择、整合、内化、外化等多环节构成连续的、完整的活动过程"[①]。思想政治教育接受理论与其他思想政治教育理论相比的不同之处在于，思想政治教育接受理论是从受教育者（接受主体）出发，探讨其在教育活动中对信息的接受过程、接受心理、接受规律和接受

---

① 王敏. 思想政治教育接受论 [M]. 武汉：湖北人民出版社，2002：33.

效果等的问题。纵观思想政治教育接受理论的研究历程，我们可以清楚地看到，研究内容主要集中在五个方面。

第一，对思想政治教育接受内涵的界定。邱柏生教授主编的《思想教育接受学》是最早研究思想政治教育接受活动的著作，为思想政治教育接受理论体系的构建奠定了基础。在著作中，邱柏生提出用选择和摄取来概括思想政治教育的接受过程，并指出人的思想政治品德的形成是接受结果之所在。随后张耀灿、潘玉腾等学者从接受过程和接受心理方面进一步丰富和扩展思想政治教育接受的内涵，指出思想政治教育接受不仅是接受主体的一种能动认识活动和实践活动，还反映了接受主客体之间的关系。这一观点在学界更具代表性，之后的研究也是以此为依据和前提进行深入分析的。

第二，对思想政治教育接受的特征和分类进行研究。思想政治教育接受既有一般特征，如社会性、实践性、同时性与多端性、长期性与反复性等，也有区别于其他接受活动的特殊性，如非线性、为我性、开放性等。关于思想政治教育接受的分类，既有以总体结构和总体特征进行分类的，也有从一般意义上通过主体、主体能动性、接受方式进行分类的。

第三，对思想政治教育接受机制进行研究。从横向上看，思想政治教育接受机制分为社会机制和个体机制：社会机制主要是指社会中的各种环境因素对思想政治教育接受活动产生的影响，如价值观念、所属群体、他人与社会评价等因素；关于个体机制，有学者从教育主体、教育客体以及主客体间的相互作用角度探索[1]，有的学者从思想政治教育接受的生理—心理方面论述接受主体的个体机制。从纵向上看，学者们从动力、目标、心理三个方面对接受机制进行了划分。动力机制主要包括以社会需要为核心的外在被动力、以自身需要为核心的内在主动以及合动力。[2] 目标机制主要包括内在目标体系（如世界观、人生观、价值观）和外在目标体系。[3] 心理机制则是指认知、情感、意志等心理过程在接受活动中的作用。[4]

第四，对思想政治教育接受系统的构成要素进行研究。通过梳理文献，

① 路杨. 论思想政治教育的接受机制 [J]. 江汉论坛，2004（10）：38－40.

② 刘居安. 论思想政治教育接受主体动力系统的结构及其管理 [J]. 学校党建与思想教育，2004（9）：19－21.

③ 徐永赞. 思想政治教育接受过程研究 [D]. 长春：吉林大学，2006.

④ 王敏. 思想政治教育接受论 [M]. 武汉：湖北人民出版社，2002：137－148.

我们可以发现，学界普遍认为思想政治教育接受由多个要素构成，但是由哪些要素组成，则有不同的看法，代表观点主要有"四要素说"和"五要素说"。"四要素说"主要有两种，一种认为思想政治教育接受系统包括主体微观机制、社会宏观机制、接受客体、教育主体，另一种则从接受主体、接受客体、接受媒介及接受环境等方面进行了探讨。当然，这两种说法的共同点在于，都把接受主体、接受客体、接受媒介和接受环境考虑其中。相较于"四要素说"，学界对"五要素说"的研究更丰富，如张琼在"四要素说"的基础上增加了传导者①，刘丽琼增加了传授主体②，罗洪铁、董娅则把其概括为思想政治教育信息接受者、接受内容、接受方法、接受载体和传导者③。

第五，对思想政治教育接受规律和效果进行研究。陈学来等提出"五大规律"，即价值认同律、思维共振律、效果积累律、影响一致律、认知平衡律。④ 陈秉公以接受过程为视角，提出主体介入规律、非线性规律以及接受主体自我意识分化与同一规律。⑤ 余仰涛从思想政治教育接受系统中的各个要素之间的关系、社会需要和个人需要间的联系、接受主体作用的角度，提出了要素对应规律、自我效应规律和内化规律。⑥ 关于思想政治教育接受效果的研究，主要以接受评价和优化思想政治接受活动为主。对于接受效果评价，刘新全、罗承选认为应"使用行为过程方法对大学生接受思想政治教育情况进行评估"，还有学者从更广范围的角度进行分析，指出接受评价是"形成性评价、过程性评价和终结性评价的统一"⑦。相较于评价，接受效果的优化研究在学界的关注度则更高，综合两者来看，接受主体是接受效果的优化的关键环节。

从思想政治教育接受理论的主要内容来看，对于任何人而言，都伴随着特定的社会关系，都是处于生存过程中的人，这告诉我们，无论是何种理

① 张琼，马尽举．道德接受论［M］．北京：中国社会科学出版社，1995：123-125．

② 刘丽琼．思想政治理论课教学接受论［M］．北京：人民出版社，2009：15．

③ 罗洪铁，董娅．思想政治教育原理与方法基础理论研究［M］．北京：人民出版社，2005：58．

④ 陈学来，夏欣欣，朱纯辉．自觉遵循教育接受规律 增强基层思想政治教育效果［J］．军队政工理论研究，2005（3）：87-60．

⑤ 陈秉公．21世纪思想政治教育工作创新理论体系［M］．长春：吉林教育出版社，2000：211-214．

⑥ 引自：杨军，夏敬芝．社会思潮对思想政治理论课实效性的制约［J］．学校党建与思想教育，2016（17）：46-48，81．

⑦ 赵继伟．马克思主义意识形态接受论［M］．武汉：武汉大学出版社，2009：76．

论，只有与人结合起来，与人的现实生存结合起来，才能为其接受行为的产生奠定坚实基础。换句话说，个体往往是从自身生存与发展的角度而对某种意识或理论主动、自觉地接受，并不是基于外在因素的被动接受，更不是没有明确目的的自发接受。因此，以思想政治教育接受理论为基础，着手研究大学生思政课获得感，就要从马克思主义所规定的"现实的人"出发，把大学生作为"处于现实的""发展过程中"的人，这才是破解当前高校思政课获得感不强的重要途径。虽然当前高校思政课在理论和实践研究方面都强调尊重受教育者的主体性，也指出提升思政课获得感的途径是要了解受教育者的需要，但是依据这一逻辑，缺乏对受教育者需要根源的探索与分析。如果从接受理论出发研究思政课获得感，就必然离不开对接受主体的探索，离不开对受教育者的"现实生存"的探索，更离不开"现实的人"这一基础。

2. 灌输理论

思想政治教育是意识形态教育，是在教育者和教育对象的互动中实施的教育，是说理和自由的统一。高校思政课作为高校思想政治教育的重要组成部分，也属于意识形态教育，需要从外部进行灌输。思政课的灌输理论以唯物主义历史观为基础，以辩证法为思维方式，以引导、启发为特征，是一种具有丰富实践价值的开放的理论体系，而不是人们刻板印象中的教条的教育理论。

马克思在《〈黑格尔法哲学批判〉导言》中指出："理论一经掌握群众，也会变成物质力量。理论只要说服人，就能掌握群众；而理论只要彻底，就能说服人。"[1] 马克思强调用彻底的理论说服群众、掌握群众，实际上就是灌输。恩格斯在《新道德世界》中也阐述过灌输理论，"请允许我提一下优秀的德国画家许布纳尔的一幅画；从宣传社会主义这个角度来看，这幅画所起的作用要比一百本小册子大得多……这幅画在德国的好几个城市里展览过，当然给不少人灌输了社会的思想"[2]。列宁在马克思、恩格斯灌输思想的基础上，明确提出"灌输论"并进行了系统阐述。列宁指出："工人本来也不可能有社会民主主义的意识。这种意识只能从外面灌输进去。"[3] "阶级政治意识只能从外面灌输给工人，即只能从经济斗争外面，

---

①　马克思恩格斯文集：第1卷 [M]. 北京：人民出版社，2009：11.
②　马克思恩格斯全集：第1卷 [M]. 北京：人民出版社，1957：589-590.
③　列宁选集：第1卷 [M]. 北京：人民出版社，2012：317.

从工人同厂主的关系范围外面灌输给工人。"① 在这里，"从外面"是指从工人群众的头脑外面，这是因为工人群体不了解社会主义，工人不可能不学而知，不用就会自发地形成，必须以灌输的方式，让工人了解和掌握社会主义思想，让工人明确无产阶级的历史使命，形成科学的世界观和方法论，进而指导自己的实践。在抗日战争时期，毛泽东也指出："军队的基础在士兵，没有进步的政治精神贯注于军队之中，没有进步的政治工作去执行这种贯注，就不能达到真正的长官和士兵的一致。"② 从这些论述中可以看出，灌输作为思想政治教育的特定范畴，一般不会在头脑中自发产生，必须通过学习、教育、实践才能逐渐形成。

值得我们注意的是，一些教育者未能真正理解灌输论的内涵，导致在思想政治教育活动中存在教条式的灌输现象，特别是把填鸭式与灌输理论相混淆，使得灌输理论被简单化、被误解而日益边缘化，因此要科学对待灌输理论，就要注意以下两点。

一方面，厘清灌输理论的第一要义是兼顾自由，而不是僵硬地灌输。思想政治教育的对象是思想水平参差不齐的广大人民群众，而教授给他们的内容是系统的、高层次的理论，必须借助有知识、有素养的人通过灌输方式进行教育。但是一直以来，由于思想政治教育课堂特别是高校思政课打着灌输理论的名号，在实际操作中采取教条、僵化的模式，不仅会削弱受教育者的思考能力，抑制受教育者创新思维的发展，束缚受教育者的个性，还会让受教育者对思政课教学活动产生厌恶、厌烦等心理。随着社会的发展和人们思想的成熟，越来越多的学者认识到传统的灌输方法会禁锢受教育者的思想，因此开展了对灌输理论的批评。加之西方学者认为灌输理论受强制性、反人道等的影响，更是加剧了人们对灌输理论的偏见。实际上，灌输理论是启发式、体验式的灌输理论，既不是西方学者口中的严厉的专制主义方法，也不是现实中泛滥的僵化式、教条式的灌输现象。在上文中，我们已经论述过由于思想政治教育的特殊性，正确的世界观、人生观和价值观不会自发地形成，必须依靠外部的力量进行灌输，但马克思主义主张的灌输理论是依靠教育者在理论灌输中的启发、帮助，主张发挥

① 列宁选集：第 1 卷 [M]. 北京：人民出版社，2012：363.
② 毛泽东选集：第 2 卷 [M]. 北京：人民出版社，1991：511.

受教育者的主观能动性，通过自己的亲身经验以及对日常生活的认识，进而达到对理论的认识和理解。这表明灌输理论没有过时，依旧是思想政治教育工作的重要方法，不应该被彻底否定。但是这一理论不是完美的，要具体问题具体分析，依据时代的变化而不断更新，使其更加符合社会发展要求而最大程度地发挥其应有的效用。

另一方面，要认识到灌输理论的要旨在于说理。习近平总书记在学校思想政治理论课教师座谈会上强调："推动思想政治理论课改革创新，要不断增强思政课的思想性、理论性和亲和力、针对性。要坚持政治性和学理性相统一，以透彻的学理分析回应学生，以彻底的思想理论说服学生，用真理的强大力量引导学生。"[①] 这表明开展思想政治教育，第一任务是说理，坚持灌输和启发的统一。首先，要说马克思主义真理。马克思主义作为我国的指导思想，是科学的理论。思想政治教育工作者讲述马克思主义真理，要说得真、彻底和客观。真就要求思想政治教育工作者拥有深厚的马克思主义理论知识，拥有广阔的知识视野，拥有辩证的思维方式，以多维的方式讲述马克思主义真理。说得彻底，意味着在讲授马克思主义真理的同时，要和我国具体实际结合起来，讲清楚马克思主义的时代局限性，实事求是地论述马克思主义，正如《共产党宣言》所指出的，"以当时的历史条件为转移"[②]。其次，要坚持"四个自信"的真理。"四个自信"即中国特色社会主义道路自信、理论自信、制度自信和文化自信。思想政治教育必须让受教育者明白，自信才能自强，缺乏自信的民族不会完成真正的现代社会转型。再次，要坚持和弘扬爱国主义的真理。爱国教育是思想政治教育的重要任务之一，弘扬爱国教育应成为思想政治教育灌输理论的题中之义。如可以通过英雄人物、榜样人物等的事迹，激起受教育者的爱国主义情感。总之，思想政治教育理论的说理绝不是单方面的灌输，抑制受教育者个性发展只能是说教式、教条式的教学方法。这就要求思想政治教育工作者既要学识渊博，还要正确认识与受教育者之间的关系，给予受教育者充分的个性发展自由。

①　习近平主持召开学校思想政治理论课教师座谈会强调：用新时代中国特色社会主义思想铸魂育人 贯彻党的教育方针落实立德树人根本任务［N］. 人民日报，2019-03-19.

②　马克思恩格斯选集：第1卷［M］. 北京：人民出版社，2012：376.

第二章　大学生思政课获得感的概念阐释[①]

　　无论是潜心书斋的教育理论研究者，还是常站讲台的思政课一线教师，都围绕着"培养什么人""怎样培养人""为谁培养人"进行了许多研究。尤其是在"怎样培养人"方面，许多学者特别是教学人士展开了广泛的探讨。构建怎样的教学体系，运用怎样的课堂话语，采取怎样的方式方法，穿插怎样的历史故事，都成为当前的讨论热点。面对着"行动自由化、个性独立化、表达直接化、思想多元化"[②] 等诸多特征的"00 后"大学生群体，教育工作者更需要考虑如何提升他们对于思政课的获得感和接受度。只有提升了大学生的获得感，思政课才算真正做到了"入脑入心"。然而，看似流行的概念却没有引起学者们太多的关注。正确理解并科学阐释"思政课获得感"，有助于更好地推进"以立德树人为根本任务"的思政课教学改革。

第一节

大学生思政课获得感的基本内涵

　　作为一种主观感受和体验，获得感就是个体通过自身努力而获得某些

---

　　① 本章核心内容已发表在《淮北师范大学学报》2022 年第 2 期上，并且与作者指导的硕士论文《地方应用型高校大学生思政课获得感研究》有部分重复。

　　② 杨雄．"00 后"群体思维方式与价值观的新特征 [J]．人民论坛，2021（10）：18–22.

实在利益，并由此在心理上或精神上产生的情感反应，它所表达的是一种积极向上的心理状态。由此而言，思政课获得感就是指通过参与思政课的学习活动而获得一定程度的心理满足。对新时代大学生而言，思政课获得感的基本内涵主要体现在以下几个方面。

一、以人为本是核心理念

以人为本理念着重强调人的主体作用和地位，并倡导以人的发展为尺度，强调尊重人、解放人、依靠人和为了人。这一理念自提出后，逐渐深入人心，并在进行大学生思想政治教育工作时得到了充分的研究与实践。思想政治教育是一种致力于培养人全面发展的活动，其中最基本的两个要素是思想政治教育者和教育对象。如果离开了"人"这个主体，思想政治教育便失去了其根本意义和价值。高校思政课作为大学生接受思想政治教育的主渠道和主阵地，其目的是培养德智体美劳全面发展的人，承担着培养素质人才的重要任务。这正符合马克思主义关于人的全面发展理论。因此，高校思政课应始终坚持以人为本的教育理念，以对学生的全面了解和研究为出发点，明确学生的成长规律和内在需要。

大学生思政课获得感是以人为本理念的集中体现，要求思政课不仅将"尊重人、理解人、关心人"贯穿整个教学过程，而且要始终满足学生的成长发展需求和期待。在传统的教学模式中，教师是知识的传授者，学生是知识的接受者。这种模式往往忽视了学生在学习过程中的主体地位，无法充分发挥学生的主动性和创造性。因此，高校思政课教学需要尊重学生的主体地位，让学生成为课堂的主角，充分发挥学生的能动性。同时，也要关注学生的需求和发展，根据学生的实际情况、兴趣等来设计教学内容和方法。只有这样才能推动大学生主体性发展，并促进他们的全面发展。从人的需要出发，获得感产生的原因在于人具有物质和精神两方面的需要。由此，在探讨思政课获得感时，不能脱离"人"这一主体。获得感既包括物质层面的满足感，也涵盖情感、思想层面以及自我发展需要方面的内容。由此可见，获得感的根本在于"人"自身，只有充分了解并把握学生的需要，才能真正找到提高大学生思政课获得感的根本因素。值得注意的是，过去的以人为本更多地强调以生为本，而思政课强调的是发挥教师的主导作用和学生的主体作用，师生互相促进成为思政课获得感实现的重要因素。[①] 以人为本理念具有双重含义，获得感既包括学生获得感，也包括教师获得感。因此，我们不能一味地强调学生的获得感，而忽视教师的获得感。尽管本书主要聚焦于大学生的获得感，但需要指出的是，教师的获得感可以使得学生的获得感持续提升。

二、课堂参与是现实基础

获得感并非源于给予，其来自个体的主动参与，包含了"享有"和"参与"两个层面。习近平总书记在多个场合强调"人民获得感"，尤其注重保障人民群众能够获得实实在在的利益，即人民群众共享发展成果和机遇，拥有完善的社会保障、良好的公共服务供给、丰富的精神文化，并使其民主权利得到实现。[②] 不仅如此，还要保障人民群众能够积极参与到发展中。比如，国家大力开展脱贫攻坚战，让贫困人口能够高水平地参与到经济社会发展的进程之中。人民的"享有"和"参与"的需要都满足后，他们才能切实感受到成就感和获得感。[③] 这启发我们在思政课教学中应当积极推行参与式教学模式。

从形成过程视角来看，大学生思政课获得感的生成来自外部和内部两个方面。外部生成着眼于外部因素的助力和引导，指的是思政课基于"围绕学生、关照学生、服务学生"的理念，能够提供促进学生成长发展的教学内容、教学资源、教学环境、教学方法等。外部获得感的生成按照"提供—获得"的逻辑展开。大学生在思政课教学过程中获得这些资源，并通过它们获得相应的满足感。内部生成即大学生思政课获得感生成的动机，遵循的是"参与—获得"的生成逻辑。大学生在自身需求和期待的基础上，朝着一定目标获得自身的完善和发展。在教学过程中具

[①] 阎国华，闫晨. 高校思政课获得感的师生互促视角探究 [J]. 思想理论教育导刊，2022 (6)：98 - 104.

[②] 曹现强，李烁. 获得感的时代内涵与国外经验借鉴 [J]. 人民论坛·学术前沿，2017 (2)：18 - 28.

[③] 唐钧. 在参与与共享中让人民有更多获得感 [J]. 人民论坛·学术前沿，2017 (2)：49 - 53，85.

体表现为大学生带着心理预期，如"希望思政课是什么样子的""希望通过思政课给自己带来什么"等，积极参与课堂教学活动，并且根据亲身经历和实际体验来评估自己的预期是否实现，从而逐渐形成对思政课的主观感受和评价。由此可知，参与就是让大学生通过实质性地有效参与到思政课教学过程中来，他们可以获得真实的感受，并产生实实在在的获得感。

由上述内容可知，思政课获得感与课堂参与密切关联。获得感不会从天而降，也不是别人赐予的，而是在积极参与中获得的[①]，课堂参与是大学生思政课获得感的现实基础。调查结果显示，不少学生对互动性和情境性的教学方法很期待，希望更多地参与课堂。而参与教学模式能够激发大学生的学习热情和投入，使其更加主动地参与到课程中来，进一步促进大学生思政课获得感的产生。具体来说，参与式教学首先为大学生营造了一种积极、开放、平等的教学氛围。人脱离不了环境而孤立地存在，而良好的教学环境可以对大学生的学习产生积极影响。因此，大学生在这样的学习环境中更容易建立自我效能感，也就有可能产生获得感。其次，参与式教学破除了以往教学的刻板模式，不再把教师作为知识的"布道者"，而是让教师转变为探究知识的"共同体"的一员。与此相应的是，学生也从被动接受知识的"听讲者"身份中脱离出来，转变为能积极发挥自身主观能动性、主动参与知识构建的"主体"。这种教学方法的核心理念就是让学生主动参与到学习过程中来，而非仅仅依靠外力来推动学生学习。教师通过融入并参与教学活动，引导学生发挥其主体性，让他们从内心产生对知识的渴望，从而主动参与到教学活动中来，并使他们在参与过程中感受到自我实现的满足感，这种满足感正是获得感的核心来源。再次，参与式教学通过一系列活动，如自主探究、小组协作和讨论交流等，使学生能够在亲身体验的过程中，全身心地投入与外部世界的交往中。当学生与外部世界进行交互时，他们接收到各种刺激和信息，进而将其转化为感知、情感和认知，从而产生获得感。此外，不同的活动会给学生带来不同的体验和认知，这进一步促使学生产生不同的获得感。

---

① 翟慎良. 重"获得感"，亦重"参与感"[N]. 新华日报，2016-03-11（2）.

三、正向评价是主观条件

根据之前的词源定义解读，"获得"是指人们得到某种东西，是客观存在的事实，而"感"则更多地涉及个体的主观评价。对于"获得"，其本身并不直接代表心理满足。由于个体的知识经验、需求、愿望不同，因而对"获得"的感受和反应也不同。在某些情况下，获得可能会引起心理上的不满足，这可能与个体的实际获得与期望的不匹配、需求未能实现、价值观的违背等原因有关。因此，就客观上的获得而言，个体会产生不同程度的心理反应，这些反应可以是正向的评价也可以是反向的评价。而"获得感"一词通常被用来表示一种正向的评价。它反映了人们对所获得的某些东西产生的积极感受。也可以理解为，获得感是一种持续发挥作用的、让人心理满足的现象。① 大学生在思政课中的获得感也不仅仅局限于客观上的获得，如知识理论层面的获得，更重要的是要对自己的实际获得产生积极的、正向的主观评价。

思政课的目的在于培养学生的价值观，让他们将其内化于心、外化于行，并有所获、有所得。要实现这一目的，学生对思政课的实际获得产生正向评价的主观感受是至关重要的。只有在正向评价的主观感受的基础上，学生才是真正地、发自内心地喜欢思政课，并将所学的知识转化为内在的价值体系，进一步表现为符合社会要求的思想品德行为，从而实现学生客观获得和主观感受的有机统一。学生的正向评价是在自身利益需求得到满足的基础上形成的，需求得到满足的程度越高，学生的主观感受也就越好。相反，如果学生对自己在思政课中的客观获得持负面评价，说明他们的某些需求未得到满足，因此无法产生获得感。尽管学生已经学习了各种课程，接受了众多老师的教育，甚至深入理解了各种知识，但若这些客观获得并未能引起他们对思政课的正向、积极和主观的评价，那么他们就难以产生对思政课的获得感。这一现象揭示了客观获得与主观感受之间的非一致性与不同步性。因此，正向评价是大学生思政课获得感产生的主观条件。

与此同时，大学生的思政课获得感也会源于纵向比较或横向比较过程中

---

① 王思斌. 整合制度体系保障人民可持续的获得感 [J]. 行政管理改革, 2018 (3)：28-33.

产生的正向评价。一是大学生会比较不同的课程内容。例如，"马原"（"马克思主义基本原理"）课和"德法"（"思想道德与法治"）课这两门课程，由于前者的理论抽象程度更高，逻辑体系更加缜密，是大学生比较望而生畏的一门课，给他们带来一定的挑战，因此，相较于"马原"课，大学生对"德法"课更容易形成积极评价，从而获得感也就越强。在关于最喜欢的思政课的问题中，选择"德法"课的学生人数最多，占比 26.07%；而选择"马原"课的占比 11.35%，相对较少。二是大学生也会比较不同教师的教学风格、教学理念和考核方式等。如热情且专业素养高的教师可以激发学生的课程兴趣，大学生自然而然地对思政课形成正向评价，而严格要求和高标准的教师则可能让学生感受到压力和挑战。三是大学生还会回顾过去的学习经历，并对比当前的学习状态。当他们发现自己在思政课中获得的收获和成长比以前更多时，就会感到喜悦和满足，进而产生获得感。

四、创新创优是根本要求

高校思想政治工作关系"培养什么样的人、如何培养人以及为谁培养人"这个根本问题。要解决这个问题，必须立足于社会发展和时代要求，不断创新发展。新时代对思政课提出了新的要求，特别是随着"互联网＋"的快速发展和人工智能技术的不断革新，思政课面临着前所未有的挑战和机遇。同时，作为互联网原住民的"00 后"大学生对思政课的发展需求也呈现出新的特点。他们获取知识和信息的来源和渠道也发生了巨大变化，变得更加多元化、多层化和多样化。这种变化导致传统的思政课教学已经无法满足大学生的需求，他们呼唤着思政课教学创新创优。这一点在访谈中得到了印证，学生们表示期望教师能够创新教学方式。因此，提升大学生思政课获得感，要对思政课教学进行创新创优。值得注意的是，创新创优并不意味着刻意求新或为创新而创新，而是应当以"优"为目标，以满足新时代大学生的需求。具体而言，要创新思政课教学理念、教学内容、教学方法和教学话语，做到思政课教学"因事而化、因时而进、因势而新"[①]。

---

① 习近平在全国高校思想政治工作会议上强调：把思想政治工作贯穿教育教学全过程 开创我国高等教育事业发展新局面 [N]. 人民日报，2016-12-09（1）.

因事而化，可以理解为通过具体的事情来传递正确的思想价值观念，以塑造或改变教育对象的思想和行为。"事"是"化"的基础和前提，而"化"意味着"强化""转化""内化"，是"事"的内在要求和发展方向，是根据"事"进行变化和调整的过程。思政课教学"因事而化"就是要以"事"为契机和抓手，将所需"化"的教学目标和教学内容，融入生动、形象、具体的"事件、事理、事实"之中，实现从"事"到"化"的转化。同时，为了达到教学目标，要采取有效的"化"的方法和手段，突出"事"的吸引力和生动性，从而帮助大学生揭示事物的本质，深化对理论知识的理解和掌握，激发强烈的情感认同，内化正确的价值体系，进而转化为个人的行为。"因事而化"符合教育教学规律，它要求思政课教师能够把理论知识和实际情况相结合，把抽象的道理融入具体的事例，以帮助大学生更好地理解和接受；关键在于注重大学生所关注的社会热点问题，准确把握大学生的疑点难点，从而及时给予解答和帮助。这样才能使教学更加贴近学生的实际情况，提高他们的思政课获得感。

因时而进，简单来说是根据"时"的变化彰显积极主动的态度。"时"指的是时代，或者具体的关键性时机。从小的方面来讲，教师要抓住恰当的时机，把握好"什么时候教"，以便最大限度地提高教学效果。具体来说，教师应当紧紧围绕大学生的思想实际，关注他们的兴趣和需求，选择恰当的时机开展有针对性的教育活动。一是关注不同阶段学生的需求进行有目的的教育。大学生在不同的阶段有不同的需求和关注点。比如，大四学生更关注未来的职业规划，教师可以提供一些就业指导和实习机会等方面的支持。二是利用重大节日和纪念日这一特殊时机开展主题教育活动，可以激发大学生的参与热情，提高他们的学习积极性，增强大学生的文化自信和思想认同。三是在重大事件发生后及时进行教育和解疑释惑。重大社会事件往往会引起学生的高度关注，这个时候进行教育和引导可以更好地增强学生的社会责任感和爱国意识，或者提供指导和帮助。从大的方面讲，"因时而进"要高度重视当代大学生所处的时代背景和特点。"每一代青年都有自己的际遇和机缘，都要在自己所处的时代条件下谋划人生、创造历史。"① 青年学生的成长和发展，深受时代的影响。当代大学生是时代

---

① 习近平. 青年要自觉践行社会主义核心价值观：在北京大学师生座谈会上的讲话［J］. 人民教育，2014（10）：6-9.

的领军者，要了解他们的内心需求和行为特点，必须从他们身上的时代烙印入手，具体问题具体分析，才能增强思政课的时代感和吸引力，提升大学生思政课获得感。

因势而新，就是要抓住大势、与时俱进、创新发展，其着力点在于"势"，最终落脚点为"新"。习近平总书记指出："今天，宣传思想工作的社会条件已大不一样了，我们有些做法过去有效，现在未必有效；有些过去不合时宜，现在却势在必行；有些过去不可逾越，现在则需要突破。'不日新者必日退。'"① 随着时代的不断进步和发展，教育环境和教育形势也必然发生变化。当前，思政课教学面临着新的形势和新的变化，需要进行改革和创新。因此，思政课教师要应势而动、顺势而为。具体来说，就是在思政课教学过程中，思政课教师的教学理念、教学内容和教学方法要关注时代的发展，紧扣时代的脉搏，顺应时代的潮流，反映时代的要求②，从而增强思政课获得感。要以宏观层面的"大势"和微观层面的"小势"相结合的方式，不断创新发展思政课教学。从宏观层面来讲，"大势"主要体现的是国际和国内的发展趋势。思政课教学要与当前的国际国内形势相契合，帮助大学生了解当今社会政治经济文化发展的特征。从微观层面来讲，"小势"主要表现为互联网、人工智能、道德观等因素，这些因素给大学生思政课获得感带来了显著影响。

第二节

大学生思政课获得感的结构层次

美国心理学家马斯洛认为，人的需要从低到高依次包含生理需要、安全需要、归属和爱的需要、尊重需要和自我实现的需要。③ 后来，马斯洛

---

① 中共中央文献研究室. 习近平关于全面深化改革论述摘编［M］. 北京：中央文献出版社，2014：84.

② 陈梦圆，王立仁. "三因"理念融入高校思想政治理论课的探索与思考［J］. 黑龙江高教研究，2018，36（10）：151－154.

③ 马斯洛. 马斯洛人本哲学［M］. 成明，编译，北京：九州出版社，2003：1.

进一步扩展了这一理论，增加了求知需要和审美需要，即需要由五个层次扩充到七个层次，发展出更加完整的理论体系。马斯洛还对以上七种需要进行了区分，位于需要层次底部的四种需要被称为缺失需要或低层次需要，后三种需要是成长需要或高层次需要。这七个层次的需要并非绝对意义上的先后顺序，即这些需要不是完全绝对和对立的，低层次需要和高层次需要是可以跨越的。同时，同一个时期个体有多种需要，但这些需要呈现出不同的强烈程度，有一种需要占主导地位。马斯洛指出："人是不断需求的动物，除了短暂的时间外，很少能达到完全满足的状态。"[①] 受到该理论的启发，本书认为大学生思政课获得感也有着一定的结构层次。

一、知识获得感

大学生获得感最基本的结构是知识获得感，是其他获得感发展的基础。从受教育者个体需求来看，学生进入学校后的首要需求是增加知识，提高能力，这是因为知识是构建个体认知世界的基础和支持，帮助个体在复杂的世界中进行社会活动。而且学校教育也是一种知识性教育，通过有计划、有目的、有组织地对受教育者施加影响，传授广泛而深入的知识。学生在学校接受到各个学科的基础知识，而教师在整个教育过程中的首要职责也是清晰准确地传授知识。由此而言，学生获得感应该是以知识获得感为起点，而且如果知识获得感不能产生，其他获得感也就无法产生。知识获得感是学生通过系统化、理论化、规范化的学习，掌握和理解某个学科或课程的基本概念、理论和信息，并将其经过一系列思维加工内化到大脑的认知结构中，从而在大脑中形成的知识充实和满足。

高校思政课是按照国家要求设置的课程，是一个完整的课程体系，其内容广博，涵盖了不同的知识体系。高校思政课主要是培养大学生思想政治品德的课程，但思想政治品德的培养需要以知识的形态完成，离不开对知识的学习和理解。思政课的理论知识是关于价值、标准、原则和规则的

---

① 马斯洛.动机与人格［M］.李省时，等译.南京：江苏人民出版社，2021：27.

知识，需要大学生进行深入学习才能真正获得并形成思想政治品德。① 目前，高校思政课的六门课程是大学生思政课知识获得感的主要来源，其承载着增强大学生思政课知识获得感的重要职责，但不同的课程有着不同的侧重点，大学生形成的知识获得感会有所不同。当然，学生获得的知识并不完全指的是学科性知识，也有学生通过亲身活动所获得的生活知识②，也就是学生在实践中获得的知识。在本书中，重点关注的是学生学科知识的获得。由此，具体以六门思政课为例对大学生思政课知识获得感进行详细阐述。

"马原"课的内容主要由马克思主义哲学、政治经济学和科学社会主义三个部分组成。大学生通过学习可以掌握马克思主义的基本立场、观点和方法，获得辩证唯物主义、历史唯物主义的世界观和方法论，以及马克思主义政治经济学、科学社会主义和共产主义等方面的理论知识。"毛中特"（"毛泽东思想和中国特色社会主义理论体系概论"）课主要以马克思主义中国化时代化为主线，充分反映中国共产党不断推进马克思主义基本原理同中国具体实际相结合、同中华优秀传统文化相结合的历史进程和基本经验，介绍了毛泽东思想和中国特色社会主义理论体系的主要内容、形成发展、历史地位和指导意义等，从而帮助大学生深刻掌握马克思主义中国化时代化的理论成果。"德法"课是一门融思想性、科学性、政治性、理论性、实践性于一体的思政课，通过对"德法"课的学习，大学生可以了解与人生、理想信念、道德、法治、中华优秀传统文化和民族精神、社会主义核心价值观、社会主义法律等相关的理论知识。"史纲"（"中国近现代史纲要"）课主要讲述的是1840年鸦片战争爆发以来至今180多年的中国历史。通过对该课程的学习，让大学生认识近现代中国社会发展和革命、建设、改革的历史进程和内在规律等内容。"形势与政策"主要介绍当前国内外政治、经济、文化和社会等方面的形势和政策，让大学生理解国家的大政方针、国际关系以及热点难点问题等方面的内容。"习近平新时代中国特色社会主义思想概论"是2023年开始全面实施的课程，大学生

---

① 李昊婷. 新时代高校思想政治理论课获得感的生成机制与提升路径 [J]. 思想教育研究，2019（6）：73-77.

② 季诚钧. 从知识观的演变看高等学校教学过程 [J]. 中国大学教学，2002（S1）：26-29.

学习该课程可以掌握习近平新时代中国特色社会主义思想的主要内容和科学体系，把握贯穿其中的立场观点方法。

二、思想获得感

什么是思想？这是我们思考"思想获得感是什么"的基本问题。对这一问题，毛泽东指出："这种感性认识的材料积累多了，就会产生一个飞跃，变成了理性认识，这就是思想。"① 思想就是理性认识的高级形态，其制约着人们的心理，支配着人们的行为，因而思想获得感尤为重要。在思政课各门课程中全面深入地学习和积累的理论知识，经过思考和认知加工，转化为理性认识，获得思想上的提升，这就达到了获得感的第二个层次——思想获得感。显然，如果没有足够的理论知识积累，就不可能实现思想的飞跃和提升。当然，知识的积累并不一定来自思政课课程，也有可能来自家庭教育、社会教育等其他方面的知识。但是，只有当这些来自不同方面的知识和思政课上所学到的知识相结合，在此基础上产生的思想提升才能够被视为真正的思政课思想获得感。由此而言，思想获得感是在知识获得感产生后，大学生追求更高目标的过程中形成的，是理论知识反映在人的意识中经过思维活动而产生的思想满足和获益。②

思政课不仅仅是"知识课"或"理论课"，更是"思想课"。思政课与专业课不同，专业课是以传授某种客观知识为主要目的的知识教育，主要是培养学生获得某种知识，以及提升专业能力。而思政课不是单纯的知识教育，其教育的主要任务是思想教育和培养大学生的价值观，"不能只强调知识性，不能为了应付考试让学生死记硬背知识点，而不注重对学生价值观的引导"③。若只局限于知识的讲授而忽略其中的思想，那么思政课就没有了它的核心价值，沦为单纯的知识性课程，无法发挥其应有的思想引导作用。同时，大学生也难以在这样缺乏思想性的学习中产生获得感。大学生通过学习思政课不仅能获得知识，更重要的是可以掌握和理解蕴含在政治理论

① 毛泽东文集：第八卷［M］. 北京：人民出版社，1999：320.

② 余绪鹏，徐艳. 大学生思政课获得感：内涵、结构与特征［J］. 淮北师范大学学报（哲学社会科学版），2022，43（2）：101-106.

③ 习近平. 思政课是落实立德树人根本任务的关键课程［M］. 北京：人民出版社，2020：18.

知识和马克思主义理论当中的思想，从而形成正确的世界观、人生观和价值观。从这个意义上来说，思想层面的满足和获益是最核心的获得感。

对于当前的六门思政课，在思想获得方面，通过学习"马原"课，大学生主要能够掌握正确的世界观和方法论，进而形成科学的思维方式；"毛中特"课可以让大学生把握马克思主义中国化时代化理论成果背后的思想，从而获得思想的启迪与升华；"德法"课使大学生获得正确的道德认知和法律知识，明晰法律界限，从而树立正确的道德意识，养成法治思想；"史纲"课能够让大学生了解中国近现代的历史进程，树牢唯物史观；"形式与政策"课促使大学生形成追求人民美好生活和构建人类命运共同体的思想；通过对新增的"习近平新时代中国特色社会主义思想概论"的学习，不仅可以让大学生了解到习近平新时代中国特色社会主义思想，更重要的是获得其中蕴含的世界观、价值观和实践观等。这些思想的获得能使大学生的获得感达到更高层次的境界。

总的来说，大学生思政课思想获得感具体体现在以下三个方面。第一，思想进步需求的实在感。思政课能够引导大学生思考什么是人生、如何去创造有意义的人生、追求什么样的理想、坚定何种信念等重要问题。这有助于大学生懂得是非观念，辨别善恶美丑，并树立正确的世界观、人生观、价值观，从而获得思想方面的实质性收获和进步。第二，思想宽度拓展需求的获益感。思政课除了传授丰富的知识外，也培育大学生的观念和思维，引导他们以科学的思想认识和处理问题。这样有助于学生不局限于传统的思维模式和狭隘的视野，而是能够开阔思维，开拓视野，使他们的思想处于开放的状态。第三，思想境界提升需求的满足感。在思想进步和宽度拓展产生之后，大学生思政课获得感还需要追求更高的目标，也就是思想境界提升的过程。这个过程引导大学生追求更高的人生目标，实现自我价值，从而获得思想境界提升的满足感。

三、情感获得感

教育离不开情感。罗杰斯认为："情感是有效学习的重要条件。"[①] 而

---

① 罗杰斯，弗雷伯格. 自由学习 [M]. 伍新春，等译. 北京：北京师范大学出版社，2006：40.

思政课正是"一门有温度的课"①，让大学生产生深刻的情感体验。思政课无疑需要讲"理"，然而，仅有理论而缺乏情感，将难以促使大学生对思政课内容产生认同。马克思指出："激情、热情是人强烈追求自己的对象的本质力量。"② 列宁也强调："没有'人的感情'，就从来没有也不可能有人对于真理的追求。"③ 因此，思政课要注重情和理的统一，情感获得在思政课中不可忽视，它对于学生的成长和发展有着重要影响。

在思政课教学过程中，大学生在获取知识和思想提升时会有不同程度的情感反应和体验。这种情感反应和体验可能是积极的，也可能是消极的，其取决于大学生对客观获得的态度。不同的态度反映着客观获得与学生的需要之间的不同关系。当满足大学生需要的客观获得能够引起肯定的态度时，就会使人产生满意、愉快的情感体验，即积极的情感体验。积极体验对学生的思维活动和行为表现具有积极影响，可以提高大学生的学习效率。反之，如果无法满足学生需求，则会产生消极的情感体验，并且对大学生的学习有破坏、干扰的作用。情感获得感是学生接受一系列的思想政治教育影响后而产生的稳定的、深刻的积极情感体验和某种程度上的心理满足，并在精神和心灵上获益。它是获得感的第三个层次，也是动力结构，贯穿思政课教学全过程。

情感获得感具体体现为大学生对思政课的认同，这种认同包括对教学内容的认同、教学方法的认同和思政课教师的认同。其一，大学生对教学内容的认同。教学内容作为真实的客观存在，包含着丰富的情感。如人生观教育中包含着人们的道德观教育，包含着学生对工作、恋爱婚姻家庭等情感；政治观教育涉及爱国主义情感。④ 教学内容最容易被大学生所感知，从而影响他们对思政课的评价。在六门思政课中，"史纲"课在增强大学生情感获得感方面具有独特优势。如果纯粹地讲述历史脉络和事实，不仅难以激发学生的兴趣，反而可能会引起他们的抵触情绪。但在教学中穿插历史故事，就能够调动学生的情感。如在讲解五四运动相关内容时，通过

① 习近平. 思政课是落实立德树人根本任务的关键课程 [M]. 北京：人民出版社，2020：13.

② 马克思恩格斯文集：第 1 卷 [M]. 北京：人民出版社，2009：211.

③ 列宁全集：第 25 卷 [M]. 北京：人民出版社，2017：117.

④ 张荣军，刘金. 思想政治教育内化过程中的情感意蕴 [J]. 学校党建与思想教育，2019 (5)：31-35.

叙述傅斯年、罗家伦等人的感人故事，让学生感受到青年学生的爱国热情和坚定信仰，引起学生的强烈共鸣。其二，大学生对教学方法的认同。教学方法是实现教学内容的手段。传统的"一言堂"式教学或缺乏活力的教学方法会导致学生无法感知自己是否有所获；而学生参与度高的教学方法会促使他们感受到被尊重和被重视，从而得到满足，生成愉悦感。其三，大学生对思政课教师的认同。"办好思想政治理论课关键在教师"[①]，亲其师，才能信其道。思政课教师的师德、人格魅力、教学能力、教学态度等因素都会影响大学生对思政课的认同程度和学习体验。当大学生认同思政课教师时，会更加愿意投入学习，并产生情感认同。由此，在思政课教学过程中，教师既要"以理服人"，即"以透彻的学理分析回应学生，以彻底的思想理论说服学生，用真理的强大力量引导学生"[②]，也要"以情感人"，用真挚的情感引导大学生，通过情感引导将价值观和信仰传递给大学生，从而实现对他们的灵魂引领和塑造。

四、成长获得感

与其他专业课程相比，思政课要通过自身的理论魅力和吸引力来促使大学生真心喜爱思政课。大学生最为关心的是自身的成长和发展，因此他们会认真学习那些能够增强自身能力和成长的课程。由此，思政课需要不断增强其独特的理论魅力，使学生知其所以然，更知其为何所用。习近平总书记指出："要用好课堂教学这个主渠道，思想政治理论课要坚持在改进中加强，提升思想政治教育亲和力和针对性，满足学生成长发展需求和期待。"[③] 由此，思政课要从大学生的成长需求出发来深入思考如何增强大学生的成长获得感。通过思政课的学习，学生可能在知识上有所增长、思想上有所提升或情感上有所共鸣。无论是哪一种形式的获得感，对于大学生来说都有利于自我完善和发展。成长的获得感是一系列获得感的组合，是更高层次的获得感。无论是哪一种获得感，只要有利于大学生自我完善

---

① 习近平. 思政课是落实立德树人根本任务的关键课程 [M]. 北京：人民出版社，2020：25.

② 习近平. 思政课是落实立德树人根本任务的关键课程 [M]. 北京：人民出版社，2020：18.

③ 习近平在全国高校思想政治工作会议上强调：把思想政治工作贯穿教育教学全过程　开创我国高等教育事业发展新局面 [N]. 人民日报，2016-12-09（1）.

和发展，促进他们更好地成长成才，大学生思政课获得感就进入"成长获得感"这一更高层次。

成长获得感是由多个层面的获得感组合而成，具体有以下三种类型。一是物质需要和精神需要的获得感。物质需要是人类基本的生活需求，如食物、衣物、住房等。然而，思政课主要不是满足学生的物质需要，而是更关注满足学生在情感、思想等方面的需求。二是现实需要和未来需要的获得感。当代大学生普遍关注实际生活中的需求，如就业、学业等。同时，他们也积极着眼于对未来美好生活的期待和规划。三是认识需要和实践需要的获得感。学生需要通过各种方式来获取知识、经验和技能。这些对于大学生的成长和发展至关重要。同时，认识来源于实践，并由实践检验。大学生还有实践的需要，习近平总书记指出："当代青年建功立业的舞台空前广阔、梦想成真的前景空前光明，希望大家努力在实现中国梦的伟大实践中创造自己的精彩人生。"① 因此，思政课要引导参与实践活动，将个人理想追求融入党和国家的事业之中，让青春在奋斗中绽放。

对于具体的课程而言，每个知识体系都有其独特的价值和作用。如果大学生能够将所学知识运用到实际生活中，不仅可以提升自身素质，还能够在不同程度上促进他们个人的成长和发展。此外，大学生通过不断深入学习还可以提高自身的思想境界，加强对伟大祖国、中华民族、中华文化、中国共产党、中国特色社会主义的认同。例如，加强对"史纲"课的学习，大学生能够增强对社会现象的认知，借助历史现象来看清世界，透视复杂的社会关系，形成自我认知，并成长为具有深厚家国情怀的时代新人。在此过程中，他们可以不断完善自身的人格，实现全面发展。通过对"德法"课的学习，大学生能够摆脱初入大学的迷茫，明确个人学业和人生的发展方向，并积极规划和追求，从而创造丰富多彩的大学生活。同时，大学生还能够树立正确的世界观、人生观、价值观，成长为具备良好的思想道德素质和法治素养的新时代青年。通过"马原"课中哲学部分的学习，大学生可以掌握辩证唯物主义世界观和方法论，从而能够更加理

---

① 习近平. 青年要自觉践行社会主义核心价值观：在北京大学师生座谈会上的讲话 [N]. 人民日报，2014-05-05.

性、客观地看待事物，从多个角度出发分析问题，进而提高他们分析和解决问题的能力。尤其是当大学生在生活中遇到困难时，辩证的思维方式可以帮助他们看到事情的转机，始终保持乐观向上的态度。思政课不仅要注重知识的传授，更重要的是教会学生如何将这些知识运用到实际生活中，以增强思政课的"有用性"。

第三节

大学生思政课获得感的本质特征

大学生思政课获得感是大学生通过参与思政课的学习活动而获得一定程度的心理满足，其由知识获得感、思想获得感、情感获得感、成长获得感构成，每个获得感都反映了大学生对思政课不同方面的获得和正向体验。这些获得感不是孤立存在的，而是相互关联、相互影响的，从而构成了大学生思政课获得感整体结构。由此而言，大学生思政课获得感的特征表现为递进性。此外，大学生思政课获得感还呈现出其他特征，这些特征主要源自课程的性质、教育对象等相关方面的影响。具体来说，这些特征包括政治性、递进性、差异性、内隐性和实践性。

一、政治性

思政课，亦称为"政治课"，在大中小教育体系中始终占据着至关重要的地位。与其他专业课不同，思政课最鲜明的特色和根本属性是政治性，这一属性在思政课中占据着支配地位。这是因为，思政课作为大学生思想政治教育的主渠道，其涉及马克思主义及其指导下的社会主义意识形态教育。而社会主义意识形态教育就具有鲜明的政治性。思政课的政治性还体现在其培养目标上，其目标是增强大学生的使命担当，"重点引导学生系统掌握马克思主义基本原理和马克思主义中国化理论成果，了解党史、新中国史、改革开放史、社会主义发展史，认识世情、国情、党情，深刻领会习近平新时代中国特色社会主义思想，培养运用马克思主义立场观点方法分析和解决问题的能力；自觉践行社会主义核心价值观，尊重和维护宪法法律权威，识大局、尊法治、修美德；矢志不渝听党话跟党走，争做社会主义合格建设者和可靠接班人"。

思政课的政治性决定了大学生思政课获得感的政治性。习近平总书记十分重视思政课的政治性，指出思政课要"坚持政治性和学理性相统一"①，"围绕学生、关照学生、服务学生，不断提高学生思想水平、政治觉悟、道德品质、文化素养，让学生成为德才兼备、全面发展的人才"②。同时，教育部颁布的《新时代高等学校思想政治理论课教师队伍建设规定》中明确指出，思政课教师必须做到信仰坚定、政治要强，"始终在政治立场、政治方向、政治原则、政治道路上同以习近平同志为核心的党中央保持高度一致"。这意味着思政课教师的政治也要强，这是增强大学生思政课获得感的政治性的重要保障。

我们可以从知识、思想、情感、成长四个层面的获得感来深入理解大学生思政课获得感的政治性。首先，知识层面获得感明确了大学生从思政课中获得的客体是政治知识。具体而言，六门思政课及其课程内容是关于价值观和国家意识形态的知识体系和理论体系，其本身就具有政治性。大学生通过思政课学习获得了政治知识，因此大学生思政课获得感也具有政治性。其次，思想获得感要求大学生通过掌握马克思主义立场、观点和方法而形成正确的思维方式，树立正确的政治信仰和价值观念。特别是西方敌对势力通过价值观输出和不良意识形态渗透的方式影响着大学生的思想观念，由此要提升大学生思政课思想获得感，将社会主义核心价值观贯穿思政课教学，引导学生明辨是非，明确正确的政治方向。再次，情感获得感要求培养大学生对伟大祖国、中华民族、中华文化、中国共产党、中国特色社会主义真切的情感认同。最后，成长获得感要求大学生应当在实现中国特色社会主义共同理想而奋斗的过程中实现个人理想。这也是大学生成长成才的必由之路。

---

① 习近平. 思政课是落实立德树人根本任务的关键课程 [M]. 北京：人民出版社，2020：17.

② 习近平谈治国理政：第二卷 [M]. 北京：外文出版社，2017：419.

二、递进性

马斯洛的需要层次理论指出，"人类的需求构成了一个层次体系，即任何一种需求的出现都是以较低层次的需求的满足为前提的"。也就是说，低层次需要得到满足或部分满足后，高级需要就会产生。以《史记·管晏列传》中的"衣食足而知荣辱"为例，吃饱穿暖（低层次需要）是讲礼义、知荣辱（高层次需要）的前提。同样的，大学生思政课获得感也具有递进性，是一个层层递进的有机体。

首先，获得感的含义中本身就蕴含着递进性，这种递进性表现为"获得"是"感"的前提条件和必要准备，"感"则是"获得"所带来的结果状态。[①] 在思政课的学习中，大学生最低层次的需要是获取理论知识。若大学生未能掌握最基本的理论知识，则无法产生知识获得感，因此更高层次的获得感也就很难产生。同时，大学生的实际收获没有提升到"感"，那"获得"便失去了意义。由此而言，大学生思政课获得感是层层递进的。其次，作为现实的人，大学生在不同阶段的需求是不同的，其"获得"的过程则是一个变化发展的动态过程，它主要表现为递进性。例如，对于处于大一阶段的新生来说，他们刚从高中阶段步入大学阶段，此时他们通常以知识的获得为主要目的；而对于即将毕业的大四学生，他们的需求可能更侧重于获得更多的成长。再次，"感"也存在着递进性。从整体角度来看，尽管大学生思政课获得感表现形式多种多样，且内容相对复杂，但其具有一定的递进性。如前文所述，大学生思政课获得感包括知识、思想、情感、成长层面的获得感。大学生知识获得感产生之后，会逐步产生思想、情感层面的获得感，进而才有可能产生成长层面的获得感。其中低层次获得感是高层次获得感产生的前提和基础。思政课作为有机的课程体系，还需要对学习各门课程内容时获得感的逐步产生进行深入剖析。从具体的课程来看，学生在学习过程中，其获得感也呈现出递进性的特点。例如，"德法"课第一章以人生为主题引导大一新生正式进入该课

---

① 宁文英，吴满意. 思想政治教育获得感：概念、生成与结构分析 [J]. 思想教育研究，2018（9）：26 - 30.

程。随着课程的深入，从理想信念、中国精神、价值观到道德素质等内容逐步展开，学生在学习过程中不断得到满足，获得感也就逐渐增多并呈现出递进性，尤其在知识获得感方面最为明显。同时学生在思想、情感、成长层面的获得感也会变得相对隐蔽。

此外，大学生思政课获得感还需要注意以下几个方面的问题。第一，大学生思政课获得感的递进性并非绝对，而是相对的。四种获得感并非绝对意义上的层层递进，也就是说，并不意味着低层次的获得感未得到满足时，就无法实现高层次的获得感。例如，大学生在思政课中获得的情绪体验，并不完全依赖于课程内容的深入理解或思想的深刻转变。每一层次获得感的满足，都将对大学生的整体体验产生影响，但这并不意味着它们严格遵循一种线性的递进关系。第二，递进性特征在思政课整体上有所体现，但并不具体针对某一门课程。这是因为每一门思政课都有其独特的授课内容和教学方式，导致学生的获得感也会因此有所不同。例如，"毛中特"课更注重理论的讲解和分析，帮助学生理解和掌握马克思主义中国化时代化理论成果。因此，学生在这门课程中收获更多的是理论知识。同时也能提升学生的战略思维，并获得思想的提升，但相对而言，其成长性获得可能较少。

三、差异性

差异性是大学生思政课获得感的另一个重要特征。通过前文所知，大学生思政课获得感是大学生对实际获得的正向的主观评价。这就意味着大学生思政课获得感必然存在着主观上的差异。这种差异性主要表现在教育对象的个体差异上。教育对象不是抽象的人，而是现实生活中的人。现实的人因学习动机、知识背景、教育环境等方面的差异，其获得感也表现出明显的差异性。这种差异性主要体现在以下三个方面：

其一，是否产生获得感由大学生自己评判。教育对象不是完全被动的主体，而是作为活生生的人参与到思政课教学过程中。大学生所具有的主体性让他们从自身的需求出发鉴别自己是否有获得感。基于大学生自身的需求和对所学内容的理解，他们有权对自己是否在思政课学习中有获得感发表意见。

其二，有哪些获得感由大学生自己评判。通过某一堂思政课或某一门思政课课程的学习，大学生的需求不可能全部得到满足，而仅仅能满足其中的一部分。因此，哪些部分得到了满足，形成了哪些获得感，也完全只有大学生自己最清楚。比如，当学生出于功利心进行学习，他们只是追求知识的获得，从而提高分数。而对思政课热情较高的学生，并不满足于课本知识的获得，他们会主动与教师交流，促进自己思想的提升。

其三，获得感的程度由大学生自己评判。教育对象是不断发展着的人，其需求也是不断发展变化的。由于不同大学生的接受能力不同和需求不同，其获得感程度也不尽相同。一些大学生可能对某种需求相对较强，而另一些大学生可能对其他需求较强，从而导致学生之间获得感的程度也不可能完全一致。至于满足程度的多少，由大学生自己评价。

与此同时，大学生思政课获得感呈现出差异性也与思政课教师有着密切的关联。同校同年级的学生在不同思政课教师的教学下，其获得感存在着显著的差异。这是因为思政课教师之间存在差异性。这种差异表现在思政课教师的专业素养、人格魅力和教学方法等方面。例如，如果有些思政课教师依旧采用单一的灌输式教学方式，并缺乏与大学生的互动和交流，那么大学生很有可能失去学习的兴趣和热情，进而导致他们的获得感大大降低。相反，如果思政课教师采用多样化的教学方式，如案例分析、小组讨论、角色扮演等，便能更好地激发大学生的学习兴趣，进而他们的思政课获得感也会随之增加。总之，当大学生对思政课教师的教学方法产生兴趣，或被思政课教师的个人魅力所吸引时，他们在课堂上的参与度会显著提高，对思政课的获得感也会随之提升。

四、内隐性

何为内隐？从心理学角度来说，指的是无意识中自动地、不自觉地加工信息的过程，这一过程不需要意识的参与，也无法通过意识控制。内隐性可以理解为一种潜在的状态或特性，需要经过一定的时间和过程才能显现出来。

思政课具有内隐性。从教学效果上来看，一般来讲，各专业课的培养目标在于"成才"，主要是培养学生掌握某种知识和技能，整体上都会设定一定的教学要求和教学任务，这些要求和任务的完成情况往往通过诸如课堂测验、期末考试、实验操作等具体的表现形式来体现。学生是否掌握某种知识和技能可以通过各种方式评判。而思政课是高校落实立德树人根本任务的关键课程，其育人目标是"成人"，这个目标在短时期内并不能直接实现，育人效果需要经过一段时间的积累和沉淀才能逐步展现。思政课不仅要向大学生传授马克思主义理论知识，培养科学的思维方式，更重要的是培养大学生的世界观、人生观、价值观以及道德素养、法律素养等。由于人的思想活动具有复杂性，难以对其进行全面动态的把握和分析，即使可以通过行为得以反映，也很难准确判断这些行为表现的真实性及其与意识形态变化之间的正相关性。此外，思政课教学资源也具有内隐性，比如教师的德性、素养和人格魅力等。思政课教师在教学的过程中，需要有意识地开发和利用这些教学资源，将其转化为有用的要素，从而充分显现教学资源的教育价值。①

由于思政课的内隐性特征，以及大学生在思政课教学过程中主要获得的是一种精神性利益，比如道德的提升、价值观的养成和理想信念的培育等，这些方面的获得以精神性的方式存在，并用以满足大学生的精神需要，因此大学生是否获得这些方面的内容难以被清晰地察觉和评判，其效果需要很长时间的积淀或在特定的环境中才能逐渐体现出来。例如，大学生在常态下可能并不明显地表现出爱国主义情感，或较少直接表达此情感，但这并不意味着他们不具备这种情感。在遇到重大或特殊事件时，大学生的这种情感会被充分激活并展现出来，由此，这种"慢节奏"的特性使得大学生自身难以直观地感知到思政课的获得感，这与物质利益的呈现方式存在明显的差异。物质利益通常以某种"物"为载体，可以直观地呈现，而思政获得感则需要一个相对漫长的发酵期和显现期。尽管大学生对思政课的获得感具有内隐性，但关键在于其是否能将所获得的内容成功地转化为日常生活中体现出来的实际行动。只有通过这种方式，才能切实检验大学生是否真学、真懂、真信、真用。

---

① 王晶. 思想政治教育资源的要素结构及特性解读 [J]. 学校党建与思想教育，2015（5）：18-20.

五、实践性

高校思政课把正确的政治思想、道德规范传授给大学生，让大学生能够内化于心，同时大学生还要将自己的个体意识转化为外在的实际行动，改正错误思想，主动按照正确思想付诸实际行动。大学生自觉把所学落实到行动上，是高校思政课教育的目的和效果。因此，"知"和"行"是思政课教学活动的重要环节，追求知行统一就是要理论联系实际。对于思政课教学活动而言，会更加强调理论知识在实践中的运用，使学生能够对自己的言行进行自我监督和自我调节，努力实现实际效果。

从思政课教学活动的实践性特征可以得出思政课获得感也具有实践性的结论。这是因为，大学生思政课获得感的学习，不仅是理论知识的学习和掌握，还包括在理论学习的基础上，产生思想上的认同和情感上的共鸣，并把这些积极的主观体验落实到个体行动上，这是大学生思政课获得感理论知识传播与学习的一种体现，是实践性的运用和检验。而且实践是思政课开展教学活动的基本途径，思政课包括课堂理论教学和实践教学，再加上思政课理论教学最终也要落实到行动上，因此也具有实践性。这就要求思政课的教学效果要体现在不仅使学生有所感、有所知，还有所信、有所行。思政课获得感的产生和加强，要求思政课教学过程紧密联系社会生活和大学生的具体实践。

第四节

大学生思政课获得感的哲学意蕴

大学生思政课获得感本质上表现为人对自由追求的类特性和以人文精神为时代特征的理论认识，具有自觉性、自为性、自愿性等特征。研究思政课获得感的哲学意蕴，有益于全面理解和把握思政课的内涵与特征，对加强高校思政课教学建设、提高教学质量具有重要的理论指导作用。

一、从认识论角度认识大学生思政课获得感

在经典名篇《实践论》中，毛泽东指出："通过实践而发现真理，又通过实践而证实真理和发展真理……实践、认识、再实践、再认识，这种形式，循环往复以至无穷，而实践和认识之每一循环的内容，都比较地进到了高一级的程度。"这是毛泽东对认识论的基本阐述。认识论的内容主要包括以下两个方面：一是实践决定认识。实践是认识的来源，实践是认识发展的动力，实践是检验认识的真理性的唯一标准，实践是认识的目的和归宿。二是认识对实践具有反作用。正确的认识能够指导实践，错误的认识则会导致实践活动的失败甚至误入歧途。从认识论角度来探索大学生思政课获得感问题，我们可以将其理解为大学生在参与思政课教学活动的过程中，对教学的内容、方法、形式和教学效果的反应。大学生获得感的生成过程就是对思政课教学活动客体的思维建构过程，能够反映出马克思主义的"把'对象、现实、感性'当作感性的人的活动，当作实践"的思想。

首先，大学生思政课获得感是大学生对思政课客体的思维构建。列宁曾指出："认识是人对自然界的反映。但是，这并不是简单的、直接的、完整的反映，而是一系列的抽象过程，即概念、规律等等的构成、形成过程。"[①] 在大学生思政课获得感中，思维的建构是指通过概念、范畴等把自在客体转换为观念客体的过程，在认识的主体和客体中，概念扮演着中介的作用，认识主体和客体通过中介实现双向运动，主体去分解自在客体，自在客体在主体分解的过程中也就在一定程度上转化为观念客体。大学生思政课获得感也正是从主观和客观两个方面去能动地理解思政课，把思政课教学活动和实践密切结合在一起的能动的反映。

其次，大学生的思政课获得感是客观存在的。大学生思政课获得感是大学生对思政课产生的主观心理体验，是思政课得到的主观反映，不同的个体间会产生不同的获得感，即便是同一堂课程，个体间由于性格、学识、需求等方面的差异会产生不同的获得感，这种不同的体验是不以人的

---

① 列宁全集：第 55 卷 [M]. 北京：人民出版社，1990：152.

主观意志为转移的，是独立于思政课而存在的。我们需要纠正的是当前存在的大学生没有获得感的错误认识，这是因为思政课是全国高校开设的必修课程，每一位大学生都要参与思政课教学活动，所以大学生对思政课获得感这一心理体验是客观存在的，每个人在思政课上都会有所获得和体验，产生获得感，只是在获得感的强弱程度上有所不同。

再次，大学生思政课获得感主要来源于思政课教学实践。实践是认识的来源，全部社会生活在本质上是实践的。① 实践从根本上决定着认识的发展，实践也是认识发展的根本动力。对于大学生来说，思政课教学活动最终也是为大学生的实践活动提供理论上和方法论上的指导，以此来贯彻、落实到行动上。所以在探讨获得感这个主观感受较为浓郁的概念时，仍然要立足于教学实践，从实践的角度出发来设计教学内容、教学方法和运用教学载体。

最后，大学生思政课获得感是一个循序渐进的过程，要经过从直接到间接、从表面到深层次的发展过程。认识本身就是一个由浅入深、由表及里的过程，大学生思政课获得感同样也有从外在到内在、从现象到本质的发展过程。大学生思政课获得感的主体是大学生，大学生的需求和期待是获得感生成的动力和源泉，需求的层次性、多样性就决定了获得感也会呈现出层次性、多样性。另外，大学生自身会随着时代的变化而发展，以及思政课教学活动也会与时俱进，这些因素表明思政课获得感有一个从表面到深层的发展过程。

总之，大学生思政课获得感不仅是大学生对思政课的体验和认识，也是其他主体如高校、社会等对大学生学习思政课这一实践的一种认识。

二、从实践论角度认识大学生思政课获得感

从实践论的角度来说，大学生思政课获得感是高校思政课教学改革的出发点、落脚点和创新点，大学生思政课获得感的生成、强化都要落脚到思政课教学实践中来。

首先，大学生思政课获得感源于思政课教学实践。实践是认识的基

---

① 马克思恩格斯选集：第 1 卷［M］. 北京：人民出版社，2012：135.

础，全部社会生活在本质上是实践的。大学生思政课获得感全部来源于外部现实世界，通过实践为大学生提供精神和物质层面的获得感。大学生开展的学习实践是一种有意识、有目的的活动，学生在开始学习时，在头脑中就已经大致描绘出学习活动结束时的场景和结果，这个在学生头脑中形成的目标影响着、决定着大学生的学习实践。对于思政课教学来说，这是大学生以主体的方式参与的教学活动。从这一角度理解大学生思政课中的获得感，可以认为大学生在思政课教学活动开始时就能够预判学习活动结束时的效果，这个效果会影响大学生的学习行动。因此，我们探讨大学生思政课获得感现状时，不仅要关注到大学生，更应该关注思政课教学活动这一实践。

其次，大学生思政课获得感为高校思政课教学改革提供了一种新的视角和思路。认识和实践之间是一个循环上升的互动过程，认识来源于实践，认识对实践又具有反作用，正确的认识能推动实践的发展，错误的认识则会阻碍实践的前进。为了增强大学生的获得感，思政课就要进行教学改革。以往都是从思政课教学本身发现问题，主动寻求问题的解决方法。对大学生思政课获得感进行研究，是从思政课获得感是推动教学改革的出发点角度而言的，能够从大学生获得感现状中找出思政课存在的问题，针对问题采取措施，进而不断提升思政课教学质量和教学供给。因此，以提升大学生的获得感为目标，从受教育者的角度找出教学活动存在的问题，秉持问题意识推动思政课教学改革，在实践中相互促进，才能让大学生更有获得感，高校思政课通过改革也能不断深化。

最后，大学生思政课获得感要在实践中接受检验。实践是检验真理的唯一标准，高校开展思政课，最终是为了大学生能够将所学内容与自己的个体意识相融合并落实到具体的行动上，思政课获得感的导向与思政课的根本任务是一致的。作为意识形态课程，向学生传播马克思主义理论知识，培养大学生的理想信念、爱国情感、社会主义核心价值观等，这些内容最终是要落实到大学生的实践中，体现在行动上，即成为社会主义事业的建设者和接班人，不断为中华民族伟大复兴贡献自己的力量。只有经过实践，大学生的获得感才能进一步显现和强化。当然，大学生的思政课获得感会在实践中不断发展和变化，只有通过实践这一重要环节，才能在真正意义上改变大学生主体，促进大学生的全面发展。

三、从历史观角度认识大学生思政课获得感

任何理论的发展都离不开实践活动所处的历史环境。获得感作为人类的一种感受，是在全面深化改革这个特定的重大历史背景下作为学术概念而提出来的，研究获得感必须考虑其所处的这个大转折时代，这样才能洞察到获得感困境所折射出来的各种问题。大学生思政课获得感是大学生群体普遍存在的人类感受和心理体验。在"大学生思政课获得感"一词中，"大学生"是主体，"思政课"是研究的领域，"获得感"是中心词汇。大学生是处于社会中的人，具有社会性、历史性，其获得感的生成也会受到所处历史环境的影响。对其开展研究，也不能离开孕育获得感全面深化改革这个特定的历史节点。历史的维度对我们研究大学生思政课获得感、提升思政课获得感理论意蕴的纵深性、追求逻辑和历史的统一性具有重大意义。

第一，全面深化改革中社会发展价值维度的失序是大学生思政课获得感困境的历史根源。改革开放以来，我国经历了经济社会结构转型、政治体制转型、文化价值观念转型和人民生活方式转型的历史巨变。在转型的过程中人民的生活水平明显提高，大学生的生存需要、安全需要得到极大满足，所以大学生对美好生活也更为向往，其需要也呈现出多样化、多层次、多方面的特点。值得注意的是，我国社会在转型过程中存在一系列冲突矛盾和挑战，整个社会都面临着财富、秩序、生态、意义等价值维度失序的问题。① 对于价值观尚未定型、尚未成熟的大学生来说，这些现实难题和伦理困境无不影响着大学生对马克思主义理论、对中国特色社会主义道路、中国特色社会主义制度、中国特色社会主义理论、中国特色社会主义文化等的理解和内化，有可能会消解、弱化大学生对思政课教学内容的接受程度。

第二，追求获得感是当前历史阶段追求人的自由全面发展的伟大实践。社会发展的终极目标是要实现人的自由而全面的发展。在现实世界

---

① 张明霞. 美好生活获得感的实践唯物主义审思［J］. 学校党建与思想教育，2020（7）：28 - 32.

中，人性的发展总会受到各种限制。人道主义指出人要走出现实困境，就要朝着适合人性生存和发展的方向努力。[①] 在新时代的历史背景下，提出大学生思政课获得感内涵，体现出思想政治教育工作者不断破除现实困境中的消极方面，努力让大学生收获积极的一面，引导大学生为短暂的人生赋予美好意义的追求，使大学生朝着自由而全面的方向发展。

第三，把握思政课获得感的社会历史本质，从宏观上要研究人民创造历史的根本规律，从微观上则要探索具体的人在解决困难时表现出来的奋斗状态。马克思主义视域下的人是现实的人，是以一定方式进行生产活动的一定的个人。立足于历史唯物主义，必然要实现从抽象到具体的转化。因此，研究大学生思政课获得感，是从大学生入手，研究大学生在知识上、思想上、情感上的困惑，剖析在全面深化改革时代背景下获得感的不同样态，以及对思政课不同层次的需求和期待，进而深化对思政课获得感生成规律在历史性维度上的学理把握。

四、从辩证法角度认识大学生思政课获得感

相较于黑格尔的精神辩证法，获得感的辩证法是在客观基础上对现实展开的批判，离开了客观现实，辩证的性质也就不复存在。立足于获得感本性的大学生思政课获得感，同样是建立在客观事件基础上的对现实的批判。当然思政课教学活动和实践活动只有符合大学生的需求和期待，创造出新的现实，大学生的获得感才会在实践的辩证运动中产生，思政课获得感的精神内涵才会被赋予。

第一，大学生思政课获得感具有阶段性。获得感的生成和强化是一个动态的变化过程，不同层次的获得感都是主体矛盾与客体矛盾的阶段性解决，为下一个层次的矛盾的解决提供了一个新的台阶。根据需要层次理论，大学生思政课获得感从低到高依次为知识型获得感、思想型获得感、情感型获得感和成长型获得感，每一层次大学生需要的满足都具有阶段性特征，而新的需要还在不断产生。总的来说，获得感既是对低层次获得感

---

① 韩庆祥. 现实逻辑中的人：马克思的人学理论研究 [M]. 北京：北京师范大学出版社，2017：77.

的否定和继承，又是不断向着高层次获得感和人的自由而全面发展的目标迈进的过程。

第二，大学生思政课获得感为实践提供了内在动力。通过教学活动，大学生收获了客观获得和主观体验，这些收获能够让大学生释放在探索知识过程中积累的压力，有利于焦虑、怀疑情绪的缓解，同时又为新的实践注入活力，激发大学生开展新的实践，接受新的内容。新的实践的开始，也意味着新的压力、新的情绪的累积，此时精神和物质之间的矛盾、主体和客体之间的矛盾没有彻底解决，而是随着新实践的开始而进入新的阶段。在实践中遇到的新问题再一次引起思想上、情感上的困惑，进而造成精神内部的紧张状态，这些因素汇集成实践成为进入新发展领域的新的驱动力。大学生思政课获得感形成于思政课教学活动和实践活动中，他们在不断获得新知识，产生新思想的同时，也会产生更多的困惑，这些困惑又驱使大学生去实践，寻求新的解决方法，获得感也就在不断的实践中得以形成和强化。

第三，只有持续的获得感才能向幸福感、满足感转化。每一阶段、每一层次的获得感的满足只是在具体的历史境遇下需求和期待契合的一个片段，所以大学生只是暂时地拥有获得感。随着时代特征的变化、教学内容的更新和大学生需求的变化，原有的获得感会弱化和衰退，新的矛盾和问题会不断向大学生提出挑战。只有持续不断地接受思想政治教育，接受马克思主义理论教育，收获到持续的获得感，才能促进获得感向幸福感、满足感转化。因此，大学生思政课获得感的内涵不是一成不变的，会随着主体的实践发生变化而不断变化，在这个过程中精神运动和物质运动相互渗透、相互制约，这就是获得感的辩证法本质。

第五节

大学生思政课获得感的概念价值

由以上讨论可知，思政课的获得感是一个积极的心理体验过程，能够为大学生带来某一方面或多个方面的心理满足，能够让学生在学习过程中产生思想上的共鸣、情感上的融合、价值观上的认同和行动上的同化效应。只要社会不断向前发展，人们对获得感的追求就不会停止。然而，在现代社会，伴随着传统社会向现代社会过渡所带来的生活方式的转变、价值观念的转变，大学生对思政课的需求和期待也相应地发生了具体而微妙的变化。在新的历史条件下，对思政课的追求和期待，是一种超越性的生存态度和生活理想，是人的本质特征的外在表现，是追求高尚和美好生活的指向，总之表现出了大学生对人的自由而全面发展的渴望。如果失去对获得感的追求，大学生只是马克思主义理论的接受机器，不会形成自己的思考，也难以产生思想上的共鸣。大学生思政课获得感是一种积极的心理体验，它的深刻之处不在于获得什么，不是简单地提供某种可供直接享受的成果，而是大学生通过自身的感性行动能够实现精神的满足。可以说，获得感的提出，具有重要的理论意义和实践价值，是对西方幸福观的变革与创新，也为人的全面发展提供了一种新的阐述。思政课获得感的当代价值，一方面表现出党和国家对现代性社会把握的深刻性，一方面表现出与时俱进的特点。因此，从当前大学生思政课现状和实践的角度来看，获得感的当代价值体现在理论和实践两个层面。

一、概念的理论价值

高校思政课是塑造大学生世界观、人生观、价值观的核心课程，大学生的获得感是评价中国高等教育尤其是思想政治教育成效的重要指标之一。大学生思政课获得感的提出，是马克思主义人学理论的彰显，符合新时代思想政治教育的发展理念，有利于增强思想政治教育的育人实效。

1. 思政课获得感彰显马克思主义人学理论

马克思主义人学理论包括人的本质、人的主体性和人的发展，是对人在实践活动中的自由状态的具体把握。马克思、恩格斯解释了人的内在本质规定性即人的需要。马克思、恩格斯合写的《德意志意识形态》一书中指出，"需要即他们的本性"。根据需要的内容，马克思把人的需要划分为自然需要、社会需要和精神需要，根据需要的层次，马克思把需要分为生存需求、享受需求和发展需求三个层次。需要作为人的本性，是人实现潜能发展进而全面发展的内在动力，能力的每一次提升都内在地满足人作为主体的旧的需要，旧的需要的满足又催生了新的需要，这样就促进人类向更深层次、更广阔空间上的潜能发展。与需要理论契合，获得感主要表现为物质需要得到后的满足感和精神需要获得满足后的认同感。关注获得感本身就是对人的需要的关注，是关注人的本质、实现人的本质的表现。思政课获得感的提出与研究，是从人的需要出发，注重大学生思政课获得感的生成，符合马克思主义人学理论。而且需要本身还包含了超越性和否定性。[①] 当较低层次的需求得到满足后，人们会对自身进行否定和超越，朝着更高层次的需求出发。高校思政课坚持与时俱进，不断满足大学生的需求，促成获得感的生成，凸显了马克思主义的人学理论。

从完整的人的角度出发，人的全面发展是人的个性自由发展，即个性和能力在社会交往中不再受到异化因素的限制和压抑，而是能够得到完全的展示，促使人的自由个性的实现和人的创造能力的提升。我国高校思想政治教育活动以全面培养和发展人的潜能为实践目标，使受教育者能够在认识世界、改造世界的活动中得到充分的发挥与展示。同时还以培养和塑造人的自由精神为价值导向，促进人的自由本性的生成，也就是说在思政课教学活动中，教育者要促进大学生自由意识的形成，进而促进人的自由本性的生成。大学生不是任人摆布的工具，而是要通过思政课的学习坚持真理、追求真理，从而实现人的全面、充分的发展。思政课获得感的提出，就是坚持人的个性的自由发展的体现。坚持大学生的主体性，充分促成大学生的认知、情感、意志等心理因素的完善和发展，进而产生知识型获得感、思想型获得感、情感型获得感和成长型获得感。思政课获得感的培养，注重以学生为中心，坚持大学生的主体性，关注大学生的精神需求，引导大学生的世界观、人生观、价值观符合社会价值规范和行为规范，促进大学生的全面发展，实现思想政治教育的真善美价值。

2. 思政课获得感丰富新时代思想政治教育发展理念

思政课获得感的提出符合立德树人的教育理念。立德树人理念坚持以理想信念为主线，贯穿教育领域中的各个环节，是把握教育本质的必然要

---

① 杨军，夏敬芝. 社会思潮对思想政治理论课实效性的制约［J］. 学校党建与思想教育，2016（17）：46-48，81.

求。习近平总书记强调，"理想信念决定着我们的方向和立场，也决定着我们的言论和行动"。该论述表明理想信念对一个人精神的产生和人生的发展具有引导作用。思想政治教育坚持育人为本，尊重人的需要，实现人的德、智、体、美、劳的全面发展，这是思想政治教育注重获得感生成的重要体现，也是思想政治教育遵循主流意识形态、遵循立德树人教育理念的显现。思政课获得感体现着教育理念从注重数量到关注质量的转变。进入新时代，物质生活富裕，人民对教育的需求出现多层次、多样化、重质量的特征。教育关心人民的心理的满足感和幸福感，意味着思想政治教育也要从注重内容向注重内容和实效性并举转变，意味着思想政治教育要以灌输为基础手段，融入艺术方法，进行教学上的提升和改革，意味着思想政治教育要充分利用好、平衡好定量评价和定性评价之间的关系。思政课获得感的引入，是思想政治教育理念转变的重要体现，彰显了以人民为中心的教育理念。在全国教育大会上，习近平总书记提出坚持以人民为中心发展教育的教育理念。人民是教育的主体，人民对教育的感受和评价影响和决定教育事业的发展。思想政治教育作为教育的一部分，也要始终坚持以人民为中心，认识和把握人民思想品德发展的规律，真正做到提升人民的思想政治教育获得感。

以人民为中心理念在高校思政课中的具体表现就是以大学生为中心。大学生思政获得感这一概念中，获得感的主体是大学生，获得感的提出是对大学生主体地位的准确把握，强调大学生的发展和学习，关注大学生的自主建构和相互作用。大学生是思政课的出发点和目的，让教育和人的价值、意义和个性相关联，以人的方式来把握和理解学生，学生和教师间相互开放，又通过思想上的交流、情感上的共鸣实现双向的交流，致力于让每个学生全面发展，实现知识、能力、人格等的全方位培养和提升。因此要求在思政课中必须关注学生的未来发展，必须关照大学生的需求，引导他们树立远大的理想和追求，加强其对中国特色社会主义思想上、理论上和情感上的认同，增强其对中国特色社会主义的道路自信、理论自信、制度自信和文化自信，帮助大学生坚定在未知世界生存、发展甚至引领的信念，帮助大学生提升在未来社会生存、发展的能力和素质，发挥思想政治教育最基本、最深沉、最持久的力量。

二、概念的实践价值

获得感是新时代大学生对思政课的正向积极的体验，是对思想政治教育理论的积极感知、情感认同和价值确证。新时代大学生思政获得感在实践层面具有多种价值，它既是对大学生存在感的确证，是对大学生参与感的强化，又为大学生幸福观、满足感的生成奠定基础。

1. 获得感是对大学生存在感的确证

"对存在的追问就是对生命意义的探寻……人活着，却不一定真正存在，因为意义不可能凭空滑落，需要存在者'以当下——切己的方式——去存在'，这是一种主体性的求索状态。"[①] 人类的存在源于不断探索和追问生命的意义，自我觉知促使个体意识到自身存在。因此，人的存在价值的关键在于对生命意义的追寻，以及在这个过程中对自我的反思和提问。在思想政治教育课程的教学实践中，大学生的基本需求包括知识获取、物质保障以及个性和人格等方面的关怀。当这些基本需求，特别是人文关怀得到满足时，大学生因受到尊重而产生存在感。当大学生的主体地位和主体意识得到尊重，他们会更加信任思想政治教育活动。清晰的自我存在感使大学生对思政课抱有积极期待，激发他们进一步接受教育，从而产生新的感悟。

在思政课教学活动中，大学生会受到来自各种因素的影响，在思政课上大学生往往是被动地存在着，同时还被教学内容、教学方法、教学载体所影响，自身的需求和期望如果得不到满足，就会导致存在感的丧失，这会削弱大学生参与课堂的动力，消解大学生的参与热情。为了寻找大学生的存在感，让大学生意识到思政课教学活动的意义与价值，亟须形成大学生的获得感。获得感是大学生对自身力量的感知和自身存在感的确证。一方面，大学生通过思政课教学活动，能够获得基本的理论知识，形成符合社会规范的价值观和道德观，知识、思想、能力等的获得能够让大学生主

---

① 曹斯. 基于班级视域的大学生思想政治教育研究 [J]. 思想理论教育导刊，2019（6）：134-137.

体感知和体验自身的能动力量，从而获得存在感，即通过对人、事、物的获得来确证自我的存在，进而获得在思政课中的存在感；另一方面，大学生自身的实践本身就是对自己存在感的确认，即在自我实践的过程中获得存在感。因此，获得感是对大学生存在感的确证，是大学生感知自己、认识自己和发展自己的前提。

2. 获得感是对大学生参与感的强化

接受理论指出，读者只有参与到作品中来，才能最大限度地激发读者以愉悦的态度接受审美情感。伊瑟尔在吸收现象学美学观点的基础上，提出了"召唤结构"理论。他指出由于文学作品存在"意义留白和不确定性"，各个文本的连接处存在着空缺，这样读者在阅读作品时会存在心理上的空白，因此要激发读者进行创造性填补和想象性的连接[1]，只有"读者自己开始生产，才能产生愉悦感"[2]。大学生是大学生思政课获得感的主体，大学生的参与感是指大学生在思政课教学活动中积极、主动参与教育活动而产生的积极正向的体验。简言之，大学生参与感就是充分发挥自身的主观能动性、思维创造性，运用所学的理论和方法而生成的获得感。获得感的产生得益于对大学生的主体意识的尊重和激发，得益于为大学生主体性的发挥所提供的平台。思政课教学活动是一个双向的平等的互动过程，不是居高临下的独白式对话和说教模式，而应该是双向互动的对话过程，这是由教育规律、大学生成长发展规律决定的，也是当前大学生的思想、心理的内在需求。从心理学的角度来说，这种方式能够满足大学生掌控和把握与自己有关的事物的需求，是激励大学生主动积极地参与思政课教学活动的动机之一。

大学生参与思政课教学活动，在参与的过程能够获得愉悦感。大学生有实实在在的获得是愉悦感生成的前提，但是有了实际获得不一定能够感知到有所收获，还需要大学生意识到自己有所获，能够敏锐地认识到自身通过思政课教学活动，在知识、思想、情感、成长上有所收获，从而意识

---

① 王滢. 接受理论对增强大学生思政课获得感的启示 [J]. 学校党建与思想教育，2019 (19)：59 – 62.

② 姚斯，霍拉勃. 接受美学与接受理论 [M]. 周宁，金元浦，译. 沈阳：辽宁人民出版社，1987：31.

到自身某些需要得到了满足，进而产生愉悦感。产生愉悦感后，还要有得到感。思政课获得感是大学生主观感受和客观获得的统一，获得的结果作为一种真实的客观存在，是能够被大学生所感知的。在接受思政课教学活动的过程中，大学生由于自身的知识储备、受教育环境、个人的感知能力和需求的不同等，都会有所差别。在当前思政课中，由于课时有限，教师为了完成教学进度，限制了大学生参与教学活动的次数和强度，导致部分大学生的参与积极性受到打击，参与机会被剥夺，而主体的有效参与是思政课获得感其他生成阶段有序推进的关键节点。在实际参与的思政课教学活动的过程中，大学生客观层面的获得以及主体层面的体验是大学生产生获得感的重要依据。大学生的有效参与对获得感的生成来说至关重要。事实上，大学生主体的参与贯穿思政课教学活动的整个过程，也正是因为参与才带来参与感的不断产生，大学生才会源源不断地产生获得感。因此大学生的参与感对获得感来说非常重要，思政课要鼓励学生积极参与到教学活动中来。

3. 获得感为大学生幸福感生成打牢根基

获得感是建立在客观的基础上的人的主观感受，是人对客观获得的主观体验。而幸福感更加强调个体的主观体验和心理感受，也因其强主观性更难以衡量和更易流于空泛。获得感更加强调实实在在的、客观的拥有及其产生的正向的体验，是客观获得和主观体验的统一。相较于幸福感，获得感的实践性、具体性特征更强。在某种程度上，获得感可以理解为是幸福感生成的前提，获得感为幸福感的生成奠定一定的基础。因此，大学生获得感的增进是幸福感提升的基础，只有不断满足大学生的知识型获得感、思想型获得感、情感型获得感和成长型获得感，让大学生在思政课教学活动中感受到实实在在的收获，大学生的幸福感才可能提升。没有客观获得和主观获得，大学生无法体会到思政课教学活动的成果，必然会消解大学生的幸福感，影响大学生正确的世界观、人生观和价值观的生成，不利于大学生的健康成长。正因为如此，习近平总书记一提出获得感概念，思想政治教育领域的很多学者就对思想政治教育获得感、大学生思政课获得感展开研究。当然获得感和幸福感不是简单的线性关系，获得感的提升，并不一定带来幸福感的提升，而且幸福感具有一定的独立性，其提升不仅受到获得感的影响，还会受到其他因素的影响。

　　大学生思政课获得感的生成，区别于基础教育阶段的普通基础知识学习的获得感，处在大学阶段的思政课，在学习上也更偏向能力的提升与学习方法的获得，即通过思政课学习，帮助大学生在教学实践中得到锻炼，提升发现问题、分析问题和解决问题的能力，体会到学业成长带来的幸福感。通过思政课教育活动，拓展、找寻适合自己的学习方法，在方法的找寻过程中体验到思政课所带来的幸福感。同时还掌握马克思主义方法论，在遇到实际问题时能够通过所学解决问题，在这一过程中产生获得感，进而产生幸福感。切实让大学生体验到思政课教学活动带来的获得感，就要以学业成长作为思政课教学活动的基础性内容，满足大学生超越自我、寻求发展、改变自我与世界的需求，切实体会到大学生活的意义和自我的价值，并通过科学研究的推进和提升，感受到自我兴趣和人生理想实现的乐趣。

第三章　大学生思政课获得感的现实状况

思想政治教育作为一项实践性很强的教育活动，既要有理论性的研究，也要有数据的支撑。前文已对思政课获得感进行理论性的研究，本章以调查问卷为主要工具，以资料查找、网上调研、实地走访等形式予以辅助，力求数据的真实与准确。调查问卷的对象主要为本科大学生。问卷在坚持需求导向和问题导向的基础上，比较深入地了解了大学生思政课获得感的真实状况和自身需求。总体上可以看出，当前大学生对思政课的课程性质、课程作用、课程价值等有清醒的认知，对思政课趋于积极性的评价。同时，大学生对思政课也提出了相关建议，这在一定程度上表达了对思政课进一步加强和改进的期盼。

第一节

大学生思政课获得感的总体状况

对于当代大学生的使命，习近平总书记做出了回答，指出广大青年要树立"远大理想、坚定走中国特色社会主义道路的人生信念"[1]。思政课是依据大学生成长发展规律，在整个教育过程中贯穿世界观、人生观、价值

---

[1] 习近平在同团中央新一届领导班子成员集体谈话时强调：紧跟党走在时代前列走在青年前列　在实现中华民族伟大复兴的征途中续写新光荣 [N]. 人民日报，2013-06-21.

观教育的活动。作为高校思想政治教育活动的主渠道，思政课开设的目的是宣传党和国家的主流意识形态，从而确保国家思想文化安全，引导大学生自觉接受、主动认同党和国家的道路、理论、制度、文化等，最终让大学生对党和国家的政治目标高度认同。[①] 基于此，高校思政课教学质量的好坏，直接决定了大学生的政治认同程度。这同时也表明，思政课的开设，要坚持育人导向，培育社会主义建设人才，培养担当民族复兴的人才。所以，大学生思政课获得感的研究与提升，总体上可以从大学生对思政课的课程认同以及对教师的认同两个方面进行考察。

一方面，大学生思政课的获得感强弱与课程认同程度是分不开的。思政课是立足于我国国情，顺应时代潮流，传授知识并帮助大学生树立坚定的理想信念，明确社会责任，积极引导大学生把理论与生活相结合，并将理论运用到自身成长上来的课程。思政课的课程性质决定了大学生的获得感，在某种程度上也表现为对课程的认同程度。大学生对课程的认识具体可分为对课程性质的直观认识、对听课作用的直观认识以及对课程价值（开设必要性）的直观认识。这三者的认识程度越高，表明课程认同度也就越高。因此，本次调查以大学生对课程性质、听课作用和课程价值（开设必要性）的认识为考察指标进行分析。调查结果显示，在课程性质的认识上，39.6％的大学生认为思政课是了解我国的政治形势、把握国家历史和政策的课程；31.3％的大学生认为思政课能提升自己的思想政治素养、增强自己明辨是非的能力；17.1％的大学生认为思政课可以帮助自己树立正确的世界观、人生观和价值观，并为将来就业打下基础，因此约88.1％的大学生对思政课的课程性质有明确的认知。在听课作用的直观认识上，83.3％的大学生认为上课是为了学习知识。在课程价值（开设必要性）的认识上，40.8％的大学生认为很有必要开设，52.3％的大学生认为有必要开设，因此共93.1％的大学生认为思政课有开设的必要（如图3-1所示）。从以上数据我们可以清楚地看到，大学生对思政课课程的认同程度较高，这得益于近些年来党和国家对高校思政课的高度重视，得益于高校思想政治工作的不断改进。

① 曹峰. "正向话语"讲述与"逆向话语"诱辨：思想政治理论课的大学生政治认同 [J]. 当代青年研究，2017（5）：23-28.

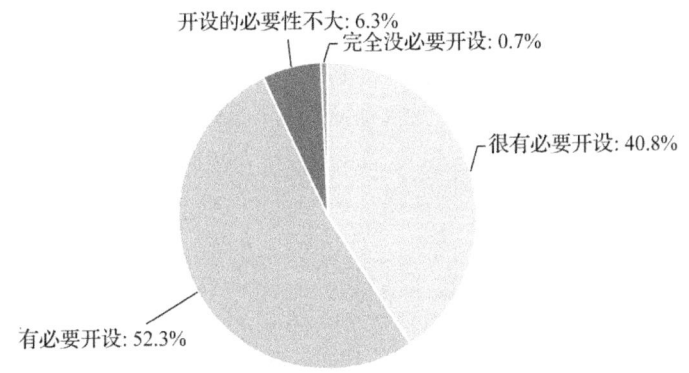

开设的必要性不大: 6.3%

完全没必要开设: 0.7%

很有必要开设: 40.8%

有必要开设: 52.3%

图 3-1 思政课开设的必要性

另一方面，大学生思政课获得感强弱与是否认同思政课教师、认同程度如何是密切相关的。在学校思想政治理论课教师座谈会上，习近平总书记强调指出，"办好思想政治理论课关键在教师，关键在发挥教师的积极性、主动性、创造性"，可见思政课教师在大学生的获得感中扮演着重要角色。大学生在获得知识、提升思想、培育情感、健全人格的过程中，虽然自身的主体性发挥着关键作用，但教师也是激发大学生主体性发挥的关键，能在他们接受知识和获得意义时起到激发、启发的作用，并能引导学生最终把理论知识作用于实践，落实到行动上。[①] 所以，调查大学生的获得感，关键要研究大学生对思政课教师的认同程度。本次调查，把对教师的认同细化为对教师所讲内容的认同程度、对课堂气氛的感受程度、课堂参与度、课程吸引度以及对教师的评价等五个方面。在教学内容认同方面，24.8%的大学生表示教师讲的内容基本记得，67.3%的大学生表示思政课教师讲的知识大部分有印象。在课堂气氛的感受程度方面，59.5%的大学生表示气氛活跃。在课堂参与度上，77.7%的大学生表示每节课班级出勤率都很高，同时也有27.7%的大学生会积极参与课堂上的提问。在课程吸引度上，44.8%的大学生表示听课过程中会走神，44.1%的大学生表示会专心听课，影响出勤率的关键因素中有30.9%的大学生选择"教师是否讲解得有吸引力"。在对教师的评价上，41.9%的大学生认为思政课教师观点新颖，角度独特，能够调动课堂气氛，39.6%的大学生认为思政

① 高锡文. 增强大学生思政获得感关键在教师 [J]. 人民论坛，2020 (1)：112-113.

课教师认真负责，8.8％的大学生认为思政课教师尊重和关心学生，8.3％的大学生认为思政课教师知识渊博（如图 3-2 所示）。通过这些数据，总体上能得出当前大学生对思政课教师认同程度高，整体上呈良好的态势的结论。

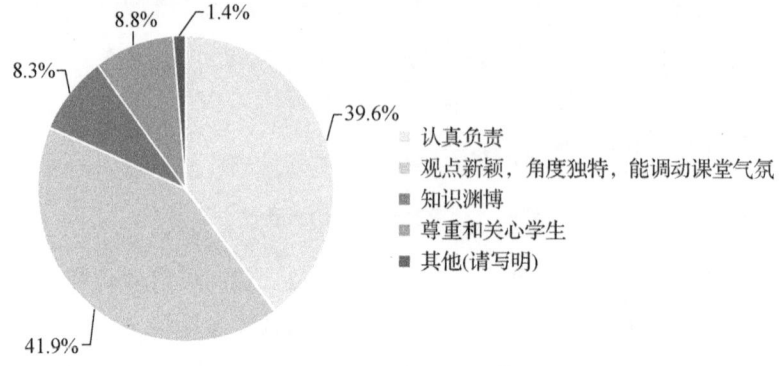

图 3-2　对教师的评价

第二节

大学生思政课获得感的具体分析

在整体上把握当前大学生的思政课获得感现状的基础上，还要依据思政课获得感的结构层次，结合思政课获得感的基本内涵与结构，详细分析思政课获得感的每一层次的现状。通过层次性分析，发现当前大学生思政课获得感现状主要表现为：知识获得程度高，思想获得程度较高，情感获得程度较高，成长获得程度较低，以下是详细说明。

一、知识获得

高校思政课兼具知识教育与价值教育功能，承担着传授知识与引导思想的双重使命。其中，知识传授是思政课的教学基础所在，学生只有了解"是什么""为什么"，才能进行下一步，即"怎么做"，所以"是什么"极

为重要。大学生思政课获得感的产生，前提是学生要掌握马克思主义的相关理论，明白其中的科学价值，毕竟没有理论的铺垫，就没有思想的引导，也就无法树立起坚定的、科学的理念和信仰。[①] 在思政课获得感中，学生有了解与掌握某个学科或者课程的基本概念、理论、信息的需求，而且这是最基本的需求。在考察思政课获得感时，首先要了解教师在准确掌握课程标准和教学目标的情况下，学生知识需求的满足程度。本次对思政课知识获得现状的调查，主要从上思政课的期望、目的及收获等角度进行考察。在《大学生思政课获得感调查问卷》中，83.3%的大学生认为上思政课是为了学习知识，而且24.8%的大学生认为能吸收并记得课堂上所讲的基本知识，67.3%的大学生对老师讲的大部分知识有印象。在《2018级新生思政课程前学业基础调研》中，63.0%的大一新生希望在《中国近现代史纲要》中学习到对中国近现代历史发展规律总体性的把握（如图3-3所示）。在《2017级新生思政课程前学业基础调研》中，71.5%的大学生通过"马原"课的学习收获了理论知识的积累（如图3-4所示）。从这些数据中我们不难看出，对于思政课，大学生的第一需求是获得知识，提升自己的理论水平。通过对知识掌握情况进行分析，我们也能发现当前大学生在知识方面的获得呈现良好态势，思政课基本上满足了大学生的知识需求。

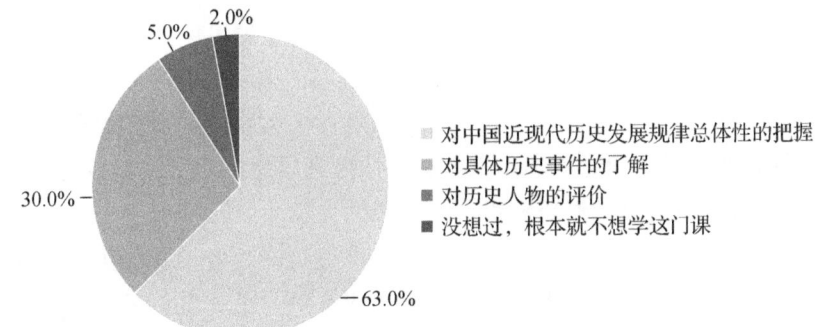

图3-3 对"史纲"课的期望

---

① 阎国华. 高校思想政治理论课获得感的内在要素与形成机制 [J]. 思想理论教育，2018（1）：66-71.

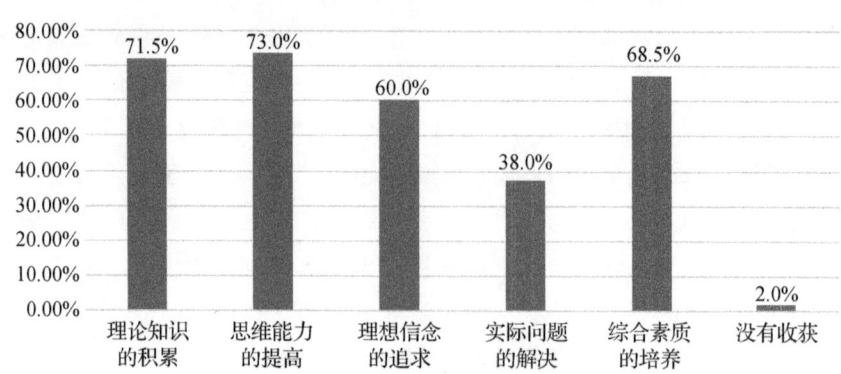

图 3-4 学习"马原"课的收获

二、思想获得

人的需要是不断增长的，当较低层次的知识型需求得到满足后，"其他（更高级的）需要会立即出现，这些需要（而不是生理上的饥饿）开始控制有机体"①。通过对思政课各门课程的全面学习和对理论知识的系统加工，会产生思想上的提升，这就达到了获得感的第二个层次，即思想型获得。在这一层次中，思想获得成为大学生最主要的需求，大学生渴望通过理论知识所蕴含的价值观念和思维方式，来提升自己的思想认识。当然，也只有思想上的需求被满足后，后续更高的需求才会出现。在《2018 级新生思政课程前学业基础调研》中，就有 22.5% 的大学生认为思政课更应该注重理想信念方面的教育，44.8% 的人表示作为大学生，要把思政课看作"大学课程的基础，引导大学生学会思考，提升思想素养"。在《2017 级新生思政课程前学业基础调研》中，73.0% 的大学生表示通过"马原"课的学习，在思维能力方面有了提高；关于"思想政治教育课程能为你带来什么"的回答中，68.0% 的大学生认为思政课可以"培养良好的思想道德和政治理念，树立理想"，还有 21.0% 的大学生认为思政课的学习，能给他们带来新思想与新观念方面的收获（如图 3-5 所示）。在"马原"课的学习中，60.0% 的大学生获得了理想信念上的追求（如上图 3-4 所示）。在《2016 级新生思政课程前学业基础调研》中，39.8% 的大学生认为作为公

---

① 马斯洛.动机与人格 [M].许金生，等译.北京：中国人民大学出版社，2007：21.

共必修课，应该把思政课"作为哲学课程的起点，引导大学生学习哲学，提高思想"。当然，以上数据强有力地证明了当前大学生在思想获得方面的状况。相较于知识获得，思想获得的满足程度要稍微低一些，在《大学生思政课获得感调查问卷》的调查结果中，就有 45.5% 的大学生表示思政课没有满足他们逻辑思维方面的培养的要求（如图 3-6 所示）。

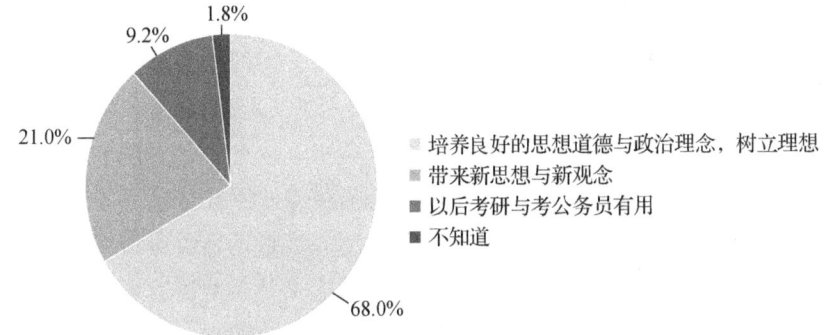

图 3-5　思想政治教育课程带来的收获

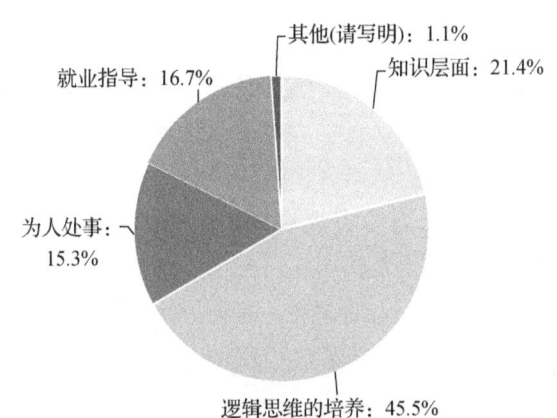

图 3-6　在思政课中没能满足需要的方面

三、情感获得

获得感的产生是一个循序渐进的过程，依据思政课获得感形成的心理过程，通过思政课的学习不仅要获得知识和思想，还要在教学过程中使大学生产生情感上的变化，如情绪、态度、道德等方面的诸多改变。当然，从本质上来说，情感型获得就体现为大学生对思政课的认同，既可以是对课程教学内容或课堂教学方法的认同，也可以是对教师某些观点和教师自身人格的认同，进而成为大学生真心喜爱、终身受益的课程，让大学生感到思政课的温度，真心喜爱。在《大学生思政课获得感调查问卷》中，93.02％的大学生认为在观看《辉煌中国》《厉害了，我的国》等类似题材的视频时，触动很大。之所以在提问中选择上述视频作为例子，就是因为在当前课程中，大多数思政课教师会选择这两个视频作为教学素材。在对思政课的喜爱程度上，64.0％的大学生选择了6—9分的选项（满分10分）（如图3-7所示），影响思政课出勤率的选项中，也有27.5％的大学生首选对思政课的喜爱程度。当然，思政课的情感获得，还有对课程的认同和对教师的认同。关于课程的认同现状，在《2016级新生思政课程前学业基础调研》中，47.7％的大学生认为"马原"课是"引导大学生学习理解中国国情的哲学理论体系，为社会主义培养接班人"的课程，39.8％的大学生"把它作为哲学课程的起点，引导大学生学习哲学，提高思想"（如图3-8所示）。关于教师认同，在《2017级新生思政课程前学业基础调研》中，29.6％的大学生认为教师魅力是去上思政课的关键原因。在评价思政课教师教学内容时，65.6％的大学生认为教师能利用教材、社会、校园等教学内容，采取多种方式呈现丰富的课堂。同时，也有45.2％的大学生认为"马原"课的教材内容有点难理解，要通过努力才能接受。很显然，与上一层次的思想获得现状相比，大学生情感获得感的满足程度与思想获得感的满足程度没有太大的差别，两者的获得感现状不相上下。

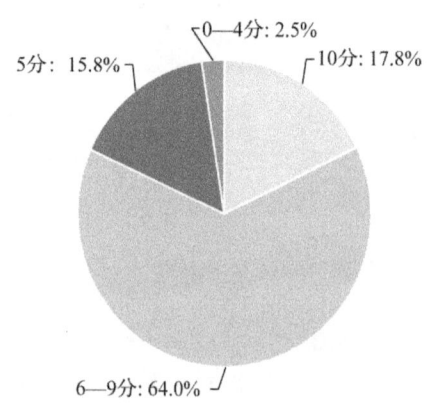

图3-7　对思政课的喜爱程度

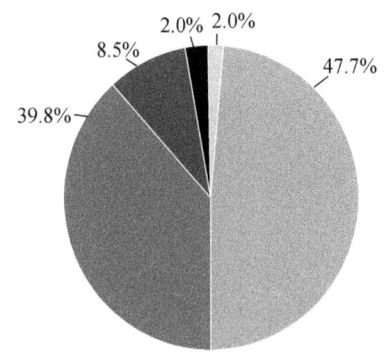

- 无所谓，有这个课程就上，没有就算了
- 引导大学生学习理解中国国情的哲学理论体系，为社会主义培养接班人
- 把它作为哲学课程的起点，引导大学生学习哲学，提高思想
- 这是社会生活唯一必需的理性认知，所以每个专业都要学
- 其他

图 3-8 对"马原"课的看法

四、成长获得

思政课获得感始于知识的获得，落脚于成长的获得。思政课侧重于对大学生正确的世界观、人生观和价值观的培养，掌握规律，学以致用，从而让大学生成长为国家和社会需要的人才。思政课获得感的实现过程，就是大学生从低到高不同层次的需求满足的过程。这一观点源于人的本质论，同样也是思想政治教育的根本目的。成长需求的获得和满足，既是人格健全的关键，也是大学生构建和谐的人际关系、在社会中赢得尊重、实现理想的重要前提。当然，无论是知识获得、思想获得还是情感获得，最终都指向成长获得，都是为了人的全面发展。在《大学生思政课获得感调查问卷》中，15.3%的大学生认为思政课欠缺为人处世方面的教学，16.7%的大学生指出思政课缺少就业方面的指导（如上图 3-6）。思政课对于人际处理的有用性上，23.0%的大学生认为很有用，66.0%的大学生认为有一些用处（如图 3-9 所示）。在《2016 级新生思政课程前学业基础调研》中，77.9%的大学生认为思政课教学更应该注重综合素质的培养，这也从侧面说明了思政课教学缺乏对大学生综合素质的培养，抑或是没能满足大学生综合素质发展的要求。关于马克思主义理论对日常生活影响的回答中，28.1%的大学生认为影响很大，49.6%的大学生认为有较大影响（如图 3-10 所示）。在《2018 级新生思政课程前学业基础调研》中，关于学习"马原"课的收获的回答中，67.2%的大学生在综合素质方面有了收获，当然在《2017 级新生思政课程前学业基础调研》中，60.1%的大学生

认为思政课教学应该注重综合素养的培养；关于如何评价"马原"课所学知识在实际学习、生活中的运用情况，27.0%的大学生认为"可以将所学进行运用，感到很有用"，49.5%的大学生认为"能将一些所学进行运用，感到有点用"（如图3-11所示）。

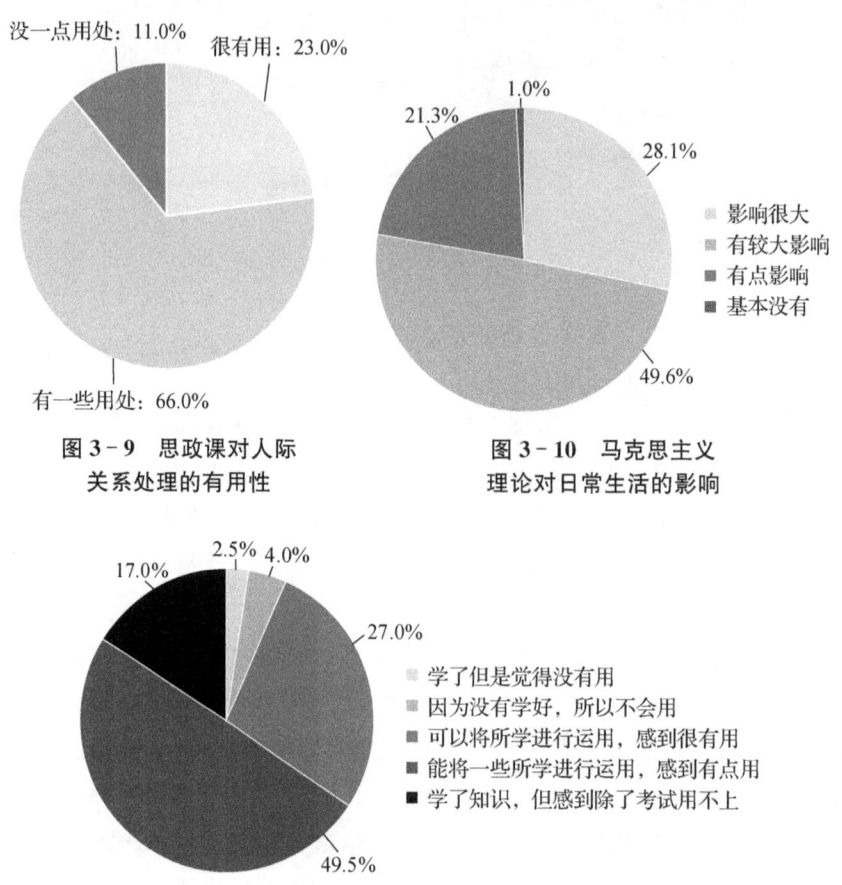

图3-9 思政课对人际
关系处理的有用性

图3-10 马克思主义
理论对日常生活的影响

图3-11 "马原"课所学知识在实际学习、生活中的运用情况

大学生思政课获得感调查数据的交叉分析

通过以上数据分析，我们对大学生思政课获得感以及思政课开设的情况等有了一个基本的了解。这些数据之间以及这些现象之间也存在一定的联系，我们通过问卷星中的交叉分析工具，得到了一些不一样的信息。

一、不同学生之间存在差异

年级、性别、专业等的不同，使得大学生对思政课的需求和期待不一样，对思政课的要求不一样，这些差异共同组成了思政课获得感的差异。

首先在专业上，我们发现文科生与理科生在思政课获得感方面是有差异的。在思政课的初步印象中，约34.1%的文法经管类学生认为思政课是"提升自己思想政治素养、增强明辨是非能力的课程"，约28.0%的理工类学生选择该选项；相反，"了解我国政治形势、把握国家历史和政策的课程"选项更受理工类专业学生的欢迎。这表明不同专业对思政课的需求是不一样的，文法经管类学生偏向于思想型获得与成长型获得，理工类学生则偏向于知识型获得。思政课预期与实际获得选项中，在"高于预期"选项中，文法经管类人数约占总数的28.3%，理工类约占总数的25.3%，结合思政课初步印象一题，我们能够看出相较于知识型获得，思想型获得与情感型获得更难满足。

其次在性别上，我们发现男生和女生在思政课获得感方面是有差异的。"经过学习，思政课实际上给你的感受与你的预期"一题的回答中，35.4%的男生选择高于预期，28.2%的女生选择高于预期。思政课开设的必要程度上，认为很有必要开设的男生占比为43.2%，女生占比为38.7%。对课堂内容的熟悉程度上，对内容基本熟悉的男生占比为28.6%，女生占比为21.4%。在课后讨论课上问题的频率上，男生为21.8%，女生为9.7%。综合这些数据，我们不难看出男生的思政课获得感整体要比女生好。特别是在课后讨论思政课教学内容或问题的频率上，女生明显要低于男生。

最后，不同年级的大学生思政课获得感也是存在差异的。在思政课的初步印象中，随着年级的增加，选择思政课是"提升自己思想政治素养，增强明辨是非能力的课程"选项的人数也在增加。在思政课的预期与实际感受选项中，大三年级全部选择了"低于预期"，"高于预期"的选项中大二年级人数最多，约为32.9%。关于上思政课的目的，最为明显的是"为以后考公务员、考研做准备"选项最受大三学生欢迎，其次是"学习知识"选项。在思政课开设的必要性上，大四学生选择"很有必要开设"和"有必要开设"，大二、大三学生部分人选择"开设的必要性不大"，少量大一学生认为"完全没必要开设"。由此我们可以看到获得感的形成具有反复性和复杂性。

二、大学生思政课获得感值得深思的现象

根据调查问卷数据，我们能够清楚地看到大学生在课堂认知、课堂表现中的情况，这些情况符合思政课获得感的生成过程及影响因素。但是除了获得感常见的问题外，还出现了一些表面看起来与思政课获得感无关或者与大的数据统计不相符合的现象，这些问题都值得我们进行研究。

1. 大学生思政课获得感与实际获得之间的联系

把被调查者的思政课预期与实际感受、思政课开设的必要程度、实际收获的内容、课后讨论问题情况以及在实际生活中的运用情况等因素进行交叉分析，可以发现即便被调查对象认为自己课前预期与实际感受匹配程度高，思政课也能够让自己增长见识，获得情感上的共鸣以及行为上的改变，依然会出现实际获得与获得感不相匹配的状况，这表明有较多的获得也不一定会有较强的获得感，这种现象恰好证明获得感是一种较为复杂的心理感受和体验，获得感不仅受到获得感客体的影响，还与获得感主体、获得感介体以及获得感环体有密切关系，也表明思政课获得感具有内隐性、复杂性、差异性等特征。

对多个选项进行交叉对比后，我们能够看出课堂表现越积极、成绩

越好的大学生，他们的获得感也就越强。思政课作为培养大学生健康成熟的思想、过硬的政治觉悟、高尚的道德品质和良好的文化素养的课程，首先要求大学生熟悉和掌握马克思主义基本理论，这是价值传授的基础。虽然考试成绩不能全部体现出大学生对理论知识的理解和掌握情况，但也是考察高校思想政治教育教学目标是否实现的标准之一，思政课教学效果如何，通过考试成绩是能够体现一二的。可以试想一下，思政课考试成绩差，意味着基本的理论知识都没有掌握和习得，内化于心、外化于行的效果也必将大打折扣，这样思政课习得的获得感在很大程度上不强。同时也能看出思政课成绩好的同学获得感不一定强，但获得感高的同学的思政课成绩一定不会特别差。这一结论不仅是本研究可以证明的，其他学者通过调查研究也指出，思政课课程考试成绩80分以上的学生中，约一半以上的学生表示有较高的获得感，而只有4%的大学生认为自己没有获得感。这些数据证明思政课考试成绩与思政课获得感呈正相关，特别是大学生的知识型获得感的衡量，某种程度上可以把考试成绩作为测量指标之一。

与此同时，我们不能忽视的另一个现象就是思政课成绩好的大学生中，依然有一部分学生认为获得感低甚至没有获得感，这表明思政课考试成绩只能作为衡量思政课获得感的一个重要因素，但不能以偏概全，思政课学习有较多获得的人，思政课获得感不一定高。在分析问卷中的其他选项时，也会出现类似的情况，即在较高获得的群体中，显示出较低的获得感或没有获得感。我们试着分析这种情况的出现，很有可能与思政课获得感的内隐性、长期性、实践性等因素密切相关，思政课教学内容作用的发挥需要较长时间，也需要落实到具体的实践活动中，也许获得感低但获得高的这部分群体需要一定的时间和实践进行检验。

2. 大学生参与思政课教学与思政课获得感之间的联系

经过几十年的发展，高校思政课教学日益重视教学过程中的互动环节，在平常的教学中，思政课教师引入课堂提问、学生讨论、教师点评、学生上台分享自己的观点等方式。在课堂气氛的选择中，59.5%的大学生认为思政课课堂气氛活跃；关于思政课教学方式的建议，37.4%的大学生希望教师采用互动式教学，鼓励学生主动发言。但是与此相反，关于老师提问，54.5％的大学生虽然会思考老师提出的问题，但是并不会主动举手与教师进行互动，仅27.7％的大学生会思考并主动举手回答问题。而且在课后，经常性地讨论思政课中教学内容的人数不到三分之一，绝大部分同学偶尔会提及。

通过交叉分析主动参与教师提问和课后与同学交流课程中某些观点内容两个变量时，我们发现：每次上完课都会讨论思政课教学内容（某个观点、案例、老师说过的某句话等）占比最高的群体是低头不主动和思政课教师互动的学生，经常性讨论占比最高的同样是不主动和思政课教师互动的学生。把课堂表现与人际处理关系获得两个因素进行交叉分析，我们可以清楚地看到专心听课的大学生在每次上完课后都会讨论课中观点的比例是最高的，课中会走神但偶尔也会讨论课中观点的人数占比较高，约70.85％。把是否主动参与教师提问与思政课在人际关系处理上的作用进行交叉分析，可以发现不主动参与教师提问的大学生认为思政课在处理与同学、室友、家人之间的关系有一些用处，主动参与思政课教师提问的大学生认为思政课在人际关系处理上很有用处，但占比最高的仍然是不主动参与提问的同学。

通过多项数据研究，我们发现大学生在行动上的参与度与思政课获得感之间并不是正相关的关系，虽然主动与教师进行互动的大学生的获得以及获得感较高，但是并不意味着没有实际行动的大学生获得感低。这可能源于大学生思政课获得感有知识型获得感、思想型获得感、情感型获得感和成长型获得感。对于内向的大学生而言，他们没有主动参与教师发起的互动，并不意味着他们没有思考，他们更偏向于思想型获得，或者在情感上产生共鸣。这一结论对大学生思政课获得感的提升与增强具有重要的启示意义。

3. 思政课教师与大学生思政课获得感之间的联系

思政课教师是思政课教学活动的主导者与引领者，思政课教师的知识储备、人格魅力、教学能力等因素直接影响着大学生思政课获得感的生成与强弱。上文我们通过分析已经得知当前大学生对思政课评价较高，在涉及对教师所讲内容的认同程度、对课堂气氛的感受程度、课堂参与度、课程吸引度以及教师的人格魅力等问题的调查数据上，绝大部分同学认为思

政课教师上课内容与教材内容贴近，这是对教师把教材转换为教学能力的认可；超过三分之二的大学生表明思政课的学习能够帮助自己理解与记忆教学内容，这是对教师教学语言的高度评价；约占 60％的大学生认为思政课课堂气氛活跃，这是对思政课教师调动课堂氛围、掌控课堂能力的一种肯定。同时在对思政课喜爱程度的评分中，17.8％的大学生给了 10 分（满分 10 分）的评价，64.0％的大学生给出了 6—9 分的评价，也就是超过 80％的大学生给出了 6 分以上的评价。在对思政课教师的评价一题中，39.6％的大学生认为思政课教师认真负责，41.9％的大学生认为思政课教师观点新颖，角度独特，能调动课程气氛。在关于影响出勤率的因素中，30.9％的大学生把教师讲解是否具有吸引力作为自己去上课的一个衡量因素。综合考虑各种因素，可以看出被调查的大学生对思政课教师的工作能力、关心学生和个人能力等方面给予了高度评价。这些被调查的大学生都有较强的获得感。这表明对教师持有正向或积极的情感，有助于增强大学生的思政课获得感。

4. 大学生的主观认知与思政课获得感之间的联系

大学生对思政课的需求与期待是思政课获得感的动力源泉，对思政课的不同认知也会影响大学生的思政课获得感。在没接触思政课之前，对思政课的认知一题中，占比从高到低排序依次为：思政课是"了解我国政治形势、把握国家历史和政策的课程"，是"提升自己思想政治素养、增强明辨是非能力的课程"，是"帮助树立正确的世界观、人生观、价值观，为将来就业打基础"的课程。这表明绝大部分同学对思政课有正确、客观且科学的认知。同时也有少部分大学生选择思政课"仅是一门必修的公共课""一门说教意味浓厚的课程"两个选项，这两个选项的存在，也反映出思政课由于存在的问题，而给学生留下了负面的心理预期，不利于大学生对思政课的思维建构。

作为多选的关于学习思政课的价值的回答中，占比从高到低的排序依次为占比 83.3％的"学习知识"，71.2％的"获得学分"，36.5％的"为以后考公务员、考研做准备"以及 4.5％的"打发时间"，这表明大学生对思政课最基础的需求是获得知识，知识型获得感是第一位的。需求的产生其实是带有功利性的，即是否对我有用，有用的话才会采取下一步的行动。这一点我们应该正确看待，选择"获得学分"和为以后发展奠定基础选项的大学生能够正视自己的需求，正确地表达自己的需要，同时也证明大学生越来越关注自身发展，这也从侧面体现出大学生有成长型需求。

在思政课开设的必要性上，40.8%的大学生认为"很有必要开设"，52.6%的大学生认为"有必要开设"。总体上大学生充分肯定思政课开设的必要性，这表明当前思政课基本上能够满足大学生的需求和期待，使得大学生产生知识型获得感、思想型获得感、情感型获得感和成长型获得感。少部分同学认为思政课开设的必要性不大，这也提醒当前高校思政课工作者要注意发现思政课教学过程中存在的问题，以及对秉持这种观点的大学生进行重点关注，及时对其进行引导以使其树立正确的态度。

综合以上数据，大学生的主观认知与大学生思政课获得感的关联度非常高，对思政课有正确认知的大学生，其获得感也会更强。

5. 课堂与思政课获得感之间的联系

思政课课堂是大学生获得知识、产生思政课获得感的主要场所，也是研究大学生思政课获得感的重要领域，课堂其实也就是前文研究中的思政课获得感生成的环体。

课堂规模对大学生思政课获得感的影响：通过调查，我们发现当前部分思政课的人数规模在100人左右，没有达到教育部所要求的100人以下的规模。据部分大学生反馈，在规模较大的课堂上，不利于集中听讲，课堂效果会受到影响，相对而言思政课获得感也会较低。但是也有数据显示，50个人以下的小课堂没有获得感的比例达到9.5%，高于其他课堂规模的比例，甚至比100人左右规模的课堂比例还要高，而150人左右的大课堂的高获得感比例是最高的。这些与调查前的预期是有所出入的。

课堂气氛对大学生思政课获得感的影响：通过调查，我们发现59.5%的大学生认为课堂气氛活跃。把课堂气氛变量与思政课实际获得进行交叉分析，可以发现：在气氛活跃的课堂，42.5%的大学生认为思政课能够满足自己的需求，高于上课前的预期；在压抑的课堂气氛里，高达75%的大学生认为低于预期。这说明课堂气氛越活跃，越有利于大学生思政课获得感的生成。把课堂气氛与大学生对思政课的喜爱程度两个变量进行交叉分析，能够看到在活跃的课堂氛围里，27.6%的大学生对思政课给出了满分

（即 10 分）的高度评价，64.0% 的大学生给出了 6—9 分的评价。在平淡的课堂氛围中，仅有 3.4% 的大学生给出 10 分评价，30.7% 的大学生给出 5 分的评价。在压抑的课堂气氛中，75% 的大学生给出了 5 分的评价。影响大学生喜爱思政课的因素有很多，如教师、教学方法等因素，课堂氛围也是影响获得感生成的重要因素之一，越活跃的课堂氛围越有助于获得感的生成与强化。把思政课课堂气氛与大学生的课堂表现进行交叉分析，数据显示在活跃的课堂气氛中，55.3% 的大学生能够专心听讲；在气氛平淡的课堂环境中，27.3% 的大学生能够专心听讲，这一比例显然低于气氛活跃的课堂，55.7% 的大学生会听课但经常走神，还有 0.6% 的大学生基本不听课。大学生思政课获得感的生成，参与是前提，如果不能专心听课，最基本的知识型获得感都难以产生，更高层次的思想型获得、情感型获得以及成长型获得也就更难满足。

第四节

大学生思政课获得感的主要问题

党和国家历来重视高校思政课建设。特别是改革开放后，高校思政课在不断改革和创新中取得了显著成效。当前大学生思政课获得感呈现出积极的发展态势。进入新时代，大学生通过思政课的学习加深了对马克思主义理论的理解和认识，增进了和思政课以及思政课教师之间的感情，越发明确自己肩上的责任和青年一代背负的使命，对国家发展越来越有信心，增强了"四个自信"。

进入新时代，我们既要认识到当前大学生思政课获得感不断增强的事实，也要客观地看到当前大学生思政课存在的一些值得深思的问题，这些问题影响着大学生思政课获得感的生成与增强，影响思政课的实际效果。本研究以调查问卷为工具，依据调查问卷的结果，对当前大学生思政课获得感的现状进行系统分析。这些数据，既展现了当前大学生获得感积极、向上的一面，也反映出了思政课出现的问题，以下是详细说明。

一、大学生思政课获得感总体情况良好但有待提高

通过对大学生思政课的知识获得、思想获得、情感获得和成长获得情况的详细分析，我们可以发现当前大学生思政课获得感整体上呈良好趋势，这是当代大学生思政课获得感的基调。但必须注意的是，这一现状与党和国家对思政课的要求还有一定距离，离 90％的大学生有获得感更是有相当的差距，说明我国大学生思政课获得感整体上仍有很大的上升空间。

上述结果具有重大的社会价值和社会意义。当前，我国处于社会转型的关键时期，信息时代日新月异，社会思潮多元化发展，加上独生子女、物质优越等个体成长特征，使得大学生的思想政治教育问题格外引人关注。特别是近些年来，思政课教学效果不好、上课听讲的人数少等现象引起了学界的讨论。这些讨论虽然有一定的道理，但多缺乏客观的实证依据。我们通过这次调查，获得了第一手资料，比较客观地反映出当代大学生思政课获得感的现状，这对于引导社会各界对思政课的客观、公正评价，不断提升思政课的教学效果，从而促进大学生的健康成长，具有重大的现实意义。

二、知识获得感高但功利色彩较浓

在上述的知识获得中，我们已经从上思政课的期望、目的和收获这三个指标进行了分析，可以发现平均有 70％以上的大学生求知的需求被满足，这一令人满意的现象，是所有思政课教师不断提升教学质量的结果，更离不开党和国家的高度重视和全力支持。但同时我们也要看到，在《大学生思政课获得感调查问卷》的调查中，关于上思政课的目的，有 71.2％的大学生是为了获得学分，36.5％的大学生是为以后考公务员、考研做准备。在影响出勤率的原因中，8.8％的大学生是因为上课点名，12.6％的大学生是为了顺利通过该课程，更有 43.2％的大学生是因为课程有用才选择来上思政课。即便来上思政课，认真听讲的学生也只有 63.2％，其他的同学在做与思政课无关的事情。这些数据表明，大学生是因为思政课是必修课才愿意去学习，缺乏主动学习思政课的积极性。

三、思想获得感较高但深度不足

从思想获得感的现状，我们可以看出大学生的理想信念、思维方式都得到了较大程度的提高，这是值得欣慰的地方，同时我们也要思考其中存在的问题。在《2017级新生思政课程前学业基础调研》中，关于是否会主动通过各种渠道了解时事，28.8％的大学生会主动经常性地浏览时事，54.5％的大学生表示只是偶尔会。关于是否会参与周围同学关于社会政治话题的讨论，31.7％的大学生表示很愿意并会积极提出话题，38.2％的大学生仅仅是愿意参与。在《大学生思政课获得感调查问卷》中，更有45.5％的大学生没有得到逻辑思维方面的培养。在《2018级新生思政课程前学业基础调研》中，18.9％的大学生认为思政课对我们的日常生活影响很大，48.7％的大学生认为有点影响。这些数据反映出当前大学生主动学习思政课的动力不足，没有充分认识到思政课的关键作用，在思想认识方面有待深化。

四、情感获得感较高但感染力不足

前文在介绍思政课获得感的内涵时，就已经强调过情感获得感主要是对教学内容的认同、对教师的认同以及对教学方法的认同。在情感获得现状分析中，我们能从调查数据中看出大学生对思政课的认同程度较高，因此他们的情感获得感也是较高的。但是，对教学内容的认同上更多地停留在记忆方面，大学生收获的更多的是关于教学内容的记忆。如在《大学生思政课获得感调查问卷》中，大学生对思政课的教学方法缺乏认同，37.4％的大学生希望能采取互动的教学方式，36.3％的大学生希望多引用实际案例，21.6％的大学生希望多开展实践，4.7％的大学生希望能分小组讨论。同样，在《2016级新生思政课程前学业基础调研》《2017级新生思政课程前学业基础调研》《2018级新生思政课程前学业基础调研》中，大学生都希望思政课能采取多样的教学方法。此外，对思政课教师的认同也有待提升，有30.9％的大学生会把教师讲解是否有吸引力作为听课的标准。总之，这些数据让我们了解到当前思政课的感染力不足。

五、成长获得感较低且参与度欠缺

相较于知识、思想、情感的需求程度，成长获得感要略低一些。如在《大学生思政课获得感调查问卷》中，23.0％的大学生认为在上思政课对处理人际关系很有用，66.0％的大学生认为有一些用。在《2018级新生思政课程前学业基础调研》中，26.2％的大学生希望能增加知识的长效性，从而引导他们解决未来人生中遇到的困惑。关于思政课对日常生活的影响，也仅有18.9％的大学生认为影响很大。同时，从60.1％的大学生期望思政课侧重综合素质的培养这一数据也能看出大学生对成长的强烈需求，但是思政课在这方面有所欠缺。在分析思政课获得感内涵时，本书就指出参与是获得感产生的现实基础，因此很有必要对大学生的参与度进行考察。从总体上看，思政课的出勤率非常高，但是课堂参与度较低，获取相关思政课知识的主动性低。如在《大学生思政课获得感调查问卷》中，关于思政课老师提问时大学生的表现，54.5％的大学生虽然会思考老师所提出的问题，但并不主动举手回答，只有27.7％的大学生主动举手。在《2017级新生思政课程前学业基础调研》中，有28.8％的大学生会经常主动浏览各类新闻时事。在《2018级新生思政课程前学业基础调研》中，只有44.3％的大学生了解全国高校思想政治工作会议的召开时间和主题。可见，思政课距外化到大学生的行为中还有一定的距离，这直接影响了大学生的成长获得感的产生。

第五节

本章小结

综上可知，这些数据表明当前大学生的思政课获得感现状趋于"一般"和"比较高"之间，即获得感不强。同时思政课获得感表现出层层递进的关系，也验证了前文所提出的思政课获得感的层次性，即没有知识的获得，就难有思想的获得，没有思想的获得，就难有情感的获得，没有情

感的获得，就难有成长的获得。当然，这四个层次的获得感并不是完全从低到高排列的，思想获得、情感获得以及成长获得的数据在某些方面很相近，这就验证了之前我们提到的人们的需求虽然具有层次性，但更多的时候多种需求是同时存在的，也较难以分辨。几个指标的调查结果给我们的启示是：在思政课获得感的研究中，教师、课程建设、学生主体作用的发挥都会影响获得感的生成与发展。

教师是影响思政课获得感的重要因素。在思政课教学活动中，教师主导着教学进度，掌握着课堂规则，教师的一举一动、一言一行都会对学生的获得感产生影响，因此提升大学生的获得感，就要充分发挥教师的积极性、主动性、创造性。经过数据分析后，我们发现在思政课获得感中，大学生的获得感主要与教师的知识储备、对学生的关心程度、教学方法等因素密切相关。这也让我们明白，增强大学生的获得感，教师是重要因素，不仅要提高教师的理论水平，充分关注学生、尊重学生，还要求教师不断更新与改革教学方法。

课程建设与学科建设是影响思政课获得感的客观因素。大学生的获得感是思政课教学质量的试金石，思政课教学活动含金量越高，大学生的获得感越强。上述研究已经表明，思政课的课程建设与学科建设直接影响大学生的实际获得。虽然高校思政课课程性质和功能定位是全国统一的，但是不同高校课程建设与学科建设是具有差异性的，所以不同高校大学生对思政课的课程性质、听课作用、开设意义的认识是不同的。这就决定了思政课的教学内容与教学质量间的差异性，直接影响高校大学生思政课的获得感。

学生主体作用的发挥是思政课获得感提升的关键因素。思政课的开设，一方面是要满足社会和国家发展需求，一方面是要满足大学生成长成才需要。大学作为一个人一生中重要的转折阶段，当中的教育活动发挥着关键作用，思政课在其中扮演着重要角色。上述研究已经表明，当前思政课的教学方式不能满足大学生互动的需要，在课程讲授中大学生的主体性没有得到充分发挥，教学内容偏离了学生主体。这些现状让我们明白，研究思政课获得感，就要以学生的学习为中心，对教学内容进行相应调整，课堂教学不仅讲授理论，还要依据大学生的个性特点，结合大学生的实际需要，增加大学生感兴趣的东西，满足大学生的成长性需求。在授课方式上，则要增强互动性，提升思政课的温度与感染力。

第四章　大学生思政课获得感提升的阻碍因素

前文已经分析并得出，大学生思政课获得感总体上不强。如何深化思政课的教学改革，从哪些方面去提升大学生获得感，这两个重要问题需要得到解决。为此，调查问卷完成之后，笔者又整理了过去几年间做过的校园访谈。根据这些访谈材料进行综合分析，同时吸收并借鉴学界研究成果，笔者认为可以从理念、机制和课堂来追根溯源。因此，本章便从以下三个方面对大学生思政课获得感不强的原因进行探讨。

第一节

教学理念陈旧

我国高校重理轻文的现象已得到显著改善，思政课在人才培养过程中发挥了举足轻重的作用。然而，受历史传统等陈旧观念的影响，部分高校在践行以生为本的理念方面存在不足，教师的主导地位逐渐削弱，生活化教育理念的定位亦不够准确。这些问题直接制约了大学生在思政课中获得感的提升。

一、以生为本理念不到位

将以生为本作为一种教育理念，不仅是学生在教育活动中主体地位的

体现，也是加强和改进思政课的切入点和着力点。贯彻实施以生为本的教育理念有助于增强高校思政课的针对性和实效性。然而，尽管以生为本的教育理念在表面上已经深入人心，但现实中却存在许多与之相悖的现象和问题。事实上，当前大学生对思政课的获得感不强，其中一个原因就是以生为本的理念还没有得到充分发挥，学生的主体地位没有得到充分重视和发挥。

1. 对人才培养的认知偏差

随着社会的不断发展，大学逐渐从社会的边缘走向了中心。然而，无论大学的地位如何变化，立德树人始终是我国大学的根本任务，而思政课则是高校德育的主要渠道。然而，目前普遍存在的一个认知偏差是将大学生的顺利毕业等同于人才培养，高校也不自觉地将培养人才方案与培养毕业生方案混为一谈。这种观念与立德树人的理念背道而驰，对具体课程的实施与运行产生了影响，尤其是对于思政课而言。作为德育课程，思政课不仅有知识传授的任务，更重要的是培养大学生的思想、品行和政治观念，这些都是以学生为本的具体体现。一味地将人才培养视为顺利毕业和完成学分，将导致学生主体性的缺失。毕竟，毕业生和人才之间存在着很大的区别。如果将培养毕业生作为唯一目标，那么就不需要思政课，也不需要校园文化。[①] 然而，国家设立通识课程、思政课的初衷是为了培养社会主义建设者和接班人，简而言之，就是培养人才。因此，人才培养并不等同于顺利毕业。

2. 说教方法的消极影响

教学是一个复杂而深刻的过程，涵盖了教与学两个核心环节。在这个过程中，教师引导着学生积极参与学习，旨在实现学生在知识、情感、思想和人格等方面的全面成长。然而，我国当前的思政课教学大多仍停留在传统的讲解传授模式，这种模式过分强调教师的传授作用，却忽视了学生的主动学习。在这种模式下，教学过程往往缺乏学生的积极参与和师生之间的互动，导致课堂氛围变得僵化，学生们被迫接受说教。这种灌输式的

---

① 王志军. 高校以生为本教育理念的认知偏差及其实践策略［J］. 中国成人教育，2016 (8)：24-28.

教学方式使学生在学习过程中始终处于被动地位，难以发挥自身的能动性和创造力。同时，它也使得学生的主体地位得不到充分体现，限制了他们在学习中的自主发展。过去的研究已经表明，在我国大学思政课教学中，说教成了一种高频评价词汇。这种教学方式不仅无法激发学生的学习兴趣，反而可能导致他们对课程产生抵触情绪。学生的学习获得感来源于他们的参与度，而说教式的教学方式却减少了学生的实践性和体验感，使他们难以对教学内容产生认同和接纳。

3. 学生的个体差异性受到忽视

大学生的思政课获得感具有层次性和差异性特征，其中差异性体现了独立性、多变性和选择性。随着经济和科技的发展，大学生所处的社会环境和家庭背景变得越来越复杂，导致同一个班级的学生在出身、经历、品行、爱好和未来规划等方面存在较大差异。然而，在目前的思政课中存在一些不利于满足学生差异性需求的因素，从而动摇了学生的中心地位。首先，从事专门思政课教育的教师人员偏少。思政课教学过程注重师生之间的力量分配，即注重"教"还是注重"学"。根据教育部相关文件规定，高校专职思政课教师与学生比例不低于1∶350。然而，在实际情况中，每400—500名学生才有一名专职思政课教师，这显然不利于满足大学生的差异性需求。其次，大班教学模式不合理。目前高校思政课采用的是大班授课模式，少数班级人数超过100名学生，这导致思政课教师无法关注到每一个学生的差异性需求。再次，从事思政课教师的任务过重。为了完成教学工作量，每个思政课教师通常承担4—5个班级的教学任务。由于精力有限，思政课教师很少有时间去解决学生的需求，更不用说实施差异性的思想政治教育了。①

4. 实践教学的形式主义倾向严重

实践教学作为高校思政课的重要教学方式和方法，具有生动、具体、形象的特点，能够给学生留下深刻的印象，起到增强教学效果、提升品质、净化灵魂的作用。然而，在实际的思政课教学过程中，存在一些问

---

① 李金玲，张瑞军．人文关怀在大学生思想政治教育中的现状及实践途径〔J〕．黑龙江高教研究，2010（11）：143－145．

题。首先，由于以生为本教育理念贯彻不到位，实践教学缺乏严格的教育规律，实践主题设定随意，实践过程被教师提前设定好，活动的策划、组织也被教师包办代替，导致学生只是被动参与。这种做法忽视了学生的主体地位，没有考虑到学生的感受和实践教学的实际效果。其次，形式主义的实践教学过于注重形式，轻视内容，片面追求形式和手段的多样化，忽视了实践教学的根本目的，即以学生为中心的教学理念。实践教学应该让学生最大程度地参与到教学过程中，体会思政课带来的知识的获得、思想的提升、情感的共鸣和个人的发展。最后，形式主义的实践教学没有充分尊重学生个性，剥夺了学生设计、参与以及扮演角色的权利，不利于理论与实际的紧密联系，掐断了知识与能力之间的联系通道。

二、教师主导性理念缺失

现代教育的本质是主体间性，即师生之间的互动关系。在现代教育过程中，师生之间的双向或多向交流是至关重要的。主体间性教育并不是否定主体性教育，而是对其进行提升和发展。主体间性教育尊重学生在教育活动中的主体地位，致力于培养学生的主体意识、主体能力和主体人格，注重学生个人主体性的展示，推动学生个人主体性的提升和发展。只有个人主体性得到培养，才能够发展出主体间性。近年来，随着主体间性理论在思想政治领域的深入研究和实践，高校思政课教师的主导作用逐渐受到学界的广泛关注。然而，仍然存在一些制约其全面发展的因素。

1. 外在因素制约着思政课教师的全面发展

一方面，高校思政课教师肩负重要任务，同时思政课具有独特的学科属性，因此高校教师的职业发展会受到多种外在因素的制约和影响。从教学任务和学科属性来看，思政课教师与专业课教师存在显著差异。除了承担教学任务，类似于大学语文、大学英语等公共课程，思政课教师还需要承担一定的科研任务。教学和科研的双重压力使得思政课教师的教学时间被压缩。此外，思政课教师面临的无差别考核评价制度也不利于其全面发展。一方面，高校教师的考核标准偏向于科研成果，与思政课教师注重教学的现实产生矛盾和冲突，思政课教师的课时负担过重，导致他们很难在科研方面投入足够的精力和时间，科研成果也相对有限。另一方面，高校思政课教师的晋升空间有限，职业发展竞争激烈。科研成果的匮乏已经影响到思政课教师的职称评定，再加上岗位数量有限，容易导致"供不应求"的局面。①

这些外在因素不仅会限制学术的自由发展，还会对教师在教学方面的投入产生影响。一个人的时间和精力是有限的，教师为了追求职称评定，可能会无法兼顾教学能力的提升。想象一下，如果教师没有经过充分准备和预演的教学过程，很难调动学生参与课堂的积极性。相反，如果教师为了提升课堂质量，积极研究教学能力，又会无法兼顾科研工作，从而影响自己的职称评定。尽管党的十八大以来，高校思政课教师队伍建设得到了高度重视，如 2013 年以来教育部相继发布了《普通高等学校思想政治理论课教师队伍培养规划（2013—2017 年）》《普通高等学校思想政治理论课教师队伍培养规划（2019—2023 年）》等方案，但在具体实施过程中仍然受到多种外在因素的影响。

2. 过于强调学生主体地位而忽视教师主导性

除了大学生自身的影响外，思政课教师作为课程的承担者，在提升大学生获得感方面也起着不可或缺的作用。尤其是进入新时代以来，社会对民主、平等价值理念的呼声越来越高。然而，在一些高校中，为了强调以学生为主体的教育理念，可能出现了忽视甚至放弃"教师主导"的教育方式，导致思政课从原来的"填鸭式"教学变成了现在的自由散漫式的"放羊"教学。具体表现在以下几个方面：

首先，思政课教师放弃了价值主导地位，只充当知识的传递者。思政课的德育性质决定了教师不仅要进行理论知识的传递，还应该从思想上引导学生，为学生的心灵埋下真善美的种子，引导学生积极贯彻社会主义核心价值观，从而树立正确的世界观、人生观和价值观。然而，当前一些思

---

① 冯连军，朱宝林. 高校思政课教师的主体地位、现实困境和发展向度 [J]. 学校党建与思想教育，2020（13）：40-43.

政课教师只充当"经师"，却忽视了"人师"的关键作用。① 这样只有知识传递而缺少价值引导的课堂，也难以让学生真心认可和接受。

其次，思政课教师放弃了对课堂管理的主导。思政课教师作为教学活动的实施者，应该是课堂管理的主导者，决定着教学内容的进度，掌管着课堂纪律。这也表明充分发挥学生主体性并不是要减轻教师的责任和作用，更不是让学生随心所欲、为所欲为。然而，在现实中，许多思政课教师对学生在课堂上玩手机、睡觉等现象往往置之不理。另外，一些教师虽然常常通过讨论的形式调动学生的积极性，但在具体的实施过程中却过于追求形式，缺乏对讨论环节的把控，导致课堂虽然热闹，却不能让学生真正获得知识和成长。

最后，思政课越来越倾向于娱乐化和庸俗化，放弃了对教学内容的主导。尽管我们提倡以学生为中心的教学理念，但这并不意味着我们要盲目迎合学生，也不应该让思政课教师自我贬低。② 目前出现的一些娱乐性过强、思想性不足的教学视频和案例只能满足学生短暂的感官享受，而不能真正带来积极的体验。因为获得感首先应该是积极的、正向的体验。因此，在思政课中，思想引领和价值认同的关键作用决定了教师的主导地位是不可替代的。

3. 各种不良观念影响思政课教师的主导地位

在全球化和信息化不断加强的今天，不同的社会思潮、价值观念和意识形态之间发生了激烈的碰撞和交锋。西方社会思潮的渗透对我国马克思主义的指导地位造成了冲击，而网络空间充斥着各种垃圾信息，侵蚀着社会主义核心价值观。一些大学生对西方宣传的民主、自由理念存在误解。习近平总书记指出："实际工作中，在有的领域中马克思主义被边缘化、空泛化、标签化，在一些学科中'失语'、教材中'失踪'、论坛上'失声'。"然而，大学阶段是青年价值观形成和确立的关键时期，因此价值培养在这一阶段尤为重要。高校思政课教师作为马克思主义理论的研究者、

① 蒲清平，何丽玲.思想政治理论课要坚持主导性和主体性相统一［J］.思想教育研究，2019（11）：100-104.

② 孙蚌珠.理论为本・内容为王・因材施教：提升思想政治理论课教学质量的思考［J］.思想理论教育导刊，2017（9）：44-48.

传播者和阐述者，对于办好思政课起着关键作用。然而，现在各种观念和思想的影响却削弱了思政课教师的主导地位，不利于思政课教师充分展现政治责任和政治意识。

虽然多数大学生对社会思潮的具体内涵、概念并不清楚，但其核心内容导致他们对思政课的价值判断产生了动摇。当前影响思政课教师主导地位的观念主要有两个方面：一是思政课"无用论"。社会思潮中"淡化意识形态"的思想对社会主义意识形态进行污名化，再加上市场经济条件下功利主义的盛行，使得大学生认为意识形态只是一种虚无缥缈的东西，对现实生活没有多大意义，从而形成了思政课无用的认识。二是思政课被冠上"洗脑课"的称号由来已久。不正确的观念在社会中发酵、弥漫，已经让大学生对思政课产生了刻板印象，再加上网络媒体中别有用心的"大V""公知"发表一些不正当的言论，更加剧了思政课"洗脑"的印象。这些社会思潮侵蚀了社会主义意识形态认同所需要的主体条件，降低了个体对社会主义意识形态的认同度[①]，同时还以大量的逆向因素严重干扰着教师的话语权威，消解了教师的主导性，从而使思政课的获得感难以产生和发展。

三、教育与生活隔阂

马克思主义中关于生活化的论述，为高校思政课树立生活化的教育理念夯实了理论基底："物质生活的生产方式制约着整个社会生活、政治生活和精神生活的过程。"[②] 列宁也表明："训练、培养和教育要是只限于学校以内，而与沸腾的实际生活脱离，那我们是不会信赖的。"[③] 思政课作为高等教育的重要组成部分，应该遵循生活化教育理念，既符合教育与生活的内在联系规律，又能提升大学生的学习兴趣和获得感。然而，在实际教学过程中，传统文化的影响、社会消极价值观以及科学主义思维等因素导致教学与生活的脱节。

---

① 杨军，夏敬芝. 社会思潮对思想政治理论课实效性的制约［J］. 学校党建与思想教育，2016（17）：46-48，81.

② 马克思恩格斯选集：第2卷［M］. 北京：人民出版社，1995：32.

③ 列宁选集：第4卷［M］. 北京：人民出版社，1995：292.

首先，传统文化中的群体本位思想强调个体要融入群体才能实现自身价值。这种思想在我国悠久的历史和深厚的文化底蕴中逐渐形成，它主张个体应当尊重和融入集体，以群体的和谐稳定为基础来实现个人价值。在这个观念中，个体与集体之间的关系被视为密不可分，个人的价值只有在集体中才能得到充分体现。这种群体本位思想在我国文化中占据了重要地位，对人们的生活方式和价值观念产生了深远影响。群体本位思想在我国社会发展和稳定过程中发挥了积极的推动作用。它强调集体利益，促使人们团结协作，共同面对生活中的困难和挑战。这种思想为我国社会的和谐发展提供了有力的精神支撑，使人们在面对外部压力时能够紧密团结在一起，共同维护国家的繁荣与稳定。然而，群体本位思想在强调集体利益的同时，也存在一定的局限性。过度强调个体应当服从集体，容易导致个人意识的淡薄。在这种环境下，人们在面对困难和挑战时，往往缺乏自主解决问题的能力，过分依赖集体，从而失去自我价值和自我认同。这种现象有可能抑制个体的创造力和发展空间，使他们在面对快速变化的社会环境时，难以适应和应对。

其次，社会历史因素的影响。我国的思想政治教育起源于新民主主义革命时期，党的政治工作在其中扮演了重要角色。自黄埔军校设立政治部和党代表以来，政治工作被视为革命工作的"生命线"，其核心任务是向广大工农群众传播和灌输马克思列宁主义。在这一时期，我党在政治工作方面积累了丰富经验，唤醒了群众觉悟，武装了群众思想。新中国成立后，尽管党对思想政治教育工作进行了调整，但仍未突破革命战争年代的教育模式。此后，国家逐步走向稳定，思想政治教育在社会主义建设中愈发显现其重要性。尽管思想政治教育在不断调整，但其教育模式仍未完全摆脱既往的框架。在具体的实施过程中，就表现为思政课仍然从社会需要的角度来开展教学工作，个体的价值、人格的独立等问题没有得到应有的关注，教学内容的泛政治化痕迹依旧浓厚，教学方式上也普遍存在"我说你听"的单向灌输模式。

再次，社会消极价值观的影响对思政课的生活化教育提出了挑战。自改革开放以来，我国在经济、文化、政治等各个领域都经历了前所未有的巨大变革。这些变革中，市场经济和全球化的影响尤为深远，它们不仅改变了国人的生活方式和思维方式，也在一定程度上带来了社会消极价值观的蔓延。在这个过程中，思政课的生活化教育面临着严峻的挑战。一方面，市场经济和全球化的冲击使得国人思潮中的消极价值观得以滋生和蔓延。这些消极价值观包括但不限于实用主义和功利主义，它们强调眼前的物质利益，忽视人的精神追求和长远发展。另一方面，这些消极价值观对思政课教师的教育理念也产生了深刻的影响。在实用主义和功利主义的影响下，部分思政课教师的教育重心发生了偏离，他们更关注眼前的教学效果，忽视了学生的长远发展和政治教育的重要性。这种现象在一定程度上限制了思政课生活化教育理念的发展空间。

最后，科学主义思维对思政课的影响日益显现。在西方，思想政治教育注重培养学生的道德思维和判断能力，强调启发式教学，引导学生自主探索和思考。然而，在我国传统文化中，科学精神和思维并未得到充分重视。随着西方科学思想的传入，科学主义逐渐渗透到我国教育领域，对思政课的教学理念和实践产生了深刻影响。在我国，思政课作为一门重要的社会科学课程，旨在培养学生的道德观念、政治素养和社会责任感。然而，在实际教学过程中，知识传授成为主导，教育者往往过于关注学生掌握知识的数量，而忽视了培养学生的道德判断和思考能力。这种知识化的教育模式导致思政课与现实生活的脱节，不利于大学生全面、自由发展。科学主义思维在思政课中的体现，表现为过分强调知识的系统性和完整性，导致课堂教学趋于僵化。在这种教育模式下，学生往往被视为被动的知识接受者，而非主动的探索者和思考者。这种现象不仅限制了学生的思维空间，还可能削弱他们对思政课的兴趣和认同感。

第二节

教学机制不畅

教育机制的良好运转对于规范和强化思政课的作用不可忽视。相反，如果机制不畅，将会降低思政课的教学效果。这是因为在思政课教学活动中，大学生的获得感会受到来自教育环境中消极因素的影响。例如，班级管理机制不健全会降低思政课的听课质量和授课质量；专业课与思政课沟通机制不完善，不利于思政课程向课程思政的转变，还抑制了专业课中育人功能的发挥与加强；教学评价机制不合理，不仅会影响对大学生真正能力的考查，也会影响教师任教和科学钻研的积极性。当这些消极影响因素的干扰越来越大时，思政课就会偏离既定的教学目标，难以保证大学生对思政课的获得感。

一、班级管理机制不健全

高校在开展思想政治教育工作时，思政课堂被视为最基本的单元，也是直接影响大学生获得感的最主要元素。因此，建立规范科学的班级管理制度，能够引导大学生形成良好的行为规范，确保各项工作有组织、有制度地运行和落实。相反地，如果班级管理制度不完善，将会对大学生的听课质量产生负面影响。

1. 班级规模普遍过大

为了提高思政课的教学质量，国家印发的《高等学校思想政治理论课建设标准》（教社科〔2015〕3 号）明确规定，思政课的课堂规模一般不超过 100 人，倡导中班上课和小班研学讨论的教学模式。然而，许多高校在实施过程中仍然采用大班教学机制，这导致思政课教师难以掌握每个学生的具体情况。研究表明，教师在课堂上能够有效控制的学生数量为 10 人，控制的长度为 10 排，也就是说教师的视野控制范围在 100 人以内。因此，大班教学模式不仅增加了教师课堂管理的难度，而且削弱了课堂教学的效果。大班教学不利于师生之间的情感交流，降低了学生对思政课的获得感，同时也会导致到课率和听课率的下降。除非学生自觉，否则课堂秩序可能会混乱，出现课堂纪律松散和学生缺乏集体荣誉感等问题，这不利于大学生的自我教育和自我管理能力的提升。此外，心理学研究表明，群体成员的互动意愿与群体人数呈负相关，课堂规模越大，个体在课堂中付出的努力就会越少，参与课堂的积极性也会越低。因此，思政课班级规模过大是影响大学生获得感的原因之一。

访谈案例

笔者： 你对思政课课程有什么建议？

被访谈者（自动化专业大二本科生）： 课堂人数可以适当减少一点，增强学生的参与感。班级要多组织社会实践活动、公益活动，例如参观江西革命烈士纪念馆等，让同学们在课外活动中提升思想道德水平。

访谈案例

笔者： 你对思政课课程有什么建议？

被访谈者（会计学专业大二本科生）： 课堂人数可以适当减少一点，增强学生的参与感；我觉得可以向专业课的规模发展，班级人数太多，影响听课效果；上课人数多，冬天还好，暖和，夏天太热了，心浮气躁的，哪有心情听课。

访谈案例

笔者： 你觉得两个学校之间有什么区别？

W老师： 我兼任两个学校的思政课，明显不一样的一点就是，一个学校上课收手机，听课的人数明显比不收手机的学校的人数多，而且也积极与老师互动，不听课也没事情做啊。我发现，只要学校管得够严，不仅是思政课，其他课的听课率也会提高。在结课时，我出了一个在思政课中有什么收获的题目，其中有些学生表示"感觉老师挺好的，我坐在后面也不怎么听课，老师还关注我，让我很开心，感觉老师没抛弃我"，不过我平时就挺注重后排学生，经常叫他们起来互动，回答问题。

2. 教师队伍数量不足

近年来，随着高校办学规模的不断扩大，招生人数逐年增长。思政课教师的编制严重不足，存在较大的缺口。众所周知，教师是发展教育的关键。然而，目前大多数高校的思政课教师数量明显不足，无法满足学生的需求，导致教师超负荷工作的情况仍然存在。此外，思政课教师队伍的结构也需要进一步优化，一些高校存在着"专业背景庞杂、学院结构不合理、学历结构参差不齐、职称结构比例失调"[①] 的问题，缺乏优

---

① 艾四林，吴潜涛. 高校马克思主义理论学科发展报告（2013）[M]. 北京：高等教育出版社，2014：81.

秀的中青年骨干人才，尤其是中青年学科带头人。制度的建设与完善需要大量的人才来实现。如果思政课的师资水平和数量能够满足当前发展的需要，那么思政课课堂制度建设就不会成为影响大学生获得感的主要因素之一。

3. 教学组织和管理不完善

思政课班级管理机制不健全，还受到思政课教学组织和管理不完善的影响。近些年来，党和国家高度重视思政课建设，在中宣部、教育部的要求下，各级教育行政机构、大学、中专、高职院校成立了相应的思政课教学组织。但是这些教学组织在具体的实施过程中经常挂靠在某一部门或院系的名下，没有一套专门的运行机制，缺乏自主性。而且由于其挂靠的性质，思政课教学组织和管理被边缘化。教学组织和管理被边缘化，影响了思政课班级制度的研究与建设，就会出现思政课班级缺乏确立明确的班级目标，缺乏具体的管理制度和实施办法，班级日常考核和评比标准不健全。这样也就无法通过科学规范的制度来让大学生感受到班级公平公正的良好氛围①，不利于思政课获得感的发展。

二、协同育人机制不完善

思政课教学是一项系统工程。在思政课教学中，思政课课堂是主阵地，思政课教师是主力军，其他专业课教师和部门也发挥着重要作用。习近平总书记指出，"我们办中国特色社会主义教育，就是要理直气壮开好思政课"。同时，要"挖掘其他课程和教学方式中蕴含的思想政治教育资源，实现全员全程全方位育人"。这就要求高校的各门课程、各个部门、相关教育人员与思政课同向同行，构建起协同育人机制。但是当前高校各部门思想政治教育协同育人机制、专业课与思政课育人机制、大中小学思政课育人机制等方面不完善，导致不能最大限度地发挥协同效应。

---

① 曹斯．基于班级视域的大学生思想政治教育研究［J］．思想理论教育导刊，2019（6）：134－137．

1. 高校各部门思想政治教育协同育人机制不完善

思政课获得感的产生，不仅受到课堂效果、教师水平的影响，学校的思想政治教育环境也会起到促进作用。在党和国家的不断重视下，思想政治教育要协同育人的理念逐步深入人心。思政课教师、学院、辅导员、班主任、心理教师、团委以及学生工作处等部门的思想政治教育协同育人功能，都得到了很大提升，但是部门之间也存在一些问题，如没有理顺思想政治教育的分工，资源没能得到有效整合。具体而言，一是各大高校思想政治教育的工作主要由马克思主义学院承担，落实到行动上，主要是由思政课教师、宣传部门等来完成，协同育人机制成为摆设，缺少协同育人的多层广泛参与。当前，学校的其他部门发挥的作用有限，仍主要依赖思政课发力。二是一些高校还保留着原来的传统，思想政治教育工作直接下达到各个学院，各个学院再将工作分解，分配给辅导员，这只会加重辅导员的工作压力，不仅不能真正落实好思想政治教育工作，还耽误了各部门协同育人功能的发挥。三是很多高校思想政治教育的培养目标与各部门具体的职责和工作目标没有紧密结合，各部门之间不能形成相互促进的思想政治教育共同体。出现这种现象的原因，主要是协同育人机制不够完善、不够细致。很多规章制度的实施，没有考虑到实际的运行效果，可行度低，再加上在资金分配上不平衡，使得许多政策没有落到实处。虽然近些年来，国家对高校思想政治工作实施专项拨款，但是有的高校资金用不完，有的高校资金短缺，导致许多工作无法顺利开展。

2. 专业课与思政课育人机制不完善

提升思政课获得感，不可缺少的是要强化显性的思想政治教育途径和细化思想政治教育的隐性途径（如专业教育课程和综合素养课程）。毛泽东曾经强调："思想政治工作，各个部门都要负责任。共产党应该管，青年团应该管，政府主管部门应该管，学校的校长教师更应该管。"[①] 但在目前的教学环境中，存在一种思想偏差，即认为思想政治教育是思政课的任务，专业课教师就只负责专业知识的讲授，学生的思想、道德、人格发展

---

① 毛泽东文集：第 7 卷［M］. 北京：人民出版社，1999：226.

如何，与专业课没有关系，从而出现了专业课与思政课育人过程的"两张皮"现象。出现这种现象的原因，既有教育理念方面的因素，也有教学机制方面的问题。在机制方面，主要是各类课程与思政课之间的顶层设计不协调，没有表现出应有的相得益彰、相互促进的良好效果。对于专业课而言，一是专业课没有依据哲学社会科学课程与自然科学课程的性质充分挖掘其中的思想政治教育资源。① 在访谈中，我们能感觉到在大学生的眼中，专业课更重要，这也从侧面反映出专业课在思想政治教育方面的欠缺。二是在教学目标、教学内容以及教学环节、教学资源分配等方面没有紧密贴近思政课教学目标，没有制定出相应的试点方案，缺少思想政治教育方面的教育指南。对于思政课来说，获得感低的原因之一就是没有构建起与专业课教师沟通、交流的机制，不同课程之间的教师沟通机制不畅通，从而不能形成思想政治教育的协同效应，也就不能产生思想政治教育的合力。

3. 大中小学思政课育人机制不完善

大中小学思政课育人机制科学规范，有助于思政课育人功能最大限度地发挥，形成互联互动的有机整体。但是由于各个学段的教育机构相对独立，难以形成资源共享、目标协同的整体格局。

一是在运行整合机制中存在问题，影响了思政课获得感的产生。首先，运行目标规划不协同。在党和国家的高度重视下，大中小学思政课一体化建设取得了一些成效，但是各学段的思政课在教学过程中缺乏有效的沟通和配合。如不同学段思政课中对相似内容的处理缺乏目标的衔接和进阶性，没有发挥教学目标的延展性功能。而且由于不同学段的教学目标不同，在目标层级结构的设计中缺乏统一发展规划，导致大中小学思政课教学效果协同性差。其次，教育资源开发不充分。各个学段的思政课教学要素没有得到充分合理的发展，削弱了运行机制的整合效能，导致各学段思政课的教育资源分配不平衡，而资源分配不均衡，阻碍了思政课一体化建设，不利于思政课协同育人功能的发挥。再次，教育主体参与性不强。由于思政课教师队伍缺乏协同性，内部就会缺乏有效的沟通和协调，各学段的思政课课程运行和系统整合缺少了强有力的支撑。

---

① 高德毅，宗爱东. 课程思政：有效发挥课堂育人主渠道作用的必然选择［J］. 思想理论教育导刊，2017（1）：31－34.

二是在协调互动机制中存在问题。不同学段建立良好的协调互动机制，能够实现各个学段教学要素的合理配置，但是由于思政课协调互动机制构建不完善，导致在沟通互动中运行不畅。首先，对不同学段的教师管理缺乏协调性。大中小学思政课教师管理尚没有呈现一体化，缺乏跨学段沟通意识，即使有沟通，互动方式也比较单一，交流不深入。当然也没有形成统一的培训机制，特别是集体备课制度没有得到贯彻落实，互动的平台也构建不完善，这些都不利于各个学段教师教学效能的整体性发挥。其次，教材管理不完善。教材体系目标的整体性把握不够，导致教材内容重复，教学目标对接不足，教学设计的阶段性不明显。再加上各学段教材建设没有形成统一的范畴，不能清晰地展示不同学段教学的特点。再次，不同学段的相关部门缺乏互动。要想充分发挥大中小学思政课的协同育人作用，就要构建步调一致、沟通流畅的一体化部门。虽然国家颁布了相关政策，但衔接工作没能落到实处，导致"两张皮"现象。

访谈案例

笔者：请谈谈你对大学思想政治课的基本了解。

被访谈者 G（会计学专业大二本科生）：不太了解，我们这些财会专业的学生，认为考证更重要，专业课老师也很注重我们的专业课学习，较少涉及与思想政治有关的东西，就像高中的理科生一样，因为时间有限，所以无论是我还是其他同学，或者是老师都不会把它放在优先的顺序。

访谈案例

笔者：你怎么看待专业课与思政课的关系？

被访谈者 H（给排水专业大二本科生）：它们之间没有什么关系吧，像我们理科、工科类的学生，在大学接触的文科性的东西就是思政课了吧，它可能有助于理工科的学生更全面地发展自己，也有利于人格素养的培育，同样也对自己的思想有匡扶作用。但是我实在想不到思政课怎么能和专业课联系起来。

三、教学考评机制不合理

科学健全的教学考评机制是确保思政课教学顺利运行的重要环节之

一，是确保思政课教学质量的制度保障。在教学考评机制中，主要有教师考评机制、学生考评机制和同行评价机制。当前高校教学考评机制面临的诸多问题，严重制约了高质量教学的产出。

1. 学生考评机制不完善

当前思政课在学生考评机制中，仍主要采取结果性的评价方法，最常见的就是平时考核和期末考核，其中平时考评占比稍低于期末考评。期末考评有闭卷考试和开卷考试两种形式，这两种形式表面上看起来评价标准很规范，主观随意性小，能够保证学生成绩上的公平性，易于量化，操作性强，但实际上侧重对大学生知识接受程度的检验，缺少对大学生的思想政治素质和能力的评价。这种评价机制产生的结果就是大学生的知识获得感高，但是易导致思政课教学目标和实际能力与素质培养之间的脱节，缺少对大学生思想、情感、人格等方面的培养，也不能较好地反映学生分析问题的能力以及素质能力，不能体现思政课教学的课程宗旨，不利于学生主体性地位的发挥。对于学生来说，没有好的评价机制，就不能激发他们学习思政课的动力，体验不到因针对性的评价带来的压力，特别是因为思政课潜移默化的特征以及思政课获得感的内隐性特征，本身就不易察觉到自己的变化，再加上考评机制不合理，就不能借助外力体会思政课带来的成就感和满足感。作为一名思政课教师，不仅仅要依据教学目标完成教学任务，上好课，让学生在考试的时候达到高分，更重要的是要检验学生通过思政课的学习，在道德素质和理念信念等方面的提高程度。这些都是长期的过程，短期的数字是不能准确量化的，所以高校需要进一步完善对学生的评价机制，科学、准确地贯彻以学生为中心的教育理念，从而不断深化学生对思政课的认同和接受。

2. 教师考评机制不完善

针对教师的考评机制，包括领导听课制度、专家督导机制、科研成果考核机制和学生匿名评教制度①，其中通过学生打分评教的匿名评价是检验教师授课质量最主要性的评价机制。这种匿名评教制定的标准非常详细，但由于对高校思政课的重视程度不够，导致这种机制存在不公允的现

---

① 孙秀玲. 加强高校意识形态能力建设：以新疆高校为例 [J]. 马克思主义研究，2019
(7)：134 – 142.

象，而且学生匿名评教制度虽然给学生提供了自由发表意见的平台，但也不能排除一些学生胡乱评教影响教师整体评价结果的现象。因此通过学生打分来评教的这种评价机制考核思政课教师存在不合理、不科学的地方。前文对大学生的采访，也有力地证明了当前教学考评机制中存在的问题。其次，评价机制难以处理好科研和教学的关系。虽然一些高校尝试改变职称评审一刀切的现象，特别是改善某些教师教学成绩突出科研成果少评职称困难的问题，这虽然会激励一些教师更加钻研教学，但是这样的制度是否应该被大力推广值得深思。毕竟科研和教学才是高校思政课良性发展的重要环节。我们难以想象，一个从来不做研究的人，如何能成为一名好的大学教师。再次，评价机制与教育发展存在偏差，对教师的评价多围绕在教学效能提高上，很少关注教师自身发展的需求。其实从本源上来看，提高思政课教师的教学质量和促进教师专业素质的提升是教师评价机制应有的两个目标，事实上却是过度强调如何提高思政课教师的教学质量，这一举动导致在思政课教学活动中实现外部组织目标要优于满足教师个体的内在需要。虽然重点抓好教学质量在一段时间内能起到积极的推动作用，但不利于思政课的长足发展。

3. 同行评价机制不完善

就高校教学的真实性和客观性而言，同行评价是评价教师教学质量的有效方式。教学同行评价机制在实际教学过程中发挥了很大的作用，思政课也在一些方面引入了同行评价，如思政课教学比赛、最美思政课教师评比等，但是没能形成完善的评价体系。究其原因，首先是执行制度的不完善。同行评价机制的价值和作用已经得到广泛认可，但在思政课教学中没有形成明确的执行制度，很多停留在口头上，缺少相应的政策执行制度，如在同行评价内容、方法和考核方面没有相应的政策和制度，这种现象不利于同行评价机制的贯彻落实，难以发挥同行评价机制应有的作用。还出现了对上应付、对下指导，"你好我好大家好"的侥幸心理。其次是激励机制的不完善。激励制度不完善，就会缺乏吸引力，不利于激发思政课教师的参与性，这样思政课教师在学术发展、职称评定与同行评价任务中的权衡下，会减少对同行评价机制的支持，严重影响同行评价机制的实际开展和落实。再次是同行选定制度的不完善。在教学同行评价中，教学同行的选定和选择尤为重要，毕竟不是所有的思政课教师都有资格参与到实际的教学评价工作中，只有具备一定的教学技能、熟悉教学规律的教师才更有话语权，只有在各方面比较优秀的学者才有资格对教学质量和科研成绩进行评价。[①] 当前思政课教学同行评价，多为校内的教师或者领导，这种评价是低质量、低效率的，不能真正反映思政课教师的教学水平，也难以提升思政课的教学质量。

访谈案例

笔者：思政课老师通过什么方式来给学生成绩？

被访谈者 H（给排水专业大二本科生）：我记得学期中间老师让我们写一个关于反腐败斗争的小论文，说是作为期中成绩。课堂上老师说谁主动回答问题，就给谁加分。期末的话是老师出了几道主观题，让我们自己写，不过我记得大部分能在书中找到答案。记得最清楚的还有一个期末闭卷考试，对，是概论课，我可是拿着老师划的重点范围背了两天呢。

笔者：你应该有过给思政课老师评教的经历吧。

被访谈者 H（汉语言文学专业大二本科生）：有的，每次都是打开评教系统，因为规定不能全选 A（最高分），所以就只有一个选 B。

访谈案例

笔者：思政课老师对你的评价怎么样？

被访谈者 G（会计学专业大二本科生）：还挺满意的，我周围的同学也没有挂科的。我记得很清楚的是有一道题目，问的是"南北校区之间，有走地面和走地下通道两种通过方式，心急的人选择走路途短的地面，性格缓慢的人选择地下通道，请说出你的想法"。

笔者：为什么对这道题印象这么深刻呢？

被访谈者 G（会计学专业大二本科生）：我觉得老师出题的方式很有意思，南北校区之间，走地面还是地下通道，这是我们经常会面临的选择，但是我从来没有和性格联系在一起，老师把生活搬到课堂，让我感到思政课的用处所在，对它的看法也改变了不少。

---

① 孙文静，陈桂．高校教学同行评价的制度困境和出路选择 ［J］．黑龙江高教研究，2019，37（11）：53-56.

课堂教学落后

如果说理念陈旧和机制不畅对大学生思政课获得感的消解，是从宏观或者中观层面所展开的，那么，要进一步探讨当前大学生思政课获得感不强的具体原因，则需要从微观层面继续分析。通过对大学生思政课获得感的调查分析，发现对于思政课，大学生最不满意的地方就在于教学内容、教学语言和教育方式。

一、教学内容不能满足学生需求

自"05 方案"实施以来，思政课的实效性不断增强。新方案的课程体系科学合理、结构稳定，有利于大学生从整体上认识和解读马克思主义理论以及中国特色社会主义理论体系。但是从以学生为中心的教学理念和以生活为样本的教学理念下全面审视高校课堂的教学内容，还有很多值得深入探讨的地方。

1. 注重书本知识，忽略学生生活

如何把思政课建设成为大学生真心喜爱、终身受益的课程，一直是思政课教学工作者追求的目标。值得欣慰的是，各大高校都在进行着有力的尝试并取得了一定成果。目前，随着我国各大领域改革的深化，高校思政课教学也处于改革的关键时期。但是，面对现实情况，我们必须承认在教学内容上，大多数高校仍以书本教材作为教学的根本依据，思想政治教育活动的空间、时间局限于学校教育和课堂教育，这样易出现思政课教学内容与学生生活的实际相脱离的情况。

从思政课课堂教学角度来说，一方面是教材内容相对滞后，无法满足学生的内在需求。思政课作为塑造大学生世界观、人生观和价值观的课程，教学内容本就容易偏向宏大事迹的讲述，导致一些思政课将教学目标

设计得过于理想和空泛，如果思政课教师不能做到与实际生活相联系，及时更新教学内容，与社会发展接轨，就会偏离现实生活。再加上当代大学生获取信息方便，求知欲强，更关注与自身发展相关的内容，如人际交往、就业前景、社会热点等，当大学生无法从课堂内容中找到自己感兴趣的内容时，就会和思政课渐行渐远，不利于大学生知识获得感的产生，更高层次的获得感也就无法满足。另一方面是思政课教学内容偏向理论传授，生活实践较少。从访谈记录中，我们可以看出大学生的道德认知和道德实践发展并不平衡。思政课教材更注重大学生的道德认知、政治认同，缺少道德体验、政治情感和政治实践，这样就不能满足获得感产生的现实条件，即参与。出现这种情况的原因之一，就是思政课教学内容过多强调"是什么""应当""必须"等基本的社会规范，没有看到大学生生活的真实需求，从一定程度上放弃了生活实践中更为隐形的教学，也就限制了思政课应有效力的发挥。

2. 偏重内容实际功效，不利于人才培养

思想政治教育是一项久久为功的事业，需要我们持续发力。但当今出现了相较于专业课，思政课受到冷落的现象，大学生不谈政治，对理想信念的学习热情降低，而这一现象易导致思政课内部紧张，思想政治教育中服务经济的教学内容被强化，出现的连锁反应就是有些教师为了吸引学生的听课兴趣，对教学内容进行有目的的处理，相当多的精力、大量的课时花费在经济、社会方面，这样在课时一定的情况下，相应的道德、政治、思想等方面的内容就会减少。更为严重的是，由于思政课教学内容注重实际功效，易导致市场开放中的多元价值涌入，冲击马克思主义指导地位，一些功利性、刺激物欲的社会内容隐藏于教学内容中。此外，由于历史性的显性内容的减少，学生也会因为缺乏历史的厚重感和崇高感而阻碍获得感的产生。总之，高校思政课教学内容中经济功效意识的过多强调，削弱了道德情感、理想信仰、思想品质等方面的教育，而现实与历史联系的不紧密，让思想政治教育很难达到润物细无声的效果，不利于人才培养。

3. 过于强调内容的认同性，不利于学生创新精神

上文已经论证过思政课获得感的政治性特征，思政课具有的强烈的政治性是毋庸置疑的，因为思想政治教育作为上层建筑的意识形态总是代表着统治阶级的意志。但是当前思政课的教学内容总是有意或无意地忽视思政课的政治性，之所以出现这种现象，一是因为历史上政治性教育滥用，人们会对思想政治教育产生逆反的心理，所以有些思政课教师为了迎合学生，片面追求听课效果而牺牲思想政治教育的政治性，这种做法实质上是主动放弃马克思主义的指导地位；二是受到西方思潮的影响，一些思政课教师没能正确把握经济的全球化与政治的全球化之间的关系，即认为经济的全球化会促使政治的全球化。在这种错误思想的影响下，思政课教师把合规律的知识传授给学生，学生只对无需进行论证的规律进行学习，忽视了学生探索的主体诉求，影响了学生创新精神和自主性的发挥。实际上，高校思政课教学不仅要满足社会发展的需要，还要考虑到学生个体的发展。

4. 教学内容过于重视教学目标

一般情况下，在实施教学活动前，教师第一件事就是设立教学目标，依据教学目标确定教学大纲，安排教育内容，开展课堂教学，从此过程就可以发现实现教学目标的过程也就是从设立目标到组织教学活动再到完成教学任务的过程。再加上传统思想政治教育功利化价值理念的影响，思政课教学内容更容易过于重视教学目标，让思政课教学内容更趋向单向或单一性的结果。这样就会导致学生在接受教学目标、学习教学内容时，失去个体的个性和主体性的地位，变成被动的受教育者，进而切断了教学内容与学生之间的互动，与学生个体价值相关联的内容也会因此而消失。此外，思政课教学内容还表现出强烈的符合内在客观规律和外在发展要求的特征，这就会出现人的认识只有符合客观规律才能成为客观真理，依据这一思想，只有符合客观规律的知识才能成为思想政治教育的内容，而反映学生的自主性与创造性、能动性与主体性的东西就会被过滤掉。其实对思政课获得感的发展来说，后者更为重要。当然，发挥思想政治教育的导向作用是必要的，但是也更需要突出学生的主体性。

访谈案例

笔者：你对思政课课程有什么建议？

被访谈者 A（交通运输专业大二本科生）：我希望思政课能多讲讲为人处世思想的道理，以及一些政治历史人物分析，从历史人物身上学到一些经验，希望在课堂上能有一些历史政治方面的视频播放和相关推荐。

访谈案例

笔者：你对思政课课程有什么建议？

被访谈者 B（自动化专业大二本科生）：建议四本教材应当体现思想政治理论课的整体性，以详略得当的方式解决内容的重复性问题；增加实践和案例内容，更好地体现理论与实践的结合，增强教材的趣味性和吸引力。

二、教学话语解释力不足

把教材话语转化为教学话语是思政课教学的必要环节，这一环节做不好，就会陷入自说自话的困境。据调查统计，对思政课不感兴趣的学生中，对"毛中特"课不感兴趣的比例更高。毫无疑问，这种现状不利于大学生思政课获得感的产生，尤其是政治认同。归纳起来，教学过程中出现的无味、无聊、无趣的尴尬局面，主要是因为思政课的教学话语解释力不足，具体包括以下两个方面。

1. 部分教师话语转换能力不足

教学话语不仅是传递知识的载体，其中还涉及教师对课程目标的把握和理论知识的理解，是教师自身理论素质的外在表达，教师的语言表达直接影响着思政课的亲和力和感染力。进入网络化时代，衍生出许多网络用语，大学生在学习和沟通方面的形式发生了很大变化，而且大学生接受新事物的速度快于思政课教师，但有些教师在学术话语向教学话语转化、文本话语向生活话语转化方面不足，不利于学生听懂、爱听。

一是思政课教学语言表达的艺术性不足。教学话语发挥作用的前提是话语对象对话语内容的理解，部分教师未能将学术话语转化为教学话语，导致具有丰富内涵的理论内容不能转换为生动的艺术语言，教学过程缺乏生动性，晦涩难懂、枯燥乏味的话语让大学生不易也不愿意接受教学内容，从而降低、消解了思政课的话语力量，也让大学生对思政课产生了疏离感。比如部分思政课教师在阐述"马克思主义理论是科学性与革命性的统一"的理由时，如果不能转换为富有艺术性的表达形式，就会给学生留下难懂、无聊的印象。一旦学生对思政课形成这种印象，就很难产生听课的兴趣和动力，自然获得感也会降低。

二是教学语言表达的生活性不强。思政课教材多以理论或科研成果转化成的文本资料为主，虽然理论源于实践但又相对"高于"实践，抽离生活，过多强调准确、全面难免给人枯燥的感觉。习惯使用教材语言的教师，如果缺乏对文本资料进行生活化教学语言的转变，在教学过程中也会习惯于用抽象的文本话语为大学生传递知识，这种照本宣科式的讲授，纯理论的语言表达①，让学生产生"不想听""懒得听"的心理。思政课肩负着用马克思主义中国化的最新成果武装大学生的头脑的重任，这些理论系统性、逻辑性强的文本话语，就需要思政课教师对其进行生活化的转化，转变为贴近学生思想、实际和生活的内容，转化为学生易于接受的形式，否则会直接影响学生的听课兴趣。

三是碎片化的话语讲授降低了大学生的获得感。一些思政课教师为了提升课堂的吸引力，采取了许多吸引学生眼球的话语形式，如与教材脱离联系，运用各种零碎的信息资源作为课堂的主要内容；或者割裂教材的知识点，即兴发挥，以零碎的信息比附某个知识点。这种碎片化的话语讲授缺乏条理性、逻辑性，过多地强调形式的多样性，只是表面上看起来有趣、热闹，实则无形无神。显然，这种话语形式没有认识到思政课是兼具意识形态与真理性的课程，本身的内容是严肃而严谨的。过分的碎片化讲授，必然也难以提升大学生的获得感。

2. 部分理论成果滞后消解了话语解释力

大学生的思政课获得感如何，与理论能否说服人密切相关。理论说服人的关键在于理论的彻底性，关键在于理论要能够揭示事物发展的规律和本质。但是在具体的理论成果中，还存在部分理论研究成果滞后现象，从而降低、消解了理论对现实解释力的情况，这在一定程度上消解了思政课

---

① 张一．大学生思想政治理论课获得感的制约因素及提升策略［J］．思想理论教育导刊，2018（12）：97-101．

教学话语的力量，不利于大学生对理论的接受和认可。

一是对原有理论的现代意义挖掘不够。"马克思主义是很朴实的东西，很朴实的道理"，是颠扑不破的真理。思政课要对事物普遍发展规律、共产党执政规律、社会主义发展规律的立场、观点和方法进行解释，把蕴含其中的基本理论传授给学生。这些理论都产生于特定的历史条件下，远离我们现在的生活，而时代是不断向前发展的，需要思政课教师对马克思主义的原有理论进行新的话语表达，赋予其时代意蕴，做到因事而化、因时而进、因势而新，不断对现实世界做出新的阐释。但是，当前思政课的话语对新语言、新表述的关注度不够，不利于学生思想和情感上共鸣的产生，不利于大学生获得感的产生。

二是缺少时代性的创新理论。从毛泽东思想、邓小平理论、"三个代表"重要思想、科学发展观到习近平新时代中国特色社会主义思想，这些中国化的马克思主义理论成果向我们有力地证明了马克思主义与时俱进的理论品质，但是高校的思政课教材相对稳定，这就会出现理论在向教材的转化过程中，实践不断向前发展，而支撑教材的理论却不能及时更新的现象，从而就会出现与时代脱节的状况。① 当代大学生对现实国情、热点重点问题较为关注，而缺少时代性的创新理论，导致思政课教师难以做出针对性的解释，不利于当代大学生强烈求知需求的满足，进而降低听课兴趣，影响获得感的提升。

访谈案例

笔者：你对思政课有什么建议呢？

被访谈者 C（车辆工程专业大二本科生）：在课上，老师照着课本读，让我好想睡觉，一点也不想听课，我希望老师能讲得有趣一些，提高我们的听课兴趣。之前上课的老师，我特别喜欢，很期待上课，老师讲话很有意思，还时不时来句诗，让我感觉老师好有才华；老师能适当地运用轻松幽默的语言，调节课堂气氛，使原本艰涩的问题、尴尬的局面变得轻松自然。

---

① 马志霞．切实增强高校思想政治理论课话语力量：基于马克思主义理论学科建设的思考[J]．思想理论教育导刊，2017（6）：86-90．

访谈案例

笔者：你对大学思想政治理论课印象最深刻的是什么？

被访谈者 E（交通运输专业大二学生）：我就对老师讲到马克思生辰（马克思生于 1818 年）的时候比较有印象，一巴掌一巴掌打得资产阶级呜呜地哭。

三、教育方式单一僵化

在党和国家的高度重视下，全国高校思政课教学改革热潮兴起，顺应当代大学生的教学方式不断涌现，如许多学者从创新思政课教学方式的角度入手，使传统的教学方式出现了巨大变革。然而，面对国内外政治教育因素的不确定性，高校思政课的教学实效性仍然不够，还存在新旧教学方法联系不紧密、缺乏平等民主的方法、实践教学方法僵化及综合性不足等问题。黑格尔曾指出："只有（正确的）方法才能够规范思想，指导思想去把握实质，并保持于实质中。"[①] 为此我们要在守住思想政治教育本质的基础上，敢于突破，打破讲话的教育方式，让高校思政课在新的起点上、新的高度上不断发展。

1. 新旧教学方法联系不紧密

随着科学技术的向前推进，涌现出了很多新的教学方法，促进了教学方法改革的不断深化，这意味着高校思政课对教学方法的选择越来越重要。但是当前，思政课教师在处理传统与现代、新与旧的教学方法时出现了矛盾，有的忽视了具体的教学任务和目标，有的忽视了现有的教学环境，还有一些忽视了学生的思想特点和自身的教学条件，出现了或重视传统教学方法忽视现代教学方法，或重视现代教学方法忽视传统教学方法的情况。具体表现为：习惯应用传统教学方法，对现代教学方法应用不紧密，抑或是过度强调、采用现代教学方法，压缩传统教学方法的使用空间，导致传统教学方法的主导地位弱化。无论是哪一种形式，都是新旧教学方法联系不紧密的表现。对思政课教学而言，新旧教学方法各有优点，

---

① 黑格尔．小逻辑［M］．贺麟，译．北京：商务印书馆，1980：5.

传统教学方法的成本低、效率高，而且通用性强，现代教学方法的形式丰富，突破了时间和空间的限制。但现在两者之间的矛盾，不同程度地弱化了思政课教育的本质功能，不利于吸引学生的注意力。

2. 缺少民主平等方法

思政课获得感的产生受到教学环境的影响，课堂氛围就是因素之一。对于学生而言，民主平等的教学氛围有利于激发学生参与课堂互动，增强其情感体验。显然，当前思政课缺失了民主平等的教学方法，主要原因是灌输的教学方法使得民主平等的课堂氛围淡化。当前，"00后"是大学生的主体，这一时期的大学生具有鲜明的时代特点，个性化需求更加多样，思想也更为活跃，民主平等的教学方法有利于学生主体性的发挥，满足他们对社会热点的讨论等需求。而灌输的教学方法让知识停留在理论的高度，表明师生之间的关系中教师是权威性的，学生仍处于被动接受理论知识的地位，这种教学方法缺乏对学生主体的培养，不仅会遏制学生思维和创造力的发展，而且忽视学生的自我教育和内在需要，使得主客体之间很难产生情感体验，不能满足学生基本的互动需求，因此教学效果并不理想。

3. 实践教学方法僵化

思政课的教学效果如何，最终要通过行动来证明，而实践教学是帮助理论知识转化为实践的有效手段，当然这也对实践教学方法提出了较高的要求。反观我们现在思政课的实践教学方法，虽然也都大力地推广与实施，有些还取得了一些成效，但是通过调研可以发现，实践教学存在严重的僵化现象。有些高校的配套工作难以落到实处，也有的学校或教师考虑到安全问题，尽量减少、避免实践教学的开展，或者还是依据原来的实践教学路径继续推进，缺乏对现有教学方法的拓展和创新。如当前思政课实践教学，多局限于志愿服务、校园文化活动、参观访问以及调查问卷等形式，这些实践教学方法多为原来活动的翻版，鲜有新意，甚至有些活动是为了开展活动而进行的，缺少弹性，对学生的行为、思想没有很深的改变、深化、提升，在实践形式上缺少创新。这些实践教学方法，表面上看起来多样，但呈现一定的僵化现象，很难脱离原有思政课实践教学方法的困境，教学效果也不尽如人意。

4. 教学方式综合性不足

获得感的产生，必然离不开教师与学生之间的互动。这种互动需要通过多样的教育方式，借助丰富的教学载体和教学手段来实现。当前高校思政课的"配方"比较陈旧，"工艺"比较粗糙，"包装"不够时尚[1]，换句话说就是思政课的教学方式简单。虽然大多数教师运用了现代教育技术，通过多媒体形式开展教学活动，但是在教学过程中以老师讲授为主，注入式、填鸭式的色彩较为浓重，多媒体课件充当了电子课本的功能，变成了照本宣科的手段，这种方法简单、封闭、单向，在知识获得感方面有一定的积极作用，但是易出现老师自说自话、学生游离于课堂之外的现象[2]，无法触及教育对象的思想层面。还有一些教师善于采用翻转课堂的教学方式，但往往以一种教学法为主，与其他教学方法如案例教学、讨论教学、问题教学、社会实践等联系不紧密。这样产生的结果是思政课形式化严重，趣味性不足，容易让学生产生审美疲劳，从而降低学习思政课的动力和兴趣，思政课获得感也难以提升。尤其是在和学生进行访谈时，一些学生对老师采取有趣的教学方法表示赞赏，同时也表达了希望能够改进当前教学方法的观点。

访谈案例

笔者：你对思政课上的内容有没有记忆比较深刻的地方？

被访谈者 C（车辆工程专业大二本科生）：深刻的地方，有，L老师上课真的很特别，很有魅力！一个是她上课不拘泥于形式，再一个她在讲述课堂内容以及一些其他的方法的时候，就像春风化雨一样，娓娓道来，她人也特别温柔，再然后，她上课的形式也是多种多样的，就比如说在课堂上她组织我们进行朗诵比赛，然后还有一些就是实践类的活动，打个比方，她会要我们利用四到五件废品来做一个手工小物件，再有就是让我们做PPT，加深对课堂的理解，此外还有一些调研活动，以及在课堂上会时不时提出一些时政让我们来分析，再让我们来讲述自己的一些看法。所以，我觉得她的上课形式是非常多样的，总而言之，特别的喜欢。

---

① 丁雅涌. 教育改革发展要精准发力 [N]. 人民日报，2017-03-13（4）。

② 孙蚌珠. 理论为本·内容为王·因材施教：提升思想政治理论课教学质量的思考 [J]. 思想理论教育导刊，2017（9）：44-48.

访谈案例

笔者：你觉得大学思想政治理论课目前还存在哪些不足或者说需要改进的地方？

被访谈者 E（交通运输专业大二学生）：不足我也不是很清楚，就不乱来指指点点了。改进的话尽量避免照本宣科，老师可以联系实际，传授知识的时候多让学生参与进来，提升学生的主动性。我觉得一门课老师是很重要的，不能光单方面传授知识，更希望上课方式形式丰富些。

访谈案例

笔者：你对这种比较开放的课堂模式，或者说是比较自由的模式更感兴趣吗？

被访谈者 F（自动化专业大四学生）：对的，思政课不应该墨守成规、一板一眼。我觉得老师在课堂上应该要跟学生有交流，有对话，并不仅仅是上课，那可能这样的模式会让学生更容易接受，也更容易让学生身临其境，可以很好地提高他们的积极性。然后，如果只是单纯的一个你教我听，你说我接受的这种形式化的模式，我觉得一个是古板，再一个可能效果没有那么好。这只是我个人的一些看法。

访谈案例

笔者：那你觉得应该如何进一步提升我们学校思想政治课的效果呢？

被访谈者 I（土木工程专业大二学生）：我觉得可以从下面几个方面来调动积极性：

第一，老师可以选择以一种更有趣的方式授课，而不是直接灌输思想到学生脑子里，比如说可以通过才艺表演或小游戏来带动一种活泼的氛围。第二，课堂上老师和学生应该要多多互动，促进思想上的交流。第三，学生应该也要端正态度，可能思政课由于不是专业课大家都不重视，但凡事都是相互的，所以课堂也需要教师和学生共同努力。

第四节

本章小结

本章内容以访谈资料为参考，从理念、机制和课堂三个方面分析了当前阻碍思政课获得感的原因。教学理念和教学机制是影响大学生思政课获得感的外在因素。课堂教学是最直接、最直观的影响因素。

第一，大学生主体性学习的激发是思政课获得感生成的前提所在。理解、记忆、应用、分析、评估、创造，这些都是有效学习的重要环节，思政课只有激发大学生学习的主体性，教学内容才不会只停留在理解和记忆的层面，不仅仅停留在头脑中，而能够使大学生自觉地去应用、去分析、去评估甚至主动去创造，积极地接受教师的影响，建构起自己的认知框架。在中国传统文化的影响下，大学生的主体性学习在教学内容的加工过程中表现为认真听讲，把已有知识和新学内容进行结合，形成自己的思考。认真听课不仅是大学生理解、吸收、应用并分析教学内容的基本方式，也表达出大学生对思政课教师的教学过程的接纳，对教师的认可和尊重，更有利于形成活跃的课堂氛围，进而为大学生思政课获得感的形成创造良好的条件。创造性学习是更深层次的主体性学习，表现为在学习过程中有自己的思考，敢于提出不同的观点，追求创新，积极参与课堂讨论和提问，在讨论的过程中厘清认知，活跃思维，锻炼语言，也能在互动和交流的过程中提升协作能力，培养大学生的社交意识和人际交往能力，从而形成思想型获得感和成长型获得感。值得注意的是，出勤率虽然是思政课实效性的一个衡量标准，但其不能作为衡量大学生主体性的指标。原因在于许多大学生虽然在课堂上，但是并不一定会认真听讲，积极参与到课堂教学中来。同样小组协作也不是评价大学生主体性学习的重要指标。

第二，教学内容做到有机重复、生动、有趣、有用是大学生思政课获得感生成的关键。思政课作为意识形态课程，想要让大学生熟悉、掌握最基本的理论知识，对内容进行反复学习、反复记忆是最基础的方法，也是

必经过程。大中小学思政课在教学设计、教学安排上遵循了知识掌握的基本规律，遵循受教育者的成长发展规律，相同的概念和理论在不同阶段的反复和加深，符合知识的连续性、稳定性和发展性，但不同教育阶段也必须按照学生的认知特点注意发展性和衔接性的问题。在实际的教学过程中，大中小学的思政课分别归不同的部门管理，容易自说自话。如果在教学大纲和教材编定、教学内容的设计等方面缺乏沟通，相同的教学内容就会出现在大中小学不同阶段的教材中。对于大学生来说，他们的主体性意识更强，如果多门思政课的教学内容之间重复，大学思政课与高中政治课内容重复，就难以满足大学生对新知识的需求和期待，易产生厌烦心理，不利于大学生获得感的形成。相反，引入生动有趣的教学案例来对教学内容进行新的解读和阐述，将枯燥深奥的理论和概念学习具象化，有助于大学生对知识的理解与内化，有利于形成新的认知结构，在促进自身成长发展的同时提升获得感。

第三，教学方式的丰富多样是大学生思政课获得感形成的重要保障。作为传播党和国家意识形态的课程，思政课具有特定的话语体系和特定的表达方式，主要以引用马克思主义经典作家的相关表述和解读党中央的相关文件，以宏大的理论性语言和逻辑性强的文件性语言为主。大学生正处于十八九岁的年龄，主要的活动场域是家和学校，他们的生活阅历简单，思维方式和知识结构使他们很难对思政课教学内容有一个直观的理解。况且新时代的大学生是网络的主要使用者，对以视频、声音、图片为载体的认知世界更为熟悉，习惯性地排斥枯燥的文字语言。新媒体教学的开发和使用，能够刺激大学生的感知系统，缩短教学话语与大学生之间的距离。受传统教育的影响，我国学生具有习惯认真听讲和记笔记的特点，特别是受到传统文化中"内敛""谦虚"等的影响，主动问问题和讨论的现象比西方课堂要少，即便大学生有疑问，去和老师交流的也是少数。针对这种情况，灌输式的教学方法更有利于大学生获得知识。但是要继续满足大学生的思想型需求、情感型需求和成长型需求，就需要采取其他的教学方式，以彰显多样性教学方式在大学生思政课获得感生成中的保障作用。

121

第四，拥有坚定信仰的思政课教师是大学生思政课获得感生成的重要因素。"办好思想政治理论课关键在教师。"① 思政课教师承载着传播知识、传播思想、传播真理、塑造灵魂、塑造信任的时代重任，这些重任要求思政课教师不仅要具有扎实的马克思主义理论知识、高超的教学能力和认真负责的教学态度、高尚的道德品质，还要有坚定的马克思主义信仰。习近平总书记强调要让有信仰的人讲信仰。广大青年正处于理想信念形成的关键时期，最需要科学的引导和精心的栽培。思政课教师也只有信仰坚定，才能更好地处理教学内容的重复、重叠的问题，更好地驾驭理论和实际之间的差距。这就要求新时代的高校思政课教师要自觉用习近平新时代中国特色社会主义思想武装自己的头脑，深刻领会习近平总书记有关教育的重要论述，牢固树立起坚定的共产主义信仰，政治立场坚定，家国情怀深厚，从而教育并引导、感染、带动学生。如面对国家如此重视公平正义问题，不断解决公平正义的过程中涌现出更多不公平的行为时，面对部分党员干部贪污腐败和以"人民为中心"的价值追求存在差距时，都要求思政课教师有坚定的信仰、正确的政治方向和稳定的政治立场，只有这样才能赢得学生的信任，引导大学生把握正确的人生方向，提升大学生价值方面的获得感。

① 习近平主持召开学校思想政治理论课教师座谈会强调：用新时代中国特色社会主义思想铸魂育人 贯彻党的教育方针落实立德树人根本任务 ［N］. 人民日报，2019-03-19.

第五章　大学生思政课获得感的优化路径

提升大学生思政课获得感，是一项涵盖理念、机制与路径等多方面的系统工程。首先，需确立以下三种先进的教学理念：以学生为中心，满足青年人的成长需求；以教师为主导，打造优秀的育人队伍；以生活为样本，让高深理论走下神坛。其次，完善相关教学机制，包括班级管理、课程协同及教学考评等方面的机制。再者，优化课堂教学路径，实现教学内容从抽象到具体、教学话语从理论到生活、教学方法从单一化到多样化的转变。

第一节

更新教学理念

思想是行动的先导，理念是实践的指南。教育教学理念对思政课的实施具有指导作用。因此，秉持先进的教学理念是提高思政课获得感的思想基础。在当今时代背景下，大学生有展现个性差异，追求潮流时尚的需求，高校思政课应充分体现"以人为本"的理念，具体表现为以学生为中心，以教师为主导，以生活为样本。

一、以学生为中心，满足青年人的成长需求

回顾历史，可以清楚地看到，我国高等教育所取得的辉煌成果，离不

开一代又一代教育先行者的勇敢探索和无私奉献。他们在教育道路上，一次又一次地尝试、实践，为我国高等教育的蓬勃发展奠定了坚实基础。在当今时代，以学生为中心的教育理念已成为主流。在这样的背景下，我们更应该铭记先辈们为我国高等教育事业付出的艰辛努力。1918年，陶行知先生留学归国后，对当时盛行的"教授法"提出了疑问。他认为，教授法不仅仅是一个名称问题，更反映了教育的本质和内涵。教授法这种教育方式，字面意义上理解为"先生传授知识，学生被动接受"，容易让人产生知识只是用来施舍的误解，而忽视了学生的主体地位。这种方式未能注重激发学生的自觉性，更未考虑到提升学生的自学能力。在陶行知看来，教师应尊重学生的个性差异，关注学生的兴趣和需求，引导学生主动探索、积极思考，培养学生独立解决问题的能力。这样的教育方式，既能激发学生的内在动力，又能提升学生的自学能力，使他们在今后的学习和工作中更好地应对挑战。为此，陶行知在《师范生应有之观念》一文中主张，学校教育应以学生为中心。他强调："教育者，乃为教养学生而设，全以学生为中心，故开办学校、聘请老师，无一非为学生也。"① 在南京高等师范学校校务会议上，陶行知正式提出将"教授法"更名为"教学法"。尽管这一变革过程充满挑战，但最终仍获得教育界的高度认可，从而使"教学法"的称谓广泛流行。教学法主张教与学的过程具有互动性和融合性，强调教育者与受教育者之间保持平等关系，双方相互依赖又相互独立。此外，教育过程中关注学生成为核心焦点，注重培养学生的学习能力、成长与发展，用陶行知的话说，就是"先生的责任在教学生学"。②

在20世纪初，现代教育之父杜威对传统教育的"以教材为中心""以教师为中心""以课堂为中心"这"三中心论"进行了深刻的批判。他主张教育应尊重学生的发展需求和成长规律，强调教育的实践性和个性化。60年代以后，美国人本主义心理学家罗杰斯进一步倡导"以学生为中心"的教育理念。这一理念的提出，不仅对教育界产生了深远的影响，也为全球教育改革提供了新的思考方向。罗杰斯认为，学习过程应注重学生经验

① 陶行知. 师范生应有之观念 [M]. 成都：四川教育出版社，2005：39.
② 龚放. 唯有确立"教师为要"方能落实"学生为本"：对我国大学教学理念嬗变的再思考 [J]. 江苏高教，2020（1）：7-15.

的发展，从而促进学生的自我变革和学会学习。这一观点突破了传统的知识传授模式，强调学生的主体地位，使教育真正成为引导学生自主发展的过程。在此基础上，他进一步提出，教育目标应是培养具备独立人格、适应变化并能充分发挥作用的个体。这不仅符合教育的人文关怀，也符合社会对人才培养的需求。在教学过程中，罗杰斯主张教师应尊重、珍视并信任学生，与学生在情感和思想上产生共鸣。这种教育方式强调师生之间的平等和互动，有利于激发学生的学习兴趣和积极性。同时，教师还需关注学生的个性化发展，因材施教，以达到良好的教育成果。[①]

在 20 世纪 80 年代中后期，美国加速了高等教育由"教"向"学"的转变进程。这一转变的背景在于，传统的高等教育模式过于强调教师的传授作用，而忽视了学生的主动参与和积极探索。因此，美国高质量高等教育研究小组在 1984 年 10 月发布了《投身学习：发挥美国高等教育的潜力》的报告，主张提升美国本科教育质量的关键在于引导学生积极参与学习。该报告的发布，标志着美国高等教育理念的重大转变。在此之前，教师是教育过程中的主导者，学生更多的是被动接受知识。然而，报告明确提出，教育的核心应该是以学生为中心，引导学生主动投入学习，发掘自身的潜力。这种理念的转变，不仅提高了学生的学习积极性，也提升了教育质量。与此同时，欧洲学者也明确提出了"以学生为中心"的教育理念，并编写了《以学生为中心的学习指导》一书，进一步推动了全球高等教育理念的转变，强调了学生在学习过程中的主体地位。2009 年，鲁汶会议的召开标志着欧盟正式接纳了"以学生为中心的学习"的教育理念。这次会议的召开，是全球高等教育发展的重要里程碑。它意味着，以学生为中心的教育理念已经从理论层面走向了实践层面，全球高等教育将更加注重学生的主动学习，更加关注学生的个体差异，以更加人性化、更具针对性的方式推动教育的发展。

尽管陶行知的"教学法"以及国外学者所倡导的"以学生为中心"的教育理念已逐渐为人们所接受，但在新中国成立后，我国在各个领域，包括教育领域，都借鉴了苏联的经验。在苏联的教育模式中，尤其在思想政治教育方面，教育理念倾向于"灌输"。这种教育方式强调教师的主导地位，将固定的知识体系传授给学生，期望他们完全接受并消化这些知识。

---

① 车文博. 人本主义心理学［M］. 杭州：浙江教育出版社，2003：167.

125

在二十世纪八九十年代，尤其在大学校园相对封闭、青年人思想单纯的环境下，尽管大学思政课实行"满堂灌"的教学模式存在一定争议，但在总体上仍取得了良好的教学效果。这种教学模式在很大程度上满足了当时我国社会对思想政治教育的需求，为培养一批忠诚于祖国、热爱社会主义的接班人奠定了基础。

然而，随着时代的发展和社会的变迁，人们对教育理念的认识也在不断深化。越来越多的人开始意识到，仅仅依靠传统的"灌输"教育理念是无法满足现代社会对人才培养的要求的。这个时期，全球范围内的教育理念正逐渐从传统的以教师为中心转向以学生为中心。这一转变标志着个体从集体中独立出来，成为一个具有独立价值利益的主体。我国教育领域也在这股全球潮流中发生了深刻的变革。尤其在我国中央提出科学发展观之后，"以人为本"的理念逐渐深入人心，成为我国教育改革的重要指导思想。为此，我国高校思政课必须进行相应的改革，不能再沿袭旧有的模式，仅要求大学生单方面被动地学习，而应与时俱进，坚持以学生为中心，坚持灌输性与启发性相统一，以"学"来设计"教"。为了实现这一目标，高校思政课需要根据大学生的成长需求调整教学目标、教学内容和教学过程。首先，教学目标应注重培养大学生的独立思考能力和道德素养，使他们能在复杂的社会环境中做出明智的决策。其次，教学内容应紧跟时代发展，并与现实生活紧密结合，提高大学生的理论素养。最后，教学过程应注重启发式教学，激发大学生的学习兴趣和主动性，使他们能在思政课中收获知识和价值观的双重提升。

2016年12月，全国高校思想政治工作会议要求，"必须围绕学生、关照学生、服务学生，不断提高学生思想水平、政治觉悟、道德品质、文化素养，让学生成为德才兼备、全面发展的人才"①。在2019年3月的学校思想政治理论课教师座谈会上，习近平总书记指出，"加大对学生的认知规律和接受特点的研究，发挥学生主体性作用"。当今社会正处于一个加速变革的历史时期，整个社会的复杂性、多变性和不确定性增加。与"80后""90后"的"老一代"大学生相比，成长于新时代的当代大学生具有

---

① 习近平在全国高校思想政治工作会议上强调：把思想政治工作贯穿教育教学全过程 开创我国高等教育事业发展新局面 [N]. 人民日报，2016-12-09（1）.

许多不一样的特征，也会遇到新的问题。有调查研究表明，以抑郁和焦虑为主的情绪困扰在校大学生有日益严重的趋势。[①] 由于短视频文化存在低俗化的文化形态、同质化的审美标准以及过分满足年轻人的个性表达，从而导致了大学生呈现出过分沉迷、模仿热衷、现实脱离、价值观趋同等困境。[②] 这对他们的成长成才有着非常不利的影响。面对这些成长成才过程中的突出问题，高校思政课理当有所作为也能够大有作为。

以学生为中心作为思政课的教育理念，其核心在于充分发挥学生的主体地位，同时兼顾教师的重要角色。下面，我们将详细讨论在实施这一教育理念时需要注意的几个关键方面。首先，虽然强调学生的主体地位，但并不意味着教师作用的削弱。思政课作为德育课程，其鲜明的政治性决定了教师在课堂上的主导地位，他们需要掌控教学内容，无论采用先学后教或以学定教的方式，教师在组织、激励、指导、评价、反馈等方面的职责仍然是教学活动的重要组成部分。教师在教学过程中，需要引导学生正确理解政治理念，确保教学目标的实现。其次，以学生为中心的教育理念强调教育教学过程中要始终关注学生个体，将学生的发展需求融入教学活动。思政课的教学目标在于促进大学生的成长成才，因此，这一理念需与教育过程紧密结合。教师需要深入了解每个学生的特点和需求，制订有针对性的教学计划，从而实现教育教学目标。最后，实施以学生为中心的教育理念，旨在助力学生成长和发展。要实现这一目标，就需要遵循学生个体差异，从了解学生及学生需求出发，坚持实事求是的原则，回归教育本真。[③] 教师需要不断创新教学方法，激发学生的学习兴趣，引导学生主动参与，从而提高教育教学质量。

二、以教师为主导，打造优秀的育人队伍

习近平总书记强调指出，"办好思想政治理论课关键在教师，关键在

① 周少贤，窦东徽. 社会变革下大学生情绪特点新趋势及应对：以北京市某高校为例 [J]. 中国青年社会科学，2019，38（4）：59－66.

② 黄海鹏，门瑞雪，曲铁华. 短视频文化影响下的大学生价值观现状透视 [J]. 学校党建与思想教育，2019（18）：86－89.

③ 荆孝民. "以学生为中心"的理念在高中国际课程融合教学中的实践与思考 [J]. 当代教育与文化，2020，12（2）：109－113.

发挥教师的积极性、主动性、创造性"，并且认为"思政课教学离不开教师的主导"①。这一论述不仅揭示了思政课的一般规律，更为我们明确了思政课教师的角色定位。教师的主导作用在思政课中是不可替代的，其发挥程度越高，大学生思政课的获得感就越强。在之前的讨论中，我们强调了提升思政课获得感应以学生为中心，坚持学生的主体性地位，同时也明确了教师的主导作用。这一观点并不意味着两者之间的对立，而是在思政课教学过程中，教师的主导性作用贯穿始终。高校思政课教师是一个特殊群体，他们根据一定的社会要求，遵循思政课教学大纲，有目的、有计划、有组织地对受教育者施加教育影响。作为整个思想政治教育过程的组织者和引导者，他们在知识传承、思想奠基、道德教育、能力培养、信念培育等方面发挥着主导性作用。在课堂教学中，无论教师主讲还是听学生做报告和讨论，都离不开他们的组织和引导。教师的主导性作用可以理解为对学生的一种指导和教导。夸美纽斯认为"教者就是指导者，学习者就是被指导者"②。杜威也提出"教育即指导"，强调学校教育一般功能的发挥，主要通过特殊形式如指导、疏导或控制，其中指导为基本功能。在思政课教学过程中，教师的主导性作用也基本定位为指导、教导。因此，在教育和教学活动中，应坚持学生的主体性和教师的主导性的相互统一，实现"学生中心地位"与"教师主导作用"的同频共振。这就要求我们在实际教学中，既要充分调动学生的主动性、积极性，发挥学生的主体地位，又要发挥教师的主导作用，对学生进行有效的指导和教育。

中华文化历史悠久，源远流长。在学科化教育之前的漫长历史时期，我国的许多教师从本质上来说都可以被称为"思政课教师"。这是因为，在我国的传统文化中，教师的角色被赋予了深厚的意义，正如文学大家韩愈在《师说》中所言："师者，所以传道受业解惑也。"其中，"传道"被视为教师的第一要务。如果一位教师自己没有领悟到"道"，那么如何能够将其传授给学生呢？对于思政课教师来说，所谓的"传道"，就是要有能力传授给大学生做人的道理，尤其是要让他们拥有正确的世界观、人生

① 习近平主持召开学校思想政治理论课教师座谈会强调：用新时代中国特色社会主义思想铸魂育人 贯彻党的教育方针落实立德树人根本任务 ［N］. 人民日报，2019-03-19.

② 夸美纽斯. 大教学论·教学法解析 ［M］. 任钟印，译. 北京：人民教育出版社，2006：293.

观和价值观。这样，学生在教师的潜移默化教导中，才能得到理论上的熏陶和人生的启迪，从而提升思想境界，实现教师在育人过程中的导向作用。教师如何传授自己所拥有的"道"，采取何种教学方式，如现在流行的报告式、参与式、讨论式、实践式等，都是由教师根据自己的理解和教学需求来决定的。因此，教师在教学过程中具有主导性和把控权。① 作为教学活动的执行者、组织设计者、实施推进者，教师在整个过程中居于主导地位，发挥多层次、多维度、全方位的主导作用。② 在当前社会，高校思政课教师的责任重大。他们需要让大学生在学习过程中感受到获得感，同时，他们自身也需要具备足够的资格和水平，去传授思想之道，引导学生学习政治知识，解答理论之谜。在贯彻以教师为主导的教育理念之同时，还应该注意以下几个方面：

以教师为主导，离不开科学理论的引领。在我国的高等教育领域，思想政治课程始终凸显出其独特的政治特质和深厚的思想内涵。马克思主义不仅是政治性与思想性的紧密结合，更是指导我国社会主义建设的重要思想武器，深刻揭示了人类社会、社会主义建设以及共产党执政的发展规律，具有显著的科学性。在马克思主义的指导下，我国各族人民在党的领导下，成功实现了由站起来、富起来到强起来的伟大转变。这一过程充分证明了马克思主义理论的强大生命力和实践指导意义。自党的十八大以来，我国在习近平新时代中国特色社会主义思想的指导下，成功完成了一系列重大任务，解决了诸多难题。我国逐渐从世界舞台的边缘走向中心，成为世界第二大经济体，引领全国各族人民不断取得伟大胜利。这一系列成就充分展示了习近平新时代中国特色社会主义思想的强大真理力量。正如马克思所说："理论只要说服人，就能掌握群众，而理论只要彻底，就能说服人。"因此，在教育过程中，教师需充分发挥主导性教育理念，强调科学理论的引领作用。教师应深入阐述马克思主义理论，尤其是习近平新时代中国特色社会主义思想，引导学生确立正确的政治方向，提升精神境界。通过深入学习马克思主义理论，尤其是习近平新时代中国特色社会主义思想，我国

---

① 董雅华. 思想政治理论课教学坚持主导性与主体性相统一论析 [J]. 思想理论教育，2020 (3)：56-61.

② 高静毅. 科学把握思想政治理论课教师的主导性 [J]. 学校党建与思想教育，2019 (13)：42-46.

青年学生可以更好地认识我国的发展历程、发展规律和发展前景。这将有助于他们树立正确的世界观、人生观和价值观，培养坚定的理想信念，增强"四个自信"，为实现中华民族伟大复兴的中国梦贡献力量。

以教师为主导，离不开正确行为的航向。思政课承担着传授科学理论知识，引导大学生树立正确的世界观、人生观和价值观的主要任务。在这个使命中，思政课教师的角色尤为关键，他们肩负着协助大学生"系好人生第一粒扣子"的重任。为了实现这一目标，思政课教师不仅需要在教学过程中传授理论知识，更要注重引导学生关注自身的行为表现，以身作则，成为学生的榜样。首先，思政课教师需要在学习理论知识的过程中，引导学生关注实践。这意味着教师在完成基本的知识传授任务的同时，还需通过自身正确的行为为学生树立榜样。具体而言，教师需要让学生明白"听我怎么说"，更要引导学生"看我怎么做"。这种身教言传的教育方式，可以使学生在掌握知识的同时，养成良好的行为习惯和价值观。其次，思政课教师应注重自身品行的修养，以高尚的师德影响学生。正所谓"学高为师，身正为范"，对于思政课教师而言，这一点尤为重要。教师需要通过自身的行为示范，让学生感受到教师的品德力量，从而引导学生树立正确的世界观、人生观和价值观。最后，思政课教师在具备高尚品德的基础上，还需严于律己、宽以待人，具备良好的行为规范。这样的教师才能在教学过程中，引导学生真正成为社会所需之人才。思政课教师应当以自身的言行，展现出对社会的责任感和使命感，激发学生的爱国情怀和社会责任感。

以教师为主导，离不开合理的评价机制。为了充分发挥教师的主导作用，需要建立一套科学、合理的评价机制。这样，既可以推动教学改革的深入进行，也可以提高大学生思政课的获得感。首先，我们需要明确，在教育行政部门推进教学改革、提升大学生思政课获得感的过程中，合理评价是必不可少的。这个过程不仅仅是教育行政部门的职责，更是贯彻教师主导理念的体现。教师在这一过程中需要秉持主导原则，不断地探讨并实施适应时代发展、满足学生需求的评价体系。其次，关注理论学习和思想行为的关系至关重要。教师不仅要引导学生在理论上掌握知识，更要激发他们将理论应用于实践的热情，实现知行合一。这就需要教师在教学过程中注重培养学生的思考能力，让他们在理论学习和实践操作中找到平衡点。再次，平衡课堂学习与课外学习的关系也是评价体系的重要组成部

分。虽然课堂是思政课立德树人的主要场所，但教师也应充分利用互联网时代所带来的便利，借助现代媒体手段引导学生开展课外学习，丰富评价体系的内涵。这既能拓宽学生的知识视野，也能提升他们的综合素质。最后，总评考试应充分考虑学生的日常学习和答卷情况。尤其对于思政课而言，学生的日常表现和行为同样重要。将平时成绩纳入考核体系，有助于构建更加合理的评价机制，更好地发挥教师的主导作用。

为了确保教师在教学过程中发挥主导作用，需要构建完善的政治理论课教师选拔、培训和评估等机制，充实政治理论课教师队伍，培育一支优秀的教师团队。卓越的政治理论课教师擅长洞察学生需求、把握核心要点、因材施教，能够妥善协调各项要素并优化各个环节。例如，在开展教学活动时，他们以教学目标为依据，立足于教学内容和学科特性等客观因素，选用符合时代特征的教学方法和教学载体，根据实际情况制定和调整教学进度，并针对青年学生的思想状态和政治认知观念进行调整与优化。①

三、以生活为样本，让高深理论走下神坛

马克思主义哲学的创立，是对现实生活的深刻反思和理论升华。在《德意志意识形态》一文中，马克思和恩格斯明确指出，"德国哲学从天国降到人间；和它完全相反，这里我们是从人间升到天国。……我们的出发点是从实际活动的人，而且从他们的现实生活过程中还可以描绘出这一生活过程在意识形态上的反射和反响的发展"。他们认为，之前的哲学过于虚幻，远离生活实际，从而导致人的迷失。因此，马克思主义哲学的使命就是要将哲学思考的重心转向现实的具体人和生活世界，实现哲学的革命性变革。马克思主义哲学的生活观强调，生活世界并非虚幻，而是一种可通过经验验证、直观感性的活动世界。在这个世界里，人的全面发展是核心，人的生活状态和历史实践是基础。这种生活世界是具体的、历史的、符合理性要求的，它不断地生成、演变，展现出人类生活世界的丰富多样性。马克思的生活观深刻地揭示了人类生活世界的演变过程，并在此基础

---

① 崔延强，叶俊．"八个相统一"：增强思想政治理论课的亲和力的基本遵循［J］．思想理论教育导刊，2019（6）：80-84.

上开辟了一条以现实的人、现实的生活为出发点，探索人类生活世界的哲学道路。这条道路强调，哲学应当紧密联系人的生活，关注人的现实需求，解答人在生活中面临的困惑和问题。通过这种方式，马克思主义哲学实现了对传统哲学的颠覆性突破，将哲学从抽象的观念世界引向现实的生活世界，使其具有了更强的现实意义和指导意义。在我国，马克思主义哲学被视为指导思想，贯穿于各个领域。我们应深入理解马克思主义哲学的生活观，将其融入实际工作中，以人民为中心，关注人的全面发展，推动社会进步。通过对生活世界的深入探索和研究，我们可以更好地理解人的需求、发挥人的潜能，为构建社会主义现代化国家提供有力的理论支撑。

马克思、恩格斯对生活的深刻解读，彰显了生活作为高校思政课的教育核心内涵与坚实哲学根基。因此，以生活为样本的教育理念，无疑是提高思政课获得感的必然选择。本质上，践行生活为蓝本的教育理念，是对人的生活世界的回归。思想政治教育是人类社会发展到一定阶段的产物。在人类发展初期，"一个人是通过共同生活的过程来教育自己的，而不是被别人所教育的"①。当时的思想道德教育与人们的生产、生活密切相关。然而，随着制度化教育的兴起，思想道德教育逐渐从生活世界中剥离。在社会阶级产生与形成的过程中，道德分化，为了维护统治阶级的规范与道德原则，思想道德教育便成为统治阶级政治上的传声筒、经济上的扩音器以及文化上的捍卫者。由此，阶级意识和政治观念日益凸显，思想道德教育也就演变成了思想政治教育。② 透过思想政治教育生活化的演变过程，我们不难发现，思想政治教育源于生活、发展于生活，并最终回归生活。因此，作为高校思想政治教育的重要组成部分，思政课贯彻以生活为蓝本的教育理念，便是深入现实世界，以社会生活为核心，不断挖掘生活资源，引导大学生在探索生活意义、思考人生价值的过程中，提升自身思想境界、规范行为，从而实现自由而全面的发展。从主体论角度看，思政课贯彻以生活为蓝本的教育理念，彰显了教育源于生活、回归生活的理念；从价值论角度看，这一理念体现了我们所倡导的以人为本的价值取向；从

---

① 联合国教科文组织国际教育发展委员会. 学会生存 [M]. 北京：教育科学出版社，1996：28.

② 李焕明. 思想政治教育生活化 [J]. 山东师范大学学报（人文社会科学版），2004（3）：115 - 117.

方法论角度看，贯彻这一理念便是通过实践生活开展教育。

当前，我国高校为本科生至少开设了五门思政课，旨在培养学生的马克思主义理论素养，帮助他们树立正确的世界观、人生观和价值观。然而，这些课程内容对于十八九岁的大学生而言，往往显得"高深莫测"，比如抽象的唯物史观、伟大的英雄人物、辉煌的法治成就、晦涩的道德文本等等。这些内容距离他们的现实生活较远，导致课堂教学往往聚焦于国家革命、建设和改革的宏大叙事，而忽视了大学生个体的生活体验。新时代大学生的现实生活却是微观的、多样化的、富有个性的，他们带着自己的主观视角观察这个世界。因此，高校思政课在理论与实践、国家与个体、抽象与生活等方面存在脱节现象，导致大学生缺乏学习积极性，甚至陷入尴尬的境地。如何将大学生主观的经验生活与思政课中马克思主义的观点、立场和方法相结合，是我们需要深入思考并付诸实践的问题。[①] 为了提高大学生的思政课获得感，首先需激发他们的学习热情和兴趣。心理学认为，人们更关心自己身边的事物，而非遥远的事物；关注当下生活，胜过关注未来生活。因此，思政课应贴近生活，融入大学生的日常生活。无论是哪门课程，都可以尝试以大学生的日常生活为教学样本，让高深的政治理论回归现实，通过微观的生活叙事完成思政课的教学任务。在此基础上，教师可运用案例分析、小组讨论、角色扮演等多种教学方法，引导学生关注现实生活中的问题，并运用马克思主义观点进行分析。这样一来，思政课便能更好地实现立德树人的教育目标，培养具有较高政治素质和文化素养的社会主义建设者和接班人。

令人欣慰的是，我国学术界已经充分认识到了生活化教育理念在思想政治课程中的重要价值。这种理念主张将课程内容与学生的实际生活紧密结合起来，使学生在学习过程中能够更好地理解和掌握马克思主义理论。在这个过程中，教师需要引导学生领悟马克思主义并非脱离实际、高不可攀的抽象理论，而是一种源于生活、立足现实，并能指导大学生实践的学说。为了实现这一教育目标，课程教学必须适应新时代的发展，实现话语体系从理论化、抽象化向生活化、具体化的转型。[②] 教师应充分运用微信、

---

　　① 朱京海，邹长青. 高校思想政治理论课贴近生活何以可能？：借喻后马克思思潮的理论路径［J］. 辽宁大学学报（哲学社会科学版），2018，46（1）：159-164.

　　② 邵路才，才晓茹. 论新时代高职院校思政课教学话语创新［J］. 教育与职业，2019（24）：85-88.

短视频等新媒体工具，实现媒介融合中的话语表达方式变革。通过将复杂难懂的理论转化为生动形象的教学语言，用鲜活的事实佐证抽象的说教，教师可以使学生对马克思主义产生亲近感和信任感，进而缩小高深理论与学生之间的距离。在面临自媒体时代挑战的当下，思想政治课程更需要注重生活化教育理念的实践。教师要让学生身临其境地深化认识，激发他们参与课堂的积极性。通过缩小思想政治课程与大学生生活之间的距离，使学生在学习过程中获得更多满足感。

总之，生活化教育理念在思想政治课程中的应用具有重要意义。只有将理论与实际相结合，引导学生真正理解马克思主义的基本原理，才能培养出具有较高思想政治素质的大学生。在今后的教学工作中，教育工作者应继续探索和实践生活化教育理念，为我国思想政治教育事业的发展贡献力量。同时，也要关注时代发展的变化，不断创新教学方法和手段，以适应新时代教育的需求，为培养一代又一代具有正确世界观、人生观和价值观的社会主义建设者和接班人而努力。

第二节

完善教学机制

教学机制是指教学活动中各个要素之间运作的方式及其因果关系。在大学生思政课教学过程中，各个要素如同一个精密机器的各个部件，相互依赖、相互制约，共同推动教学活动的进行。这些要素包括但不限于教学目标、教学内容、教学方法、教学评价等，它们之间的协调与衔接对于大学生思政课的教学效果具有至关重要的影响。如果这些要素之间无法实现有效衔接与协调，就像是机器的各个部件无法协同工作，势必会直接影响大学生思政课获得感的形成与发展。获得感的缺失，不仅会影响学生的学习积极性，也会对教学目标的实现产生严重的阻碍。因此，解决这一问题的关键在于如何使这些教学要素和谐运作，形成一个高效的教学机制。为此，高校思政课管理者务必进行统筹规划，他们是教学活动的组织者和领导者，肩负着优化思政课教学机制的重任。

一、班级管理机制

在大学课程中，专业课与公共课构成了其主要分类。对于大部分学生来说，公共课程的主要代表为思想政治理论课和外语课程。为了增进公共课程，尤其是思想政治理论课的学习获得感，必须高度重视并加强班级管理。与基础教育阶段相似，班级仍然是推动大学生思想政治理论课改革的关键组织。因此，有必要总结和完善思想政治理论课的助教管理机制，并在条件允许的情况下，探索实施中小班思想政治理论课教学改革。

1. 完善助教管理机制

在我国教育发展的悠久历史中，助教管理活动并非现今才有。早在春秋时期，孔子的"因材施教"和"次相授受"等理念，即为我国古代学业指导的典范。这些理念在当时的教育实践中发挥了重要作用，为后世教育发展奠定了基础。在我国近代高等教育的发展道路上，一系列具有特色的学业指导形式相继诞生，如班主任与辅导员制度、导师制度、助教与辅导员答疑制度等。这些制度旨在满足学生个性化需求，提高教育质量，为培养高素质人才奠定了基础。我国现在的助教制度包括新任教师担任一学年左右的辅导工作，以及选拔在籍硕士生、博士生担任助教。主要职责为协助教师处理非授课教学事务，如管理课堂秩序、批改作业、辅导学生等。这一制度在推动教育教学改革、提高教育质量方面发挥了重要作用。近年来，我国高等教育逐渐步入大众化阶段，在校生人数持续攀升，师生比例失衡问题日益严重，尤其在思政课教师队伍方面更显紧张。优化助教管理制度，既能有效缓解思政课教师队伍的临时短缺现象，又能适度减轻教师工作负担，同时也有利于确保思政课的课堂教学质量。思政课获得感的提升，有赖于师生间的良性互动，以及思想情感的共鸣。助教作为学生与教师之间的纽带，能促进双方的良性互动，推动教学工作的顺利进行，从而实现理想的教学效果。为了进一步加强思政课教学，部分高校尝试并建立了助教制度，选拔在籍博士生或硕士生担任思政课助教，与该课程的教师共同提升大学生的获得感。这一机制创新取得了显著成果，但仍需在以下几个方面进行完善：

首先，构建助教选拔准入机制。在思政课领域，选拔和准入助教过程中需关注几个关键问题。一是专业知识核心技能，这是选拔和考核各类人才的首要标准，助教岗位也不例外。作为思政课的教学参与者，尽管助教仅发挥部分指导职能，但仍然需要具备扎实的专业知识来准确评估学生。因此，过硬的专业知识技能至关重要。二是思想政治素质。选拔助教时，竞选者的思想政治素质必须过硬，以体现我国教育的社会主义性质。助教作为教学辅助人员，需要在思想观念上与我国的教育方针保持一致，为学生树立良好的榜样。三是人际沟通能力。助教在教学过程中需要与学生、教师和其他教育工作者进行有效沟通，因此具备良好的人际沟通能力是选拔助教的重要条件。这有助于营造和谐融洽的课堂氛围，提高教学效果。四是选拔流程的公平公正。为确保选拔出的助教可靠优秀，选拔流程应确保公平公正，让每一位具备条件的竞选者都有机会参与竞争。同时，结果公开透明，接受师生监督，确保选拔出最适合的助教人选。五是要注重选拔后的培训和考核。对于选拔出的助教，还需进行系统的培训和考核，以提升其教育教学能力。通过定期评估和反馈，促使助教不断提高自身素质，更好地服务于思政课教学。

其次，构建助教定期培训制度。在我国大多数高校中，尚未设立一套明确的助教培训体系。为此，我们需要采取措施，构建一套与课程相匹配的助教管理策略，以确保教学效果的优化。其中，定期培训是至关重要的一个环节。培训内容主要分为线上和线下两部分，旨在提升助教的专业素养和教育能力。线下培训方面，需重视助教思想政治教育知识的传授，使其深入理解课程内容，为学生提供有力的理论支撑。同时，要提升助教与学生沟通交流以及解答疑问的能力。这是因为他们需要能够有效地引导学生思考，激发学生的学习兴趣，并能在学生遇到问题时提供及时的帮助。线上培训方面，利用 MOOC 平台，与助教进行实时对接。可以就平台使用、课程运行及后期维护等方面进行培训，以确保助教能够充分利用线上资源，提升教学效果。此外，还可以建立考核评估机制，对助教的培训效果进行检验。相关部门需组织各项培训活动，并根据评估结果，对助教的相关知识和技能进行持续改进。

再次，建立助教激励机制。助教岗位不仅旨在协助教学，更是期望通过减轻思政课教师的教学压力来实现其价值。在这个基础上，建立一套公平、公正的助教评估体系，对表现优秀的助教予以表彰，颁发荣誉证书并

给予相应的物质奖励，显得尤为重要。实施助教激励机制的关键在于细化评价标准，确保评价的公正性。评价标准应包括教学辅助工作的质量、学生满意度、教学改革与创新等方面。只有确保评价的公正性，才能让助教真正感受到荣誉与奖励的价值，进一步激发他们的工作积极性。除了正向激励，还需要设立反向激励机制。① 对于工作态度消极、不履行职责的助教，应采取相应的惩罚措施，如警告、取消助教资格等。这样既能对现任助教形成警示，也能提醒其他学生珍惜助教岗位。设岗单位应充分认识激励机制的重要性，将其作为推动思政课教学改革的重要手段。通过建立健全的激励与奖惩机制，提高学生参与助教工作的积极性，同时促使教师更加重视助教的培养。激励机制的实施还需注重持续性和动态调整。根据实际情况，不断调整评价标准，确保激励机制的时效性和针对性。同时，鼓励助教们持续自我提升，以适应不断变化的教育环境。

最后，健全助教评估体系。各类课程和不同学科的助教工作重点各异，因此，评估内容和方式也应有所区别。全过程对助教的评价尤为必要，特别是对于思想政治课程，助教的思想观念、品行道德和政治素养至关重要。这是因为助教在这一领域的表现不仅影响学生的学业成绩，还会对他们的价值观和人生观产生深远影响。许多国外高校已制定具体的助教考核标准，如宾夕法尼亚大学，严格且详尽的评估标准确保了助教培训质量和教学监控。这些高校通常会从教学效果、教学方法、学生评价等多个角度对助教进行评估。相比之下，我国助教评估制度仍存在诸多不足，尤其在评估数据有效性和应用方面亟待深入研究探讨。为了实现完善的助教管理体系，应引入多样化的评估方式。例如，教学观察可以全面了解助教的教学表现和能力，中期反馈有助于及时发现和解决问题，助教工作档案袋则可以系统地记录助教的教学历程和成长。此外，还可以通过学生评价、同行评议、导师评价等多种途径，确保评估的全面性和公正性。

2. 探索实施中小班教学模式

鉴于我国大学生招生规模的不断扩大，高校师资力量相对有限，尤其是思想政治理论课教师队伍短缺，长期以来，各大高校普遍采取了大班教

---

① 张晶. "三助一辅"背景下思政课混合式教学助教角色的转变与发展 [J]. 湖北社会科学，2019（7）：155－159.

学模式，即不同专业班级的合并教学。近年来，部分高校甚至推出了思想政治理论课的网络选课制度，以期激发学生自主选择教师，进而提高教师积极性。这种改革措施在一定程度上满足了大学生对多样化教学风格的需求，但与此同时，不同专业背景的学生齐聚一堂，由于文史基础的较大差异，导致共同语言减少，课堂互动减弱。因此，大班教学的各种形式普遍未能取得理想效果。常识告诉我们，在其他条件不变的情况下，班级规模与教学质量呈反比关系。因此，早有专家提议实行思想政治理论课的小班教学。然而，目前仅有少数高校尝试并实施了中班甚至小班教学。这种模式不仅可以针对不同专业学生采取差异化教学策略，同时也能增加学生与教师的互动交流。

小班教学模式是一种具有深远意义的教学改革，它以学生为中心，充分考虑学生的专业差异，实施个性化的教学策略。这种模式增强了学生与教师之间的互动交流，有利于激发学生的学习兴趣和积极性。然而，目前在我国，仅有少数高校尝试并实施了中班或小班教学。尽管探索思政课小班教学模式具有重要意义，但形成正确认识才是推动先进教学模式改革的思想基础。我们不仅需要认识到小班教学的规模优势，还需深入探讨这项改革的意义与价值。中班教学、小班研讨代表了大学思政课教学范式的整体转型，它贯彻了"以学生为中心"的理念，改变了传统的"以教为中心"的教学模式。长期以来，我国思政课教育以教师讲授为主，普遍采用灌输式教学方法，导致学生被动接受知识，积极性、创造性和主动性受到抑制。

中班教学、小班研讨模式明确了学生在思政课课堂学习中的主体地位，通过创设话题和空间，引导学生主动参与学习和教学过程。在师生互动、讨论交流中，学生能够重塑对知识意义的理解，构建自己的知识体系，并发展各项能力。同时，这一模式在一定程度上缓解了大班教学带来的弊端，如课堂参与度不高、师生互动不足等问题。作为一种范式改革，中班教学、小班研讨不仅是思政课课堂层面的教学改革，更是撬动整个大学课堂教学生态变革的起点。随着教学模式向小班研讨课的改进，大学教学理念、教学文化、教学方式、教学评价，以及教学管理、技术层面、硬件配套等方面都将发生一系列变革。为了全面推进中班教学、小班研讨模式，我国高校应加大改革力度，提高教师队伍的整体素质，培养教师具备

跨学科的知识结构和教育教学能力。此外，还需加强教学资源建设和完善教学设施，为学生提供良好的学习环境。只有这样，中班教学、小班研讨模式才能真正发挥出其应有的优势，为我国培养更多高素质的人才。

二、课程协同机制

在全国高校思想政治工作会议上，习近平总书记强调指出："用好课堂教学这个主渠道……其他各门课都要守好一段渠、种好责任田，使各类课程与思想政治理论课同向同行，形成协同效应。"除此之外，还应该构建起高校思政课系统内各门课程的协同机制，以及大中小学思政课之间的协同机制，积极发挥不同阶段不同课程的立德树人功能。

1. 高校思政课与其他课程的协同机制

为实现我国高校立德树人的根本任务，必须充分发挥课堂教学这一主渠道的作用，其中包括思政课及其他专业课。以思政课教师为主导，协同专业课教师，形成教育教学的协同效应。高校马克思主义学院肩负着思政课教学的重要使命，致力于讲授和传播马克思主义理论，不断探索提高思政课教学质量和水平，这些基本任务也是思政课教师的责任所在。然而，仅依靠思政课程教育无法全面提升大学生的思政课获得感，还需全体高校工作者和教育者的积极参与，发挥各专业课在育人方面的积极作用。每位教师均需共同努力，尤其是专业课教师，在担任答疑解惑的"经师"的同时，还需成为为人师表的"人师"。他们应积极参与构建大思政课工作，既要传授专业知识，也要教导学生做人、做事的道理，提升学生的职业道德和职业规范。如此一来，方能实现"思政课程"与"课程思政"的相互促进，构建起高校大思政课的立体格局。

实现"思政课程"与"课程思政"的融合，关键在于课程改革，通过全体教师的共同努力，开创思想政治教育工作的良好局面。探索专业课教师与思政课教师的备课沟通机制和内容分享机制具有重要意义。长期以来，两类课程之间存在沟通不足的问题，可能导致同一批学生在不同课程上接受不一致的思想价值观念，备课沟通机制有助于解决这一问题。此外，思政课作为德育课程，在掌握大学生思想动态、学习状态、关注热点等方面具有优势。思政课教师可将相关思想政治教育资料分享给专业课教师，便于他们将思想政治教育内容融入教学中。例如，一些高校已成功挖掘专业课的价值引领作用，在学前专业、护理专业的教育过程中，引导学生向最美教师、最美护士学习，践行社会主义核心价值观。计算机、运输、道路与桥梁等专业结合《厉害了，我的国》视频，介绍我国在这些领域的辉煌成就，弘扬工匠精神。

2. 建立思政课系统内各门课程之间的协同机制

高校思政课作为一个整体，其课程体系包括《思想道德与法治》《中国近现代史纲要》《毛泽东思想和中国特色社会主义理论体系概论》《马克思主义基本原理》以及《习近平新时代中国特色社会主义思想概论》等。这些课程的性质相同，理论知识相互贯通，旨在培养学生具备良好的思想道德素质和法治意识，深入了解我国的历史和现实，从而使他们成为具有担当精神的社会主义建设者和接班人。在教材编写和讲解过程中，内容重复问题是难以避免的。这是因为这些课程虽然具有独立性，但它们的理论知识是相互关联、互为补充的。因此，在教学过程中，教师需要妥善处理整体与部分的关系，确保课程的完整性和整体性。这不仅要求教师对课程内容有深入的理解，还需要他们善于抓住各门课程的重点，避免简单的重复讲解。

为了减少内容重复带来的影响，教师可以在以下几个方面进行努力：首先，突出课程特点。在讲解过程中，教师应强调各门课程的独特性，让学生明白每个课程的价值所在。例如，《思想道德与法治》重点培养学生的法治意识，《中国近现代史纲要》旨在使学生深入了解我国历史的发展脉络，《毛泽东思想和中国特色社会主义理论体系概论》则让学生掌握党的理论创新成果，《马克思主义基本原理》为学生提供理论指导，《习近平新时代中国特色社会主义思想概论》则着重培养学生树立新时代的世界观、人生观和价值观。其次，统筹规划各个知识的详略。教师应在教学过程中，根据课程之间的联系，合理分配教学内容，统筹规划各个知识的详略。对于重复出现的知识点，教师可以引导学生进行比较、分析和总结，以提高学生的理解能力和思考能力。再次，强化课程间的衔接。教师在教学过程中要注意课程之间的衔接，使学生在学习过程中能够形成完整的知

识体系。例如，在讲解《毛泽东思想和中国特色社会主义理论体系概论》时，可以结合《中国近现代史纲要》的内容，帮助学生更好地理解党的理论创新成果的发展历程。

构建思政课系统内课程之间的协同机制，是当前我国教育改革的重要任务。这不仅关乎五门核心课程之间的关系处理，还包括各个思政课教师之间的协作。在实现这一目标的过程中，需要从课程体系内容、课程主体两个方面入手，提高思政课建设的整体性和系统性。一方面，在课程体系内容上实现协同。这意味着要加强思政课建设的整体性和系统性，使之形成一个有机的整体。这就需要思政课教师对教育规律有深入的研究，不断完善教学内容，灵活设置教学环节，改革教学方式。通过这些措施，实现教学的及时性、生活化和精准化。同时，以习近平新时代中国特色社会主义思想为指导，丰富教学内容，使各门思政课在合理分工的基础上形成系统，避免重复，有效回应学生关注的疑惑性和交叉性问题。

另一方面，在课程主体上实现协同。这就需要处理好思政课各个教师之间的关系。在我国各大高校，通常会成立毛中特教研室、德法教研室、马原教研室、史纲教研室和形势与政策教研室等教研室。这些教研室具有不同的属性、功能和职责，决定了思政课教师在思想政治教育中的工作内容。因此，形成教育主体的同向同行机制，是实现思政课系统最大功能的关键。为了实现这一目标，思政课教师应打破"闭门造车"的单一局面，加强教研室间的沟通、交流与合作，实现资源共享。这样既能提高教学效果，又能促进教师之间的成长。在协同教学的过程中，教师应充分借鉴其他课程的优秀经验和教学方法，相互学习，共同进步。

构建思政课系统内各门课程之间的协同机制，是推动马克思主义学院形成常态化集体备课机制的关键步骤。这一举措的核心目标，是促使教师们能够在"务实高效"的战略高度上，共同规划科学合理的课程体系，悉心整合教材内容，兼顾课程特色与专业差异，对学生提出不同要求。在实施这一策略的过程中，应注重培养学生对思政课的热爱和认同，使他们更能感受到思政课对其未来发展的积极影响。通过优化教学内容和方法，减少乃至杜绝"炒冷饭"现象，使学生在学习中能够获得实际的收获和成长。此外，还需设立定期教学交流制度，鼓励思政课教师互相听课、交叉听课，旨在实现教师间的取长补短，提升教学质量，从而更好地满足学生的学习需求。① 在这个过程中，要充分发挥教研室的作用，推动教研室成为教师们的交流平台和成长基地。通过教研室的活动，教师们可以分享教学心得，探讨教学难题，共同提升教学水平。

3. 建立大中小学思政课协同机制

从小学阶段开始，我国就设立了"思想品德"课程，旨在培养学生的道德素养。随着学生年龄的增长，中学时期进一步强化了政治课程，让学生更深入地了解国家政策和社会制度。可以说，思想政治教育贯穿于学生成长的各个阶段，为其未来的发展打下坚实基础。然而，在过去的实践中，思想政治教育课程存在一定的问题。2005 年，教育部就指出大中小学思政课的德育目标划分存在不准确之处，内容安排亦不尽合理。具体表现在：一方面，思政课体系内的不同课程之间存在重复内容；另一方面，不同学习阶段的教学内容也有所重复。这些问题导致教学资源浪费，影响了学生的学习效果。为了深入改进当前小学、中学和大学阶段思政课内容重复和断裂等现象，有必要对各学习阶段的教学大纲、教学目标以及教学内容布局进行统筹规划。明确各阶段的德育目标，确保内容设置具有针对性。合理划分不同课程之间的内容，避免重复，提高教学效率。强化各学段之间的衔接，使思政课形成一个完整的体系，有助于学生更好地掌握思想政治知识。

习近平总书记指出："要把统筹推进大中小学思政课一体化建设作为一项重要工程，推动思政课建设内涵式发展。"② 因此，构建大中小学思政课一体化，旨在实现各个学段思政课之间的无缝衔接与高效协作。必要性体现在以下两个方面：其一，有助于推动不同学段思想政治教育目标的协同。通过加强各学段思想政治教育主体的沟通交流，我们在立德树人这一根本任务的指导下，可以根据不同学段的教育特点，统筹规划具有共性与个性要求的教学内容、教学方法和实践形式，进而促进各学

---

① 朱颖原. 新时代高校思想政治理论课立德树人践行路径 [J]. 思想教育研究，2019（3）：90－93.

② 习近平主持召开学校思想政治理论课教师座谈会强调：用新时代中国特色社会主义思想铸魂育人 贯彻党的教育方针落实立德树人根本任务 [N]. 人民日报，2019-03-19.

段思政课目标的高度协同。其二，构建大中小学思政课一体化有利于不同学段思政课教育力量的协同。在各学段的思政课教师明确自身职责的同时，他们还需发挥各自学段思政课之间的相互支持与促进作用。低年级为高年级思想政治教育奠定基础，高年级则对低年级思想政治教育发挥引领和推动作用。①

　　构建大中小学思政课协同机制，需要构建以学生为主体的思政课教学共同体②。首先，需要在课程目标体系的顶层设计上实现一体化。这是构建大中小学思政课协同机制的关键所在，也是推动我国教育体系中思政课改革的重要步骤。我们可以构建一个以社会主义核心价值观为核心，以"政治认同、国家意识、文化自信、人格养成"四大板块为重点的课程目标体系。这个体系要将各个学段的课程目标有机地衔接起来，确保学生在不同学习阶段都能够获得全面的思政教育。其次，需要设立不同学段思政课教师之间的交流机制。大中小学思政课教师身处教育一线，他们对课程现状有深入了解，对教学方法、教育理念有着丰富的实践经验。通过构建教师交流机制，可以实现大中小学教师面对面沟通，共同探讨思政课教学策略，提高教学质量。例如，可以尝试让高校思政课教师到中小学兼职，让中小学教师到大学学习和观摩，以实现教学经验的共享和传承。同时，建立大中小学思政课教师定期研讨机制，常态性地举办研讨会和交流会，以期构建更高水平的德育体系。最后，需要构建行政协同机制。行政协同机制为不同学段思政课一体化建设提供强有力的制度保障。在顶层设计方面，出台相关政策和文件，明确各级教育部门、学校在思政课一体化建设中的责任和义务。同时，定期召开不同学段思政课研讨会、交流会，鼓励教师、研究人员、教育管理者共同参与，分享优秀教学实践和研究成果。此外，提供技术、资金、管理人员等方面的支持，确保思政课一体化建设能够顺利进行。

---

① 谢守成，程仕波，张淼．关于构建大中小学思想政治教育一体化建设沟通机制的思考[J]．思想理论教育，2020（1）：84-89．

② 余华，涂雪莲．论大中小学思想政治理论课一体化建设的思维革新[J]．思想理论教育，2020（2）：68-72．

三、教学考评机制

教学考评作为对教学活动的全面检查与评估，已经在我国高校思政课教学管理中占据了核心环节的地位。它主要涵盖了同行评估、学生反馈和课程考核等多个方面，旨在对教学质量和效果进行全面把关。同行评估在教学考评中起着至关重要的作用，它能够反映出教师在教学过程中的专业素养、教学方法和教学效果。通过同行评估，教师可以得到专业的反馈，进一步优化教学策略，提升教学质量。学生反馈是教学考评中的另一个重要组成部分。学生作为教学的主体，他们的反馈能够直接反映出教学的实效性。高校应该重视学生反馈，积极引导学生参与教学评价，以此推动教学改革，提升学生满意度。课程考核是教学考评的重要环节，它不仅对学生的学习成果进行检验，同时也对教师的教学效果进行评价。合理的课程考核体系应当全面、客观、公正，既能激发学生的学习积极性，也能促进教师教学水平的提升。

1. 完善同行评价机制

高校课堂是大学生获取知识的重要基地，尤其是思想政治理论课，其教学质量的高低直接影响到大学生在学习过程中的获得感和满意度。为了激发教师的积极性，特别是提高青年教师的授课水平，我国高校急需建立一套公平、高效的评价体系。其中，同行评价机制被视为一项重要的推动措施。同行评价机制建立在相互信任、互助和支持的基础之上，它摒弃了同行间的偏见和歧视，以真诚合作为前提，以共同进步为目标。通过教师间的协作，实现资源共享，提升各自的专业素养。为了实现这一目标，发展性评价导向被确立为同行评价机制的核心原则。发展性同行评价强调评价的诊断、激励和改进功能，既保证了外部导向的督促作用，又激活了教师内部的自我发展动力。在评价过程中，不仅关注教师的教学现实表现，更注重教师的未来发展。尤其是对那些在某一领域有突出表现的思政课教师，评价过程强调反思与改进，促进教师自主发展和自我完善。此外，发展性同行评价机制要求评价者长期关注被评者，用发展的眼光去看待和理解同事，避免因首因效应和晕轮效应产生评价偏差。这种评价方式倡导宽

容对待"异端",理解教学与学术水平不一的教师,强调在各类评比、排名中不忘教师发展这一根本。

构建同行评价机制,提升思政课教学水平,关键在于规范其实施流程,确保其有效性。首先,要让思政课教师深刻理解同行评价的重要性。作为高校教师队伍的特殊群体,他们只有认识到同行评价对教学质量提升的实际作用,才能积极参与其中。为此,有必要开展一系列宣传活动,让教师们了解同行评价的意义和价值。其次,选拔与培训评价者是同行评价机制有效性的关键。评价者的素质、专业能力、态度、责任心以及评价方法和技术直接影响评价结果。因此,在选拔评价者时,需综合考虑以上因素,挑选经验丰富的教师专家。在评价开始前,对其进行专业培训,确保他们了解评价流程,严守评价原则,从而保证评价的公正性和客观性。接下来,规范同行评价机制的实施过程。构建严谨的组织程序,敦促评价者以认真负责的态度开展评价工作。[①] 在这个过程中,学校应设立专门的评审小组,负责组织、协调和监督评价活动。同时,制定合理的评价指标体系和评分标准,确保评价结果的公平性和真实性。许多高校已制定相关文件,要求校领导及教学督导组每学期深入思政课教师的课堂进行不定期听课。这种做法有助于深入了解教师的课堂教学,重点关注政治方向和教学任务完成情况,并为教师提供有针对性的教学建议。[②] 近年来,教育部及各地教育厅纷纷举办讲课比赛、教案比赛、微课比赛等竞赛活动,对脱颖而出的优秀教师进行广泛宣传和表彰,营造出"创先争优"的良好氛围。这些均为同行发展性评价的具体措施,其他高校可借鉴实施,持续激励思政课教师提升教学质量。

2. 完善学生反馈机制

教学质量如何,学生最有发言权。以学生为中心的教育理念,要求各高校建立科学的学生反馈机制。[③] 而且在常规的教学评估中,学生反馈机

---

① 王芳亮,道靖. 高校教师同行评价有效性的影响因素及路径选择 [J]. 当代教育科学,2012 (11):29-31,54.

② 王炳林. 提升"中国近现代史纲要"课教学质量的调研与建议 [J]. 思想理论教育导刊,2017 (9):22-25.

③ 傅永强,金祝年. 高职教育课证融合的问题与对策 [J]. 黑龙江高教研究,2016 (11):174-176.

制在思想政治理论课教师授课评价体系中占据 70%至 80%的比重，凸显了其在教学评估中的地位。学生反馈环节一般安排在课程结束前，学生们根据学校提供的评价准则，结合自己的课堂参与和实际体验，对思想政治理论课教师的教学态度、教学内容、教学成果和教学能力进行匿名评价。目前，我国各高校都已建立了相应的匿名评教系统，能够满足这些评价需求。然而，匿名反馈机制也可能引发"报复性"的反馈意见，因此，我们需要对反馈结果进行综合分析，将定量评价与定性评价相结合，以更全面、公正地反映教学实际情况。妥善处理学生反馈工作，不仅能提高大学生的教学参与热情，更有助于激发教师的积极反思，推动教学方法的改革与创新。此外，高校还应定期举办思想政治理论课师生座谈会，营造轻松愉悦的氛围，邀请教师、辅导员以及各专业各班级的学生代表参加。通过面对面的交流，听取大学生对思想政治理论课教学内容、教学方法、教学语言等方面的真实想法，进一步优化教学策略，提升教学质量。

在大多数情况下，学生反馈机制涉及以下几个方面：首先，反馈内容的多样性。学生需要对学习的满足程度、教师的教学质量以及课堂教学效果等多个方面进行评价。这就要求我们在设计反馈表时，要包含各种评价指标，如教学方法、教学内容、教学态度等，以确保反馈信息的全面性。其次，反馈过程的动态性。学生基于自身成长经验，对教师的教学效果进行实时评价。这一过程实际上是过程性评价与结果性评价的有机结合，有助于我们实时掌握教学状况，及时调整教学策略。再者，反馈的直接性。作为思政课教师的直接授课对象，学生对教学过程有深刻的亲身体验，因此在反馈机制中具有极高的发言权。他们的意见和建议能够帮助我们准确地了解教学中的问题和不足，为提高教学质量提供依据。最后，我们要关注反馈人数的广泛性。通过采取有效的辅助措施，思政课的反馈人数已覆盖到上课总人数的 80%以上。① 这样，我们就能确保绝大多数学生都能参与到反馈机制中来，使得反馈信息更具代表性。考虑到思政课面向全校不同年级、专业的学生，这种广泛的反馈机制能够收集到各类学生的意见和建议，从而提高反馈评价的科学性和准确性。

---

① 毛玲. 从学生评价的角度看高校思想政治理论课教师的基本素质 [J]. 教育与职业，2013 (9)：84 - 86.

总的来看，学生反馈的最终成果能对思政课教师的教学成果和教学能力做出较为公正、客观的评估。学生所提出的建议和意见为教师的教学提供了独特的思考角度，恰当的评价和反馈对思政课的教学具有检验意义。在以学生为中心的教育理念指导下，学生对课堂的情感、观点、需求和提议等应在教学过程中得到思政课教师的尊重和采纳。同样，教师能认识到自身的不足与长处，努力改进不足，持续提高教学质量，以增强大学生的获得感。

3. 完善课程考核机制

为了增强大学思政课程的教学质量，除评价教师的师德与教学能力外，还应采取多元方法，全面考查学生对教学内容的领悟程度及实际运用情况。通常在学期末，各高校会组织学生参加思政课程的闭卷考试或其他形式的考核。闭卷考试应统一命题，不断更新题库，提升命题质量。当前，各高校正尝试开放性个性化的考核方式，如小论文、调研报告、演讲比赛等。然而，这些创新做法亦引发诸多争议，因此在实施过程中需制定严谨的组织流程与评判标准，合理区分学生层次，减少考核形式化。近年来，越来越多的学者认为，过程性考核相较于结果性考核更为重要。[①] 具体而言，完善课程考核机制，构建思政课程教学影响的长效机制，可以从以下两方面展开：

其一，探索现代化考试评估方式。传统的期末闭卷考试已无法满足现代化思想政治课程教学质量评估与提升的需求。因此，我们需要探索新的、更为有效的考试评估方式。互联网新媒体的广泛应用为现代化评估方式的探索提供了有力支持。这使得教育评估不再局限于传统的纸质试卷，而是可以充分利用课堂、网络和实践三个教学环节的互动优势，构建一种全新的评估模式。在这种新模式下，课堂教学仍然是核心环节。但与传统方式不同的是，它以社会热点、历史问题和学生实际需求为导向，重点考查学生阐述解题思路的能力。这样的教学方式能够激发学生的思考，使他们能够在理解和掌握知识的基础上，运用所学去分析和解决实际问题。网络教学则侧重对学生解析能力的评估。通过网络互动平台，课程可以划分为政治、经济、文化等不同板块，设置各领域问题，引导学生自主组织相关材料。这种方式有利于培养学生的自主学习能力和问题解决能力，使他们在思想政治课程学习中始终

---

① 孙武安，蔺正明. 一化六制：高校思想政治理论课课堂教学的综合改革 [J]. 思想理论教育导刊，2017（6）：102 - 105.

保持积极性和主动性。实践教学是将思想政治课程实践活动拓展至社会实践活动的重要环节。通过这种方式，学生可以将课堂所学与实际生活相结合，进一步强化对马克思主义的认同，提升获得感。实践教学不仅有助于巩固学生的理论知识，还能培养他们的社会责任感和使命感。

其二，深入推进学生行为评价改革。行为评价旨在将思政课课堂教学与学生日常思想政治教育活动有机融合，构建全面的学生思想政治行为考核体系。这不仅有助于提升学生的思想政治素质，更能为我国培养具有正确世界观和价值观的人才。为了实现这一目标，相关部门需不断创新考核方式，优化网络考试系统，引入先进的考评软件，倡导知行合一的教育理念。在课堂教学中，思政课教师可以运用智能助教系统进行签到、提问和随堂检测，利用智能软件自动评分并统计打印，提高教学效率。此外，思政课还应与各类本地爱国教育基地紧密协同，鼓励大学生利用寒暑假时间开展实地考察，深入了解我国的历史和文化，培养学生的爱国情怀。在实地考察过程中，鼓励大学生撰写调研报告，从而提升研究能力和实践经验。同时，完善知名高校客座教师制度，邀请马克思主义理论家走进校园，为大学生提供聆听讲座的机会。这样既能丰富大学生的学术视野，又能让他们更深入地理解马克思主义理论，为未来的发展奠定坚实的理论基础。

第三节

优化课堂教学路径

相较于优化理念和机制，优化路径是达到目标更为具体的良好措施。提升大学生思政课获得感，抓住课堂是关键。当前，充分发挥课堂的作用，就要在教学内容、教学话语和教学方法上下功夫。

一、教学内容：从抽象化到具体化

由于具有较强的政治性和理论性，高校思政课让许多学生望而生畏，加上教材内容枯燥乏味，大学生往往不想听不爱听，对思政课会产生抵触心理。要切实改变这种状况，并提升大学生的获得感，就要实现从教材内容向教学内容的转化，实现从抽象化向具体化的转换。

1. 用历史故事来阐述抽象理论

思政课教学的本质就是对抽象理论的还原，从而引导学生由近及远、由低到高，理解理论如何从具体实践中抽象出来的过程。虽然思政课的理论性强，社会意识形态浓厚，但其中许多教学内容是可以通过历史故事进行转化的。习近平总书记曾强调指出："讲故事就是讲事实、讲形象、讲情感、讲道理，讲事实才能说服人，讲形象才能打动人，讲情感才能感染人，讲道理才能影响人。"① 故事就是抽象、枯燥理论的生活化和具体化，是抽象理论扎根生活的载体。历史故事是故事的一种，由人物、时间、事件等因素构成，蕴含着丰富的情感，既有悬念也有冲突，更负载着一定的思想观念，因而带给大学生的是鲜活、生动的理论，而不是枯燥、高深莫测的说教。所以说好的历史故事能够赋予抽象的理论以丰富的色彩和深厚的情感，让理论鲜活起来。中国有五千多年的历史，其中更是不乏优秀而深刻的历史故事。思政课会讲故事，会讲好的历史故事，就是让故事替教师说话，让学生从故事中体悟。因此思政课教学内容要实现从抽象到具体的转变，就要努力讲好中华民族的故事，讲好中国共产党的故事，讲好改革开放的故事，讲好中国特色社会主义的故事，尤其是新时代的故事。

"德法课"是一门传递理想信念，弘扬中国精神，引导大学生树立正确的三观、遵守法律法规、提升道德素养的课程。引入历史故事，则可以向大学生讲清楚修养理论的历史渊源与现代成果。如"理想信念与大学生成长成才"专题的讲解，就可以结合《开学第一课》主题"先辈的旗帜"，讲述长征过程中的动人故事，弘扬长征精神，让大学生深刻地感受到长征是理想信念的一次远征。通过青年习近平入团入党的经历，向大学生传递坚韧不屈心怀家国的品质。青年习近平写过 8 份入团申请书、10 份入党申请书，直到 1974 年才被批准入党。许多学子不理解，为什么在当时"黑帮子第"入党如此艰难的政治环境下，青年习近平要坚持。而当我们从家风的角度去看这个问题时，就不难理解了。习近平出身于革命家庭，虽然他

---

① 习近平. 坚持正确方向创新方法手段，提高新闻舆论传播力引导力 [N]. 人民日报，2016-02-20.

的父亲习仲勋经受 16 年磨难，但"无论是白色恐怖的年代，还是极'左'路线时期；无论是受人诬陷，还是身处逆境，爸爸对共产主义的信念仍坚定不移，相信我们的党是伟大的、正确的、光荣的"①。这种坚定的理想信念极大地支撑着青年习近平的精神世界。

"纲要课"以历史事实为载体实现知识和理论的升华，注重学生运用历史理论知识对社会现实问题的认识与分析，因此教学过程可以借助历史故事讲清楚重大事件的史实、细节的同时，讲清楚其中的来龙去脉和前因后果。如洋务运动，就可以以李鸿章为切入点，通过讲述李鸿章的洋务生涯来侧面讲述洋务运动，这样就立体、形象地让大学生了解了洋务运动的背景、内容及失败的原因。讲解五四运动，则可以引入周恩来、邓颖超等人成立的觉悟社等进步的学生社团的故事以及他们所开展的一些活动。

"马原课"引入历史故事，则可以讲解哲理故事、社会主义发展故事、政治经济学故事。社会主义已经有 500 多年的历史，如何能让大学生对社会主义发展有一个具体而清晰的认识，则可以讲述从莫尔、康帕内拉到欧文、傅里叶再到马克思、恩格斯等人的成长历程及他们的作品。如马克思主义辩证法思想与"塞翁失马"的故事，质量互变规律与名言"不积跬步，无以至千里"的对比，都是用典故的形式阐述抽象的理论的例子。

"毛中特课"主要介绍马克思主义中国化的理论成果以及当前我国政治经济外交制度。讲解毛泽东思想时，可以借助毛泽东的农村包围城市、星星之火可以燎原等故事阐述马克思主义与中国具体国情相结合的探索，也可以在讲解"一化三改"理论时，和今天的鸟巢体育馆进行对比，讲解当时日本冶炼专家为什么敢做出中国要制造出钢，至少需要 20 年的断言，从而让大学生明白为什么当时国家实施"一五"计划，为什么工业化是"一五"计划的主体；讲解邓小平理论时，可以通过介绍邓小平"三落三起"事迹、1992 年南方谈话的历程来讲解我国改革开放的不易。

2. 用身边见闻来论证宏大思想

习近平新时代中国特色社会主义思想是马克思中国化的最新理论成果，这一思想包含着对马克思主义基本原理的坚持，包含着对中国具体实

---

① 习仲勋革命生涯［M］. 北京：中共党史出版社，2005：668 - 669.

践的深刻总结，也包含着对中国优秀传统文化的继承与发展。作为科学理论和指导思想，习近平新时代中国特色社会主义思想是对政治、经济、文化、社会、生态、军事、外交等众多领域的概括与提炼，因此我们也可以理解为是一种宏大的思想。对于大学生而言，他们不是不愿意接受先进的政治思想，而是不喜欢空洞的说教。就比如社会基本矛盾的变化、人类命运共同体、新发展理念、从严治党等理论，都需要以"接地气""通民情"的形式把这些重要内容和基本内涵传递给大学生，让学生真诚地接受、认同并运用到实践中，这样才能促进获得感的产生。

因此，思政课既要顶天，也要立地。这里举个关于人民健康的例子。人民是历史的创造者，是国家的根基，国家的发展离不开人民。在思政课教学过程中，思政课教师不仅要讲解人民是国家的主人这一主题，还要通过发生在身边的具体事例来阐述抽象的理论。自古以来就流传着"民惟邦本，本固邦宁"的思想。在当今社会，人们恐于面对又不得不面对地沟油、高油高糖、垃圾食品等问题，明明知道熬夜猝死的概率高，但是又无可奈何，这些事关人们健康的社会现象，也逐渐引起了党和国家的关注。因此，我国的人民健康事业也从简单保障人民身体健康转向涵盖医疗、养老、卫生等方面，加大力度、加快脚步开发人民健康产业，完善人民健康制度体系，不同层次、不同类型的疗养院、养老院逐渐兴起，而《我不是药神》电影的热映更是有力地推动了我国将17种抗癌药物列入医保之中。

再比如作为德育的重要组成部分，爱国主义教育是永恒的主题。在具体的教学过程中，我们同样不应只局限于宏大的爱国精神的阐释，也不要总是围绕着那几个世代流传的老故事来讲解（比如年轻人已经听了许多遍的"岳飞精忠报国"），而是要将大学生们的注意力引导到身边的现实中来，引导到具体的人和事当中。什么是爱国？要告诉大学生们，爱国不是抽象的，而是具体的。要爱这个国家的人，要珍惜来之不易的成果。

3. 用社会热点来说明疑难问题

为了使教学内容具体化，让大学生有所收获有所感，思政课还应该着眼于社会热点。相较于"80后""90后"的大学生，处于新时代的大学生更加关注时政要闻、热点热搜，对课堂教学也抱有较高的期望。因此思政课可以根据这一鲜明特点，以社会热点作为辅助材料，帮助大学生理解疑难问题。当面对为什么当代人还要学习中华优秀传统文化的疑惑时，近几年大受欢迎的抖音网红李子柒①给我们提供了思路。李子柒与奶奶一起居住在环境优美的乡村，她的视频以中华传统美食制作为主线，依据时节耕种，按照传统方法制作衣服，在宣传中华优秀传统文化、向人们展示中国式审美的同时，还传递出一种独立自主、自强不息的奋斗精神。借助这种思路，让大学生头疼的法律知识也能以社会热点为切入点，促进大学生更好地理解与吸收。如 2016 年的辱母杀人案②，引起了广泛关注。这一案件的讲解，既可以让大学生感受到法律的具体执行过程，也能辩证地思考法律与道德间的关系。

受疫情的影响，我国经济下滑，许多人失业，生活难以得到保障。在 2020 年全国两会上，全国人大代表杨宝玲建议要在加强规范城市管理的同时，允许"地摊经济"③ 发展。这一议案的提出，得到了国家的有力支持，中央文明办规定在 2020 年全国文明城市测评指标中，不再把占道经营、马路市场、流动商贩列为文明城市考核标准。在国家政策的支持下，各省市消费活力恢复，如 2020 年 5 月初南京在现有 3 400 个摊点的基础上，又增加 134 处、共 1 410 个临时摊点。地摊经济的合法经营，缓解了疫情防控下的就业难问题，降低了运营成本，有利于增强消费市场主体活力。地摊经济能快速提出并落实，表明全国人大代表与人民保持密切联系，听取和反映人民群众的意见和要求，努力为人民服务，也体现了中国共产党始终全心全意为人民服务的宗旨，始终为人民谋幸福、为人民谋利益的初心。

受持续强降雨影响，2020 年多地发生洪涝灾害，尤其是湖北、安徽、湖南、江西等地，房屋受损严重，人民的生命安全受到威胁。这时人民子弟兵不顾个人安危，奋战在一线，其中抗洪勇士冒小驰被洪水卷走负伤，甚至送往 ICU 观察。除了冒小驰，还有许多和他一样年轻的身影奋战在前线，他们既是父母眼中的孩子，同时也是保卫家园和人民的勇士。而多地受灾群众为了感谢子弟兵，自发拿出食物给军人补充营养，夹道感谢抗洪人员的付出，这个时候军民一家亲不再是课本上空荡荡的一句话，而是一

---

① 李子柒，四川绵阳人，知名美食视频博主，成都非物质文化遗产推广大使。

② 2016 年 4 月 14 日，于欢在母亲苏某某和自己被 11 名催债人长达一小时的侮辱后，用水果刀刺伤 4 人。被刺中的杜某某自行驾车就医途中因失血过多休克死亡。

③ 地摊经济是指通过摆地摊获得收入来源的一种经济形式。

种切切实实的体会。当然，大学生也可以更为立体、生动地学习到：不论是在烽火硝烟的战场上，还是在危险重重的抢险救灾中，敢打硬仗始终是中国军队的本色，英勇的人民军队总是义无反顾、一往直前，表现出千难万险不放弃的担当精神。把社会热点与思政课教学紧密结合，大学生的获得感又怎会没有呢？

二、教学话语：从理论化到生活化

各门思政课教材多为理论化的陈述，其话语表达也显得十分晦涩，有些内容的学术性较强，大学生理解起来较为困难。作为思政课教师，要在坚持正确政治导向的前提下，结合大学生的成长背景和认知特点，将深奥难懂的理论术语转换为生动通俗的生活语言。具体来说，就是要让话语表达做到通俗化、网络化和大众化，从而以更接地气的方式去阐述政治理论。

1. 话语表达通俗化

思政课教材为了保持理论的严谨性、逻辑性，通常都以书面化、专业化的形式呈现，为了能让大学生更好地理解，需要我们对教学话语进行加工[①]，把马克思主义理论变得更为具体、生动和清晰。这就需要思政课教师下功夫用大学生喜闻乐见的语言文字说话，即语言的通俗化，也即列宁所说的"最高限度的马克思主义＝最高限度的通俗化"[②]。马克思在写《资本论》时也表明他是以简单为原则的："我们力求说得尽量简单和通俗，我们就当读者连最起码的政治经济学概念也没有。我们希望工人能明白我们的解说。"[③] 总之，语言表达通俗化就是以一种简单易懂的方式，把马克思主义的真正内涵和精神传达给学生。这种通俗化，贴近学生生活，对思政课教学内容及眼下的实际问题具有足够的解释力，说服力强，学生能够更好地掌握，从而获取真正的物质力量来改造世界。

---

① 涂刚鹏. 提升思想政治理论课亲和力的四个着力点 [J]. 学校党建与思想教育，2018 (3)：69－72.

② 中共中央马克思恩格斯列宁斯大林著作编译局. 列宁选集：第一卷 [M]. 北京：人民出版社，1995：467.

③ 中共中央马克思恩格斯列宁斯大林著作编译局. 马克思恩格斯全集：第一卷 [M]. 北京：人民出版社，1995：332.

马克思主义理论通俗化的表达不是现在才有的，早在延安时期，毛泽东同志提出的"三大法宝""三座大山""糖衣炮弹""纸老虎"等，就是契合大众生活的话语表达形式，言简意赅而又通俗易懂，直击问题要害，是理论走向大众的生动体现。新中国成立前夕，毛泽东同志告诫全党，"巩固这个胜利，则是需要很久的时间和要花费很大的气力的事情"，全党同志都要警惕在糖弹面前打败仗，通过通俗化的类比话语，强调拒腐防变，珍惜来之不易的执政党地位。改革开放后，为了鼓励民众抓住时机，大胆地尝试，邓小平强调"不管白猫黑猫，捉住老鼠就是好猫"。此外，我们熟悉的话语，如"革命是解放生产力，改革也是解放生产力""不坚持社会主义，不改革开放，不发展经济，不改善人民生活，只能是死路一条""改革开放胆子要大一些，敢于试验，不能像小脚女人一样"①……这些论述之所以能深入人心，令人印象深刻，就在于通俗易懂，朗朗上口。

因此，思政课教师要善于运用通俗化的语言来向大学生传递马克思主义的魅力。具体而言，可以从两个方面入手。一方面，在思政课教学过程中，要巧用修辞手法，善用例子、比喻、事实、数据、故事，对抽象的教材话语用通俗的形式进行解释说明。② 比如在"习思想"中，就可以引用习近平总书记语录，用"老虎苍蝇一起打""打铁还需自身硬"等语言来表述全面从严治党的决心。另一方面，善于选择适当的语言形式来对教材语言进行转换，把理论性、学术性和政治性较强的话语以口语化、通俗化的形式表述出来。当今社会，雾霾、水污染、土壤污染等生态问题成为我国社会发展中暴露出来的新问题，而"绿水青山就是金山银山"的响亮话语就表明党和国家对环境的重视，并提出了经济建设、政治建设、文化建设、社会建设、生态文明建设"五位一体"的总体布局，把生态文明也纳入其中。又如最近常见的"工匠精神""抗洪精神""中国梦"等都是思政课教学内容通俗化的体现，这样用理论本身的吸引力和语言的表现力引起学生的注意，思政课的感染力和吸引力大大提升，大学生的获得感也随之提升了。

---

① 邓小平文选：第三卷［M］．北京：人民出版社，1993：370-383．
② 陈德祥．思想政治理论课教材话语向教学话语转换的策略探析［J］．思想理论教育导刊，2017（11）：104-107．

2. 话语表达网络化

话语表达网络化，可以理解为在教学话语体系中与时俱进地吸收一些屏幕语言，让理论话语和网络话语融合而形成"潮语"走进思政课堂，阐释中国特色社会主义实践中的重点和热点问题，且被思政课教学话语吸收并被大学生接受、喜爱。这是因为当前大学生以"00后"为主体，他们成长在互联网快速发展的时代，有独特的表达习惯和话语体系。从"打call""尬聊""C位出道""真香"等受到青年学生热烈追捧的网络流行语，到以游戏、动漫、小说为主要形式的二次元叙事方式，再到抖音、快手、微视短视频App等青年活跃度高的参与路径，都可以得知青年学生既是网络用语的创造者，更是网络用语使用的主力军。尤其是现在，网络语言的创造速度快，传播范围广，思政课话语表达网络化，能够为思政课的发展注入新的活力，让思政课教学更加活跃，增添时尚色彩。更为重要的是：对于思政课而言，网络用语的表达具有通俗化、生活化的特点，贴近大学生的生活世界和思想实际，在一定程度上弥补了思政教育教材语言的抽象性和间接性，有利于学生以生活世界中的主体身份参与对话，实现教学相长；网络用语具有形象生动、诙谐幽默的特点，及时、浓缩地反映社会事件，这种形式能够促进师生情感上的沟通和融合。

思政课教学话语网络化是促进思政课理论话语和实践话语结合的重要因子，会激发课堂活力。话语网络化的前提是思政课教师应该具有网络化的生活意识，在日常生活、工作中，教师要主动接触网络，熟悉网络用语，了解大学生在网络化时代的话语内容和话语方式。此外，教学话语网络化的实现路径还要注意两个问题。一是消除师生话语内容差异。思想政治教育作为历史性课题，与社会发展的实践和人发展的实践紧密相连，与社会发展的理论和人发展的理论密切相关。思政课教学既然关注社会和人的发展的需要，就要消除教师和学生之间的话语内容差异。网络语言在一定程度上表达了学生期待的话语形式和话语内容，丰富了大学生拓展话语权、寻找社会归属感的途径，是青年一代价值追求、思想世界和精神世界的体现。思政课教学要适应新媒体时代的需要，贴近大学生生活，就要充分抓住网络用语这部分内容，缓和因话语内容上的差异而造成的师生之间的矛盾。二是厘清价值误区，提升学生对网络用语的价值判断力。在青年群体中，"丧文化"① 广泛流行，如"读书无用""宿命论""我已经是个废人了"等语言被青年群体高频使用。思政课话语网络化，要求教师深度挖掘其中蕴含的教学内容，以引导学生有效厘清这些价值误区为己任，及时地把网络流行语的相关事例和情绪的解答、疏导放到课堂中来。通过对网络用语有的放矢的重点突破和引导②，提高大学生在网络世界中评判事物的标准，形成符合主流价值观的价值态度和价值标准。

3. 话语表达大众化

任何理论的阐述、发展、验证以及群众对理论的掌握情况，都必须通过话语体系来实现，思政课教学话语体系不断发展，就要求阐述规范、思想准确、论证合理以及语言大众化，教学话语只有做到大众化与深刻性的统一，体现出理论问题和实践问题的系统化阐述，才能便于大学生理解和掌握。中国特色社会主义实践的主体是广大人民群众，将来大学生也要步入社会，因此思政课教学语言必须孕育于人民群众的日常生活和实践中。现实的环境和条件是思政课教学话语构建的物质基础，也是大学生获得感产生的前提之一，只有大众化的语言才是缩短理论与现实生活的桥梁，毕竟晦涩难懂本身也是一条鸿沟。当然，话语的大众化并不意味着表达的简单化，要用符合人民群众接受习惯的话语，通过人民群众具有创造性的话语来阐述深刻的道理。比如"照镜子""正衣冠""洗洗澡""治治病""扣好人生第一粒扣子""把权力关进制度的笼子里"等话语集大众化、深刻性等特点于一身。所以，不仅是理论本身在不断更新、发展，思政课教学话语也要与时俱进，随着大众群体表达习惯的变化而不断进行调整。总之，高校思政课话语表达大众化可以从以下两点入手。

一是注重话语表达的解释力和创新性。思政课的知识体系和话语体系不是封闭的结构，话语表达大众化的实现要求思政课秉持开放、包容的姿态。一方面，话语大众化的构建是不断发展的。如怎样解释私有制经济在中国经济发展中所处的历史地位，如何看待正面战场和敌后战场在抗日战争中的作用等问题，需要综合多个知识点做出强有力的证明，这些大众化语言的转换

---

① 丧文化是一种伴随着互联网兴起而形成的一种空虚、无助的中体特征。

② 邓景，唐韬. 网络时代思政教育话语体系转换：以网络用语在思政课教学中的应用为例[J]. 社会科学家，2012（4）：114-117.

都要求思政课教师敢于面对复杂的问题，抓住事物的根本。另一方面，借鉴和吸收其他学科之长。话语大众化应对变化的唯一出路就是自身进行发展与创新，事实也向我们证明：新概念、新论述的使用更能激发理论阐释的说服力，如"底线思维""中国梦""四个全面""五位一体"等。

二是关注学生特点，体现他们的需求。时代的发展总会给人们的思想和行为打下烙印，当前大学生的群体为"00后"，他们的思想活跃、独立意识强，也更加渴望被关注。一般而言，一定话语体系所表达的事实、代表的意义和思想观念与人们的思想特点、需求导向、认识预期和知识追求越接近，所使用的的语言和符号越接近人们日常生活实践中形成的习惯，人们对其的接受度和认可度也就越高。因此，思政课教学话语表达大众化的实现，有赖于符合学生需求导向和思想特点的话语导向的形成。

三、教学方法：从单一化到多样化

关于方法论，毛泽东曾说过一段话："我们不但要提出任务，而且要解决完成任务的方法问题。我们的任务是过河，但是没有桥或没有船就不能过。不解决桥或船的问题，过河就是一句空话。不解决方法问题，任务也只是瞎说一顿。"[1] 思政课教学也是同样的道理。提升思政课获得感，就要解决好教学过程中的"桥和船"问题。大学生是新媒体技术的忠实使用者[2]，所以我们也要充分利用互联网、自媒体和移动学习工具，促进信息技术与思政课教学相融合，积极推进高校思政课教学方法多样化。

1. 网络在线平台与传统教学相结合的混合教学模式

无论是传统教学还是网络在线平台教育方式，都是一定条件下教育者探索的结果。在当前网络化时代，高校思政课选择何种教育方式的决定因素在于该教育方式的教学效果。对两种教育方式进行对比，可以发现两者各有特点。网络在线教育形式在教育空间方面具有开放的特点，最大限度地整合优质教育资源，突破了时间和空间的限制，使得学生可以随时随地

---

① 毛泽东选集：第1卷［M］. 北京：人民出版社，1991：139.
② 李伟. 新媒体时代大学生亚文化现象的批判性分析：基于社会心态的视角［J］. 中国青年研究，2017（9）：107－113.

获得想要的学习资料；网络在线的教育方式也更具个性化，网络为学生提供保护，有争议、敏感的话题通过网络渠道传递给老师，便于教师实施个性化的教育；网络教育使得师生之间更具平等性，师生在网络空间都作为独立的个体存在，教师和学生都是信息的发送者和接受者，更有利于教学互动。传统的课堂教学在教育方式上更具渗透性，传统课堂教学多为面对面的交流形式，在交流的过程中，学生能直观地感知教师的言行、情绪、情感，这是网络在线平台所不能达到的；传统课堂的学习过程也更具体验性，在课堂中学生能够体验真实的事物，亲身对一些资料进行加工，从而获得想要的信息。①

通过分析网络教育和传统教学的特点，我们可以看出两者各有优势。但是值得注意的是，网络在线平台和传统课堂教学不是对立而是可以包容的。在采用课堂教学的同时，可以利用网络在线平台，对传统教育的形式和内容进行创新、拓展。在使用网络在线教育平台时，可以利用传统课堂教学关注学生身心发展的特点，制定合理的措施引导学生健康发展，利用课堂教学的面对面交流优势来减少网络教学的情感淡漠。所以，可以通过促进网络在线平台和传统教学的融合，来提高大学生的获得感。进一步讲，这种融合也是教育信息化实现的必然要求。传统教学课时短，不利于学习内容延伸，而在网络在线平台的帮助下，扩展了空间，学生更具选择自主权，有效弥补了传统课堂教学的不足。

我们最熟知的混合教学模式，就是 MOOC 平台网络学习模式。在此主要介绍在 MOOC 资源基础上的 SPOC（小规模限制性在线课程）教学模式，该模式是在详细分析大学生特点的基础上，采用小规模的线上课程形式，思政课教师再组织学生进行面对面的讨论，从而实现线上与线下、课前与课上的融合。这种教学模式，要求学生完成在线视频的观看、测试、讨论之后，思政课教师再进行线上答疑，同时还在线下以专题式讨论、课堂研讨、案例点评等形式把学生反馈的理论知识讲清楚。SPOC 教学模式，是把传统教室教学与在线教育结合起来的混合教学模式，既可以充分利用网络资源，让学生能够享受精品教学资源，打破传统教学时间、地域、资源的局限性，还减少了单一线上课程的师生互动差、学习体验差、课程挂

---

① 罗美英. 高校网络思政教育与传统教育互动共存［J］. 新闻战线，2015（6）：97－98.

科率高等现象[①]，同时也减少了一些思政课教师为了省时省力，将某一种教学模式一用到底的现象。

2. 充分把新媒体技术嵌入思政课教学过程

新媒体技术的出现及广泛使用，为思政课教学提供了新载体，也正因为授课对象产生的新变化，为思政课获得感的产生与提升带来了难度。在新媒体普遍流行的今天，信息传播速度快，获取的渠道也更为便捷，学生对信息的自主选择能力不断加强，传统教学中以教师为主导的信息传播方式弱化，知识主体的权威地位被削弱。对于当代大学生而言，新媒体已经成为他们学习、人际交往、生活的必备工具，网络搜索也成为他们解决学习问题、进行娱乐的主要途径。借助新媒体技术，学生获取了海量信息，甚至有时获取信息的速度远超思政课教师。新媒体发展对传统课堂提出了挑战，对思政课教师提出了要求。因此，为了激发学生参与课堂的激情与热情，不断提升思政课获得感，就要把新媒体技术嵌入思政课教学过程中，即以教材为基础，把文字、图像、动画、声音效果融为一体，从而营造出立体、动态的课堂氛围，让教学内容、教学形式更加与大学生的习惯相契合，实现教学平等基础上的交互传播。

2002 年博客在我国兴起，到后来的微博、QQ、微信，再到近期受到年轻人热捧的抖音、火山、微视等短视频，交互式媒体的形式日渐丰富，集视频、音频、图像、文字于一体的信息传播方式打破了传统媒体的局限。这些软件便捷化程度、网络化程度高，特别是在手机普遍使用的情况下，思政课教师可以组织、协调、引导大学生参与到思政课教学内容的创作中来。具体而言，可以利用抖音平台，鼓励大学生参与抖音的创作、传播、欣赏和策划，调动大学生在抖音上创作的积极性和主动性，发挥他们的主体作用，激发学生的创作欲望和潜能。如共青团中央宣传部联合抖音推出的"我要笑出国粹范"抖音挑战赛，五一劳动节开展的"这是你的第几个劳动节"挑战赛，武汉市共青团开展的"寻找武汉最美高校"等，这些活动集教育性与娱乐性于一体，是一种学生亲自参与、亲自体验、亲身感悟的有效方式。

---

① 傅江浩，赵浦帆. 高校思政课教学媒体技术融合改革创新［J］. 湖北社会科学，2019 (12)：180-184.

当然，新媒体技术嵌入思政课教学过程，我们还可以采用智慧教学工具。当前利用移动网络已经开发出了很多优质的智慧教学工具，许多高校思政课堂已经开始使用。如清华大学的"雨课堂"、华中师范大学的"云课堂"、北大校友创办的"课堂派"等[①]，这些都是在云空间、云技术的支持下，结合大数据平台所打造的师生即时互动教学新模式，综合了学生管理、线上讨论、数据汇总、课件分享功能，极大地提升了思政课的交互力度和学生的参与度。此外，我们还要充分利用已有的网络平台，如人民网的"强国论坛"、新华网的"发展论坛"、中青在线的"青年话题"等网站，培养大学生的政治情感，激发他们的参与性，提升他们的获得感。[②]当然，无论是交互式媒体的使用还是智慧教学工具的运用，都需要思政课教师的引导。因此，在新时代背景下思政课获得感的提升，需要高校营造环境、出台政策来激发教师的主体意识和创作热情，激励师生共同参与创作，更好地发挥新媒体技术的正能量。

3. 多种课堂对话方式相结合

为了改变当前教学方法单一、缺乏灵活性等现状，除了利用互联网和新媒体技术，还要综合运用多种教学方法，如除去当前普遍采用的课堂讲授法外，还要多使用案例教学法、专题教学法、实践教学法等。[③] 目前在思政课中，案例教学法有案例式专题教学、案例讨论讲解法。其中案例式专题教学就是案例法、专题法、实践法相结合的典型教学形式。顾名思义，案例式专题教学就是以专题为单位把教学内容进行提炼，通过以案立论的方式，突出教学内容的针对性、实效性，把内容讲透彻。依据这个思想，以马克思主义中国化为主线，按照中国站起来、富起来、强起来的历史逻辑，把"毛中特"课教材的正文内容整合成三个专题。第一专题是站起来的理论体系，涉及一、二、三、四章的内容，第一章主要阐述毛泽东思想的形成发展、主要内容、历史地位和指导意义，第二章到第四章详细

① 薛峰，王成礼，蔺旭鹏．基于高职扩招背景下的高职院校转型发展 [J].黑龙江高教研究，2019, 37 (8)：94 - 97.

② 王曼，杜建．网络视阈下大学生政治信仰培育的新路径 [J].中国青年研究，2017 (3)：105 - 109.

③ 孙爱晶，范九伦，赵小强．卓越背景下实践教学方法改革与学生工程实践能力培养 [J].中国大学教学，2013 (6)：79 - 80, 7.

阐述毛泽东思想的核心内容，包括新民主主义理论、社会主义改造理论、中国社会主义建设道路初步探索的理论成果。第二专题是富起来的理论体系，涉及五、六、七章内容，分别阐述邓小平理论、"三个代表"重要思想、科学发展观各自形成的社会历史条件、形成发展过程、主要内容和历史地位。第三专题是强起来的理论体系，涉及八、九、十、十一、十二、十三、十四章的内容，主要阐述习近平新时代中国特色社会主义思想。[①]如在讲解第三个专题时，可以就学生关心的社会热点问题、新闻等，谈谈自己的分析和认识，形成 PPT，在课上与大家进行交流。这种教学方式，结合了几种不同教学方式的优点，使得思政课教师在传播理论知识的同时还能激发学生参与课堂的热情，不断提升他们的获得感。

此外，为了增加课堂吸引力，还可以依据当前大学生的思维特点，采取启发式教学模式。这是一种从学生实际出发，采用多种方法，以启发学生的思维为核心，从而调动学生的动力与积极性的方法。启发式教学方法实施前提是抛出问题，引导学生积极思考，激发学生学习的兴趣，让学生主动获取知识、发展能力。启发式教学方法与课堂讨论相结合，就是讨论启发法，通过思政课教师的启发指导，让学生进行自我探讨、研究，最终实现自我教育。在课堂中，思政课教师依据教学内容，提出一些重点、难点和热点问题，组织学生在课上参与讨论。如在讲解改革开放专题时，让学生讨论改革开放与我国社会发展的关系：改革开放前的中国人民生活水平是怎么样的？改革开放与我国取得伟大成就有什么关系？通过层层深入的讨论，让学生深刻认识到新时期最鲜明的特点就是改革开放，认识到改革开放是决定当代中国命运的关键抉择，是实现中华民族伟大复兴的必由之路。案例启发法则是在教学中运用经典案例，引导学生围绕案例进行讨论。如讲授"毛泽东思想"时，就可借助意大利女记者的提问"天安门城楼上的毛主席像是否将永远保留"这一案例，让学生讨论如何认识毛泽东思想和毛泽东；借助"千年伟人"视频案例，让学生思考马克思为什么被评为"千年伟人"榜上的第一名。

---

①　秦宣.《毛泽东思想和中国特色社会主义理论体系概论（2018 年版）》修订说明［J］. 思想理论教育导刊，2018（5）：10-14.

第六章 增强二十大精神融入思政课的效果①

    将二十大精神融入大学生思政课，是当前和今后一个时期高校思政课教师的重要任务。目前，大学生思政课包括了"思想道德与法治"（简称"德法"）、"中国近现代史纲要"（简称"史纲"）、"马克思主义基本原理"（简称"马原"）、"毛泽东思想和中国特色社会主义理论体系概论"（简称"毛中特"）、"习近平新时代中国特色社会主义思想概论"（简称"习思想"）和"形势与政策"这六门必修课程。尽管这些课程在知识体系、篇章结构和课时安排上有所不同，但它们共同具有"重在增强学生的使命担当"② 这一课程目标，都致力于传授价值观念、提升思想素质、塑造人的灵魂。因此，这些课程的"本质是讲道理"，都要求"把道理讲深、讲透、讲活"③。党的二十大精神融入各门思政课，是当前教学改革的重要举措，自然都需要遵循讲道理的本质要求，而且在融入的理念与方法等诸多方面具有相通性。因此，二十大精神融入思政课，可以从一般意义上进行探讨，不必局限于某一门具体课程。为了契合获得感这一主题，切实提升大学生思政课获得感，就要提升二十大精神融入思政课的效果。下文将系统探讨二十大精神融入大学生思政课的逻辑前提、教学设计，并系统审

    ① 本章主要内容已发表在《牡丹江大学学报》2023 年第 9 期和《福建教育学院学报》2024 年第 1 期上。

    ② 关于深化新时代学校思想政治理论课改革创新的若干意见 [M]. 北京：人民出版社，2019：5.

    ③ 习近平在中国人民大学考察时强调 坚持党的领导传承红色基因扎根中国大地 走出一条建设中国特色世界一流大学新路 [N]. 人民日报，2022-04-26（1）.

视当下常用的几种融入方法。这一探讨对于高校深入贯彻落实二十大精神，推动党的最新理论成果入脑入心、走深走实、见行见效，从而促进大学生获得感的提升具有重要意义。

第一节

有效融入的逻辑前提

党的二十大精神如何融入大学生思政课，这个问题的提出首先就意味着存在"二十大精神"和"大学生思政课"这两个独立的概念。只有当这两者具有相对独立性，呈现出并不相同的特征时，才会产生"融入"的问题。否则，就会陷入要么"合二为一"，要么"相互绝缘"的境地。因此，在大学生思政课教学中，教师要将二十大精神融入其中，就必须准确把握两者的相同性和不同性，特别是要懂得如何从差异中找到相通之处。只有找到两者的相通点，才能真正实现"融入"。因此，党的二十大精神融入大学生思政课的逻辑前提主要体现在：融会贯通二十大精神，深度理解课程内容，秉承两者的相互靠拢理念。

一、对二十大精神的理解要达到融会贯通，在学习领悟时不能教条化片面化

二十大精神博大精深。学习二十大精神，重点是学习二十大报告，同时也要学习习近平总书记在二十大期间的重要讲话，以及二十大新党章等内容。二十大精神含有丰富的育人元素，具有深厚的育人功能，不仅能够发挥着一般性的教育功能，还承担着传播党和国家的主流意识形态、进行思想政治教育等重要职能，体现了教育属性、文化属性、思想属性、政治属性的多重性质，将其融入思政课教学进而传递到学生头脑，符合教育教学规律和青年发展规律。对于教师而言，将二十大精神融入思政课的首要前提就是要读懂二十大精神，因此对其理解要达到融会贯通，在学习领悟时不能教条化片面化。

1. 教条化理解二十大精神在根本上束缚了思维空间

一方面，教条化理解二十大精神，在根本上限制和束缚了思维空间。教条化或者说"本本主义"是理论学习的大敌，也是中国共产党在推进马克思主义中国化时代化进程中极力反对的错误倾向，过去如此，现在亦然。以前在革命战争时期反对教条式地理解马克思、恩格斯的著作原本，当前在新时代也反对僵化式理解党中央的报告原文。思政课教师尤其需要注意到这一点。比如，不少高校都号召青年学生要传承伟大建党精神，这既是抓好后继有人这个根本大计的必然要求，也是高校思想政治教育的重要内容。① 伟大建党精神形成于20世纪初期的五四运动前后。然而，若仅机械地看待先驱们在当时环境下的艰辛探索，教条化地将伟大建党精神理解为100多年前才有的精神，就有可能忽视了其中"坚持真理、坚守理想，践行初心、担当使命，不怕牺牲、英勇斗争，对党忠诚、不负人民"的普遍意义和永恒价值。应该认识到，作为中国共产党的精神之源，伟大建党精神一直在传承，在百年大党的历史征程上不断发扬光大，否则就难以解释在建党之后的许多危急时刻中国共产党取得的一个又一个胜利。不可否认，二十大报告中的某些重要论断都有其具体语境，是在一系列具体实践中产生的。但这些思想观点和重要论断一旦形成，就超越了原本的特殊性，而在一般适用性方面产生了普遍意义。此时，如果过度强调该论断的特殊语境，就会在融入过程中陷入教条化的困境，进而也无法实现二十大精神与教材知识体系的无缝衔接。因此，在将二十大精神融入大学生思政课的过程中，过度强调该论断的特殊语境将不利于实现其与课程知识体系的无缝衔接。

2. 学习领悟二十大精神也不能片面化

十八大以来的时期被称为中国特色社会主义新时代，十九大精神、二十大精神尤其是二十大报告中的一些最新提法、最新观点和最新论断都属于习近平新时代中国特色社会主义思想的组成部分。无论对其中哪个理论进行理解，都应该将其置于这一总体框架和逻辑体系之内，否则就可能导致片面化理解，从而无法准确理解二十大精神的实质，无法真正实现融会

---

① 刘颖.伟大建党精神融入高校思想政治教育研究［J］.传承，2022（3）：4—10.

贯通，进而无法实现二十大精神与课程知识体系的无缝衔接。^①举例来说，二十大报告提出"把马克思主义基本原理同中国具体实际相结合、同中华优秀传统文化相结合"^②，那么如何理解中华优秀传统文化？要全面、深入地理解它，不能仅仅停留在"厚德""忠信""仁义"等概念的解读上，也不能仅仅通过讲述孔子、孟子等儒家代表人物来了解，这样的理解方式既片面又孤立，无法展现出中华优秀传统文化全貌。首先，中华优秀传统文化并非单一的思想体系，而是包含了丰富多样的文化元素。其中，既有儒家倡导的"仁爱""忠诚"等美德，也有法家主张的"变革""创新"等理念。这些思想在历史上各自发挥了重要作用，共同塑造了中华民族的精神特质。其次，中华传统文化中既有精华，也有糟粕。作为一名思政课教师，要引导学生正确对待这两种文化。对于优秀的文化，要积极弘扬和传承，使其成为推动社会进步的精神力量。对于糟粕文化，要引导人们辨别清楚，自觉加以摒弃，以免其对社会产生不良影响。再次，中华优秀传统文化不仅是儒家思想的宝库，还是法家、道家、墨家等各种思想的发源地。这些思想在历史上相互碰撞、融合，形成了独特的文化景观。特别是法家思想，其主张的革新、进取精神，为后来的革命文化提供了丰富的养分。

3. 避免教条化片面化的实现途径

党的二十大报告指出："必须坚持系统观念。万事万物是相互联系、相互依存的。只有用普遍联系的、全面系统的、发展变化的观点观察事物，才能把握事物发展规律。"^③深刻并全面领悟党的二十大报告的精神内涵并不容易，稍有不慎就容易陷入僵化和片面的误区。因此，高校思政课教师在教学过程中需要在两个方面下足功夫，以达到准确传达和深入解读二十大精神的目的。一方面，教师本身需要对党的二十大报告进行深入研究，积极参与各类研讨会和学习活动。在此过程中，要以辩证

① 贾晓旭. 整体性视域下高校思政课知识体系的构建 [J]. 学校党建与思想教育，2023（4）：33－36.

② 习近平. 高举中国特色社会主义伟大旗帜 为全面建设社会主义现代化国家而团结奋斗 [N]. 人民日报，2022-10-26 (1).

③ 习近平. 高举中国特色社会主义伟大旗帜 为全面建设社会主义现代化国家而团结奋斗 [N]. 人民日报，2022-10-26 (1).

法为指引，通过不断加强对二十大精神的理解和掌握，结合时代背景和历史线索，对二十大精神进行深度思考，从而避免教条化和片面化。另一方面，教师应通过与学生的互动交流来实现二十大精神的传授。教师要明白"教学相长"的道理，引导学生主动思考、质疑和提问。利用案例分析、讨论课等形式，将二十大精神融入现实生活，培养学生运用理论分析问题的能力和水平。在这个过程中，教师需注重与学生的互动与沟通，倾听学生的声音，认真分析学生发表的见解和观点。这样既能更好地保持对党的二十大报告的准确理解和全面把握，也有助于激发学生的学习兴趣和积极性。

二、深度理解课程内容，尤其是要辨识思政课教材内容

在思政课教学中，不仅需要将教材体系转化为教学体系，更重要的是要对教材内容有深入的理解。只有教师对教材具备深度辨识力，才能将二十大精神融入思政课教学中。而要达到这一目标，教师需要对课程尤其是教材有着极高的敏感度和理解力。

对于"德法"课的教材内容，教师应该准确把握其中的道德观、价值观、法治观等深刻内涵，理解其中所涉及的道德理论和观点，包括道德规范、道德行为和道德取向等内容，理解人们对于社会生活目标和意义的评价准则，理解法治概念的内涵和重要原则，包括平等、公正、合法、诚信等。通过对法治观的深入研究，教师应当关注习近平法治思想的重要意义和实践应用，思考法治与社会发展的关系问题，探究个人权利与社会责任之间的平衡关系。在当前的几门课思政课中，"德法"课看似简单，但对教材内容进行深度辨识也不容易，思政课教师既要注重通俗化，也要注重学理化，在课堂讲解中不能流于"浅薄"，不能仅仅停留在生活性的表达方面。

比如，"德法"课第三章第一节"中国精神是兴国强国之魂"，表面上看起来是每个时代中国有识之士都会考虑到的一般性问题。当年周恩来就表示要为"中华之崛起而读书"，并写出"大江歌罢掉头东，邃密群科济世穷。面壁十年图破壁，难酬蹈海亦英雄"的豪迈诗句，就体现出了"修身齐家治国平天下"的崇尚精神。这似乎与二十大精神毫无关联。事

实上，这个知识点完全可以与二十大报告中提到的"劳动精神、奋斗精神、奉献精神、创造精神、勤俭节约精神"结合起来讲解，甚至可以通过讲授二十大代表、云南丽江华坪女子高级中学校长张桂梅的故事来生动诠释精神的价值与力量。

在"德法"教材体系中，"思想道德"部分占的分量比较重，"法治"部分占的分量较轻。笔者通过在多个高校的任教经历也能够发现，不少教师由于没有法学专业背景，这部分内容往往会省略不讲或少讲。事实上，提升大学生法治素养是"德法"课开设的目的之一。对于非法学专业的大学生来说，"德法"课中的法治教育可能是他们在整个大学生涯受到的仅有的法治教育。虽然教材中只有一章的法治内容，但教师必须下足功夫对这部分内容加深理解。在讲到"法律面前人人平等"时，可以结合二十大报告中提到的"以人民为中心"和"加强党的全面领导"进行讲解。"法律面前人人平等"是实现"以人民为中心"的法治保障，离开"法律面前人人平等"就无法实现"以人民为中心"。同时，"党的领导"是"法律面前人人平等"和"以人民为中心"的根本政治保障。正因为如此，习近平总书记提出"坚持党的领导、人民当家作主、依法治国有机统一"。

"史纲"课程要求教师讲清楚两大历史任务及其关系的道理，要讲清楚两大历史任务与"四个选择"之间关系的道理，要讲清楚中国近现代史主题与主线、主要矛盾以及使命关系的道理，等等。[①] 在研读"史纲"教材内容时，教师需要对中国近现代历史的重大事件和重要人物有着深入的了解。他们应该研究不同时期中国社会政治经济的演变，把握历史线索与脉络，分析历史事件背后的原因和影响。通过深入思考和分析历史，教师才能够将二十大精神融入"史纲"课的教学中，让学生从中领悟到中国社会主要矛盾和历史进程的发展规律，才能在教学过程中引导大学生深刻理解和体悟二十大报告中提到的实现中华民族伟大复兴的历史使命。

在研读"马原"的教材内容时，教师应对马克思主义哲学、政治经济

① 方圆，吴家庆．"中国近现代史纲要"课教学要讲清楚三个道理 ［J］．思想教育研究，2021（1）：111－116.

学和科学社会主义有深刻的理解。他们需要准确把握其中的基本观点和方法论，读懂辩证唯物主义和历史唯物主义的核心内容。教师还需深入研究马克思主义在中国的应用和发展，并将其与中国国情相结合，阐明马克思主义在当代中国社会的现实意义和重要价值。只有如此，教师才能将马克思主义的理论知识讲深讲透讲活，从而能够引导学生深刻理解马克思主义的精髓，增强中国特色社会主义的信念和意识。在当前的几门思政课中，"马原"的理论性更强，抽象程度更高，逻辑体系更加缜密，因此成为大学生们非常敬畏的一门课。对于教师而言，深度辨识"马原"课教材内容并不容易，需要下一番苦功。

在研读"毛中特"的教材内容时，教师应以马克思主义中国化为主线，深入探究毛泽东思想的历史背景和实践基础，理解其核心观点和思想方法，包括农村包围城市理论、"两步走"思想、社会主义改造等重要内容。教师应全面理解中国特色社会主义理论的形成背景、理论体系和重要原则，包括社会主义本质、中国特色社会主义初级阶段、改革开放和现代化建设等重要内容。教师还应深入理解毛泽东思想和中国特色社会主义理论体系在中国历史和现实中的历史地位和指导意义，尤其是通过对历史事件、现实问题和政策实践的把握，懂得马克思主义中国化对中国革命、建设和发展的重大影响。

在研读"习思想"的教材内容时，教师需要全面掌握习近平新时代中国特色社会主义思想的理论体系，包括其形成背景、理论内涵和核心要点。尤其需要关注"五位一体"总体布局、全面建成小康社会和全面深化改革等重要内容。教师还应把握习近平新时代中国特色社会主义思想的内在逻辑和精神实质。为了更好地达到深入理解，教师还应研读相关著作如《习近平著作选读》等。此外，教师还应认识到，习近平新时代中国特色社会主义思想是马克思主义中国化时代化的最新理论成果。新思想准确把握新时代我国所面临的重大风险挑战和发展机遇，提出了适应新形势新要求的指导方针和路径。新思想彰显了中国特色社会主义的优越性和中国道路的科学性，为我国的社会主义现代化建设提供了科学的指导。

三、秉承二十大精神和教材内容的相互靠拢的原则

教师在深度理解二十大精神和思政课教材内容之后，下一步是解决如何融入的问题。通过观察高校思政课教学情况后发现，尽管将二十大精神融入大学生思政课已成为共识，并在教学实践中得到推进，但其效果并不理想，往往出现"两张皮"的现象。二十大精神与思政课教学内容之间存在脱节。因此，要实现二十大精神与思政课的无缝衔接，教师需要坚持相互靠拢的理念。在理解和研究二十大精神的同时，要将其与思政课教材内容相联系，在研读思政课教材内容时能够联系到二十大精神。尤其是在备课时，要能做到将两者相互联系起来。在这样的理念指导下，将二十大精神融入思政课才能恰到好处，能够根据具体课程的内容体系有选择地融入，并将与课程关联程度高的内容有机地融入其中。

1. 在二十大精神中寻找与课程内容最相关的知识内容

党的二十大精神构成一幅丰富的图景，涉及政治、经济、文化的全方位论述，既包含了理论层面的世界观和方法论，也包含了实践层面的国家发展战略。然而，并非所有的内容都可以融入各门课程中，也并非所有的内容都与各门课程具有相同的关联程度。不同的教师应该根据所讲授的课程内容做出不同的选择，突出与课程内容高度关联的部分。比如，二十大报告的第二部分"开辟马克思主义中国化时代化新境界"，是一个理论富矿区，其中关于"新时代中国特色社会主义思想的世界观和方法论"的内容与"马原"课的关联度最高。因此，"马原"课的教师应该在这方面投入更多精力。当然，二十大精神中的其他重要内容，如中国式现代化，可以与不同学科相结合，每位思政课的教师都应该深刻理解并准确把握。因此，教师们在教学中需要深入研究和理解二十大精神的各个方面，同时根据不同学科的特点和教材内容的要求，选择与之高度关联的二十大精神内容进行重点讲解。这样既能够突出二十大精神本身内容的融入性，也能够更好地服务于各门课程的教学目标。

2. 将寻找到的相关内容与教材的章节板块对应起来

每门思政课都有其独特的内容体系，各章节承载着不同的知识点，并按照一定的逻辑顺序进行编排。为了将二十大精神融入思政课，教师需要深入理解二者的知识结构，找到二者之间相互对应的内容。以"德法"课为例，教师在寻找到与二十大精神相关的思想道德和法治知识后，需要明确将这些内容放置在对应的教学板块中。有经验的教师通常具备这样的判断能力。对于缺乏经验的年轻教师来说，可以仔细阅读二十大报告，并进行记录。首先，可以对二十大报告中的各个部分内容进行归类，将与思想相关的放置于"思想"板块，与道德相关的放置在"道德"板块，与法治相关的归属于"法治"板块。接下来，可以从各个部分中提炼出各种理论观点，并根据教材章节的安排进行对应，例如涉及精神问题的可以放置于"德法"教材中的第三章。此外，还可以通过比较各个板块中二十大精神的各种论点，考虑到教学时间的限制，有选择地删减次要内容，重点选取与教材内容最相关和最重要的思想观点进行融入。

3. 将二十大精神融入思政课需要体现思政课程的性质和目的

在融入的过程中，教师应根据教材的知识布局有选择性地将二十大精神融入其中，而不是简单地"照搬"。[①] 每门思政课的教材经过专家名师精心编写，构成严密的知识体系，也有着具体的课程目标。因此，教师需要着重根据教材框架将二十大精神融入其中。如果脱离教材，脱离教材所承载的内容知识，只是简单地进行二十大精神宣讲，那么就会失去将二十大精神融入课程的意义。事实上，各所学校在二十大召开之后都举办了各种二十大精神的宣讲会，让学生有机会参与其中。然而，大学思政课与纯粹的宣讲活动是不同的，它有着独特的性质和目的。将二十大精神融入思政课教学中，旨在更好地实现立德树人的目标，使学生能够深入理解教材内容。因此，教师在融入过程中，应坚持教材内容的整体性，有针对性地将与教材知识点相关的二十大精神融入其中。这样才能确保学生对二十大精神融入的理解和体验与课程目标相一致。

4. 二十大精神和教材内容相互靠拢的"德法"课范例

二十大精神和"德法"教材相互靠拢，需要做到：既要在学习二十大

---

① 付丽莎，昂然. 全面推进党的二十大精神融入"思想道德与法治"课程：原则、要点与路径 [J]. 北京航空航天大学学报（社会科学版），2023，36（1）：3-6.

精神时想到"德法"教材体系、教学内容和学生接受能力，也要在研究教材体系、开展课堂教学并在与学生交流中联系到二十大精神。一方面，二十大精神构成一幅丰富的理论图景，涉及思想、道德和法治这三大板块的全方位论述。哪些内容应该放置在哪个板块，思政课教师应该做到"心中有数"。如果欠缺这个能力，尤其是年轻教师经验不足，可以在精读二十大报告中用笔适当做些记录，首先将二十大报告中的十五部分内容分别进行归类；其次将各部分中的理论观点"拎出来"，涉及精神的就放置于"德法"教材中的第三章；再次通过比较各板块中二十大精神的各种论点，将最重要、与教材最接近的思想论点选取出来。另一方面，思政课教师必须依托教材的知识框架和逻辑线索来穿插二十大精神，在讲授"教材"知识点时要想着怎样靠近二十大精神，而不是"照搬"二十大精神。"德法"教材是一个严密的知识体系，是由专家名师精心组织编写的权威教材，各个部分具有紧密的逻辑关联。这就要求在该门课程教学中融入二十大精神，是要根据教材的知识布局对二十大精神加以"选择性""针对性""具有可操作性"地融入。否则，如果脱离教材的知识点，就等于把该门课程变成了二十大精神宣讲课程，因而不是"融入"而是"取代"。由此而言，把二十大精神融入"德法"课程教学，是带着特定的知识点而展开的融入，因而不是为了"融入"而融入，融入是为了更好地实现立德树人的目标，融入也是为了更为生动、更为现实地帮助学生理解教材内容。否则，如果没有教材知识体系的整体性和针对性，大学生对于这门课的学习就会缺少侧重点，进而偏离该门课程开设的初始目的。

四、正确把握二十大精神融入课程的特有理念——以"史纲"课为例

理念是行动的先导，是贯彻整个行为过程的思路、原则和方法。"史纲"具有一般思政课的普遍特性，也有基于课程自身的鲜明特点，这就决定了其理念的不同特性。这个特性集中体现在"历史"中，以"历史"来说明政治，来阐释政治，来观照政治，因此在将二十大精神融入"史纲"教学中，需要坚持以史为据、学史明理、读史增信等基本理念。

1. 以史为据，讲清二十大精神植根于历史的事实依据

党的二十大精神涉及很多重要观点和重要论断，作为理论层面上的这些观点和论断不是凭空而生的，背后都有着清晰的逻辑线索和深厚的历史依据，植根于中华上下五千年文明史，植根于1840年以来的中国近现代史，植根于1921年以来党的艰苦奋斗史，植根于1949年以来波澜壮阔的新中国史，植根于1978年以来的改革开放史，植根于2012年以来的新时代中国特色社会主义建设史。二十大报告指出："在新中国成立特别是改革开放以来长期探索和实践基础上，经过十八大以来在理论和实践上的创新突破，我们党成功推进和拓展了中国式现代化。"在"史纲"课教学中，完全可以将中国式现代化理论融入进去，即便是新中国成立之前的那段历史，实质上也属于中国共产党对现代化道路的前期探索，整个过程都充满着无限的艰辛。其中有哪些艰辛，有过什么抗争，有过哪些经验，这些都应该依托于基本的史料，构建历史事件、历史人物、历史规律之间的关联性，并从具体的历史坐标阐释历史结论，从而引导学生正确地认识中国式现代化。

强调以历史事实为根据，目的在于让学生信服，同时也是对"史纲"课老师的基本要求。二十大报告中的许多新思想都是马克思主义中国化时代化的最新理论成果，在融入"史纲"课教学过程中，思政课教师可能会出现这样的不良倾向：在讲到二十大精神时，会"孤立"地提到新论断新理论，却很难与历史事实结合起来，或者在讲解某个阶段下的历史事实和历史结论时不能联系二十大精神。如果这样，两者就处于相互割裂的状态，形成了"两张皮"现象。既然要将二十大精神融入课程，就要以历史事实来说明道理，以历史事实为根据来阐释新思想新理论，而不仅仅是在课堂上提到二十大精神，提到某个新观点。当前大学校园里的"00后"大学生具有许多新特点，信息获取途径多，网络运用比较熟练，他们不再认可毫无根据的观点，也不喜欢僵化的说教。在"史纲"课教学中，只有将理论建立在扎实的历史事实根据之上，才能达到历史与理论的有机统一，才能达到"史纲"课的育人效果。

2. 学史明理，阐释二十大精神植根于历史的理论逻辑

在不少人看来，"史纲"课的内容都是属于过去的"历史"，由此可能会形成这样一个认识："二十大精神如何融入"是其他思政课的事，不属于"史纲"课的任务。然而，"史纲"虽然是在讲"历史"，但它不仅是一门历史课，更是思政课、政治课、马克思主义理论课。与其他几门思政课一样，"本质是讲道理"，同样要求"把道理讲深、讲透、讲活"①，要讲清楚两大历史任务及其相互关系的道理，要讲清楚两大历史任务与"四个选择"之间关系的道理，要讲清楚中国近现代史主题与主线、主要矛盾以及使命关系的道理，等等②。所以说，在二十大精神融入"史纲"课教学中，思政课教师要引导学生通过学习历史来明白这些道理，要阐释清楚二十大精神的理论逻辑。二十大报告指出"务必不忘初心、牢记使命，务必谦虚谨慎、艰苦奋斗，务必敢于斗争、善于斗争"③，思政课教师可以将"三个务必"融入"史纲"课的讲解中，帮助学生理解"三个务必"是对"两个务必"的思想升华，丰富了内涵，扩充了外延，展现出标准更高的时代担当。

在理论层面上的二十大精神，对于很多学生来说也许有点抽象，甚至像是"空中楼阁"，但是新时代大学生是祖国的未来、民族的希望，培养学生的历史意识和理论思维，就是对祖国和民族的未来负责。一个民族要走在时代前列，就一刻不能没有理论思维，一刻不能没有思想指引。通过历史过程来阐释理论发展，通过历史比较来明白理论变迁，这里的比较可以是共产党与国民党的比较，新中国与旧社会的比较，社会主义制度与封建剥削制度的比较，改革开放前后的比较。当然，二十大精神的贯彻落实，应该是生动的，思政课教师可以在"史纲"课程中运用历史叙事方式，饱含深情地将历史故事向学生娓娓道来，还可以通过带领学生参观革命纪念馆等实践教学形式，甚至通过沉浸式体验来感知历史人物和历史事件。比如，抗日战争胜利后，中国面临两条道路、两种前途的抉择，毛泽东和蒋介石进行了"重庆谈判"，还是爆发了解放战争，国民党最终败亡

---

① 习近平在中国人民大学考察时强调 坚持党的领导传承红色基因扎根中国大地 走出一条建设中国特色世界一流大学新路 [N]. 人民日报，2022-04-26（1）.

② 方圆，吴家庆."中国近现代史纲要"课教学要讲清楚三个道理 [J]. 思想教育研究，2021（1）：111－116.

③ 习近平. 高举中国特色社会主义伟大旗帜 为全面建设社会主义现代化国家而团结奋斗：在中国共产党第二十次全国代表大会上的报告 [N]. 人民日报，2022-10-26（1）.

和共产党最后胜利，其中就蕴含着许多规律和道理，但最重要的是要引导学生深刻领悟"马克思主义为什么行""中国共产党为什么能"等道理。再比如，改革开放初期，社会上不少人对民营经济发展有很大偏见，安徽芜湖的"傻子瓜子"曾经饱受争议，后来邓小平一锤定音，并在南方谈话中明确中国要走社会主义市场经济道路，可以由此引导学生理解"中国特色社会主义为什么好"的道理。

3. 读史增信，感悟二十大精神植根于历史的政党自信

读史增信，"就是要增强信仰、信念、信心，这是我们战胜一切强敌、克服一切困难、夺取一切胜利的强大精神力量"①。二十大报告中有14处提到了"自信"，习近平总书记在报告开篇就要求全党同志"坚定历史自信，增强历史主动"，并在"开辟马克思主义中国化时代化新境界"部分中提出"我们必须坚定历史自信、文化自信，坚持古为今用、推陈出新"，并将"坚持自信自立"作为新时代中国特色社会主义思想的世界观和方法论之一。由此可见，党的自信是二十大精神的重要内容，这正好契合了"史纲"学习的目的，思政课教师可以将其融入"史纲"课教学之中。通过学习中国近现代史，通过穿越漫长的时空隧道，能够理解中国共产党带领人民实现了从站起来到富起来再到强起来的伟大飞跃，能够理解中国共产党带来的"三个深刻改变"②，由此而感悟到党的历史自觉和历史自信。因此可以说，当今世界，要说哪个政党、哪个国家、哪个民族能够自信的话，那中国共产党、中华人民共和国、中华民族是最有理由自信的。

引导学生在历史学习中感悟政党自信，目的是要增强大学生自身对党和国家的信心，进一步坚定道路自信、理论自信、制度自信和文化自信。思政课教师可以通过讲授我国坚持走自己的道路所取得的一系列成就，来引导学生坚定和增强道路自信。可以从我们党不断推进马克思主义中国化时代化，坚持把马克思主义基本原理同中国具体实际相结合、同中华优秀

① 习近平在广西考察时强调 解放思想深化改革凝心聚力担当实干 建设新时代中国特色社会主义壮美广西 [J]. 党建，2021（5）：4-7.

② 习近平. 在庆祝中国共产党成立100周年大会上的讲话 [N]. 人民日报，2021-07-02（2）.

传统文化相结合中，从我们党不断提出一系列新理念新思想新战略中，引导学生坚定并增强理论自信。可以从我们党对民主集中制的组织原则、多党合作的政党制度的艰辛探索中，可以从我们确立了社会主义基本制度中，从我们开创和发展了中国特色社会主义的政治、经济、法律等制度中，从中国特色社会主义制度更加成熟定型中，引导学生坚定并增强制度自信。

第二节

有效融入的教学设计

教学设计是指教师在教学过程中根据教学目标、学生特点以及教学资源等要素，有目的地规划和安排教学活动的过程。它是学校教学的一个重要组成部分，涉及教学目标的设定、内容的选择、教学方法的运用和教学资源的准备等方面。在大学生思政课教学设计中，应确定教学目标，确保符合思政课的课程要求，选取适合教学目标的教材与教学内容。在教学方法上，尽可能采用多种方式，如讲授、案例分析、小组讨论等，以激发学生的积极性和参与度。随后，安排各种课程活动，如小组讨论、课堂演讲等，以促进学生的学习兴趣。将二十大精神融入其中，教学设计必然要体现二十大精神的元素。考虑到教学设计有多个环节，这里主要分析教学内容，因为教学内容是许多老师关注的重点。同时考虑到，在当前大学生的六门思政课教学中，每门课的教学设计是不同的，这里不可能"面面俱到"，就以下面三门课程作为示例。

一、党的二十大精神融入"德法"的教学设计

为了推进二十大精神融入"德法"课教学，必须找到两者在内容上的相通性或相关性。在二十大报告中，很多处都涉及了思想的、道德的和法治的理论知识，与"德法"课在内容上存在诸多契合点，具有内在一致性。高校思政课教师应在深入系统把握二十大精神实质、理解其核心要义

的基础上，轻松自如地将相关知识点融入课堂教学中。以下将根据统编教材目录中的七个部分进行具体分析。

1."担当复兴大任，成就时代新人"

绪论是课程的引导部分。如何引导大学生进入本课程，考验着思政课教师的教学能力与教学艺术。这个部分讲"复兴大任""时代新人"，思政课教师就应该想到二十大报告关于新时代十年的伟大变革、新时代好青年等内容。在讲述"我们处在中国特色社会主义新时代"时，思政课教师可以引导学生进行历史比较，有新就有旧，有当前就有过去，新时代是特指十八大以来的时期，那么这个时期"新"在哪里？由此引出二十大报告里的内容，将十年伟大成就和伟大变革的内容融入其中，不仅可以帮助学生理解当前的历史方位，而且能够帮助学生从实践层面上理解"新时代"的丰富内涵。在讲到"新时代担当民族复兴大任的时代新人"这个知识点时，思政课教师可以结合二十大报告对新时代青年提出的新要求进行讲述，以"青年强，则国家强"引导大学生认识到自身肩负着新时代的神圣使命。新时代面临着新挑战，也充满着新机遇，思政课教师可以结合事例来诠释当代中国青年的光明前景，号召他们"要坚定不移听党话、跟党走，怀抱梦想又脚踏实地，敢想敢为又善作善成，立志做有理想、敢担当、能吃苦、肯奋斗的新时代好青年"①。

2."领悟人生真谛，把握人生方向"

人生是个永恒的主题，每个人都会对人生有过或多或少的思考。刚进入成年阶段的青年学子，也常会陷入对人生的思索之中。在大学生思索人生并形成稳定观念的过程中，思政课教师可以发挥应有的作用。首先，在谈到"人生观"和"人的本质"这些概念时，授课教师应该会想到马克思关于人的定义，即"人是一切社会关系的总和"，以此引导学生思考人与人之间的关系，这就联系到中国传统文化的相关知识，比如儒家提出了"和为贵"。这是一种人生观，也是一种伦理观，进而可以通过一些故事，来帮助学生理解传统文化中的"君子成人之美""克己复礼""温良恭俭

---

① 习近平. 高举中国特色社会主义伟大旗帜 为全面建设社会主义现代化国家而团结奋斗：在中国共产党第二十次全国代表大会上的报告 [N]. 人民日报，2022-10-26（1）.

让"等重要观点。其次，在讲到"正确的人生观"这一节内容时，思政课教师可以结合"以人民为中心"的思想，在深刻把握其精神内核之基础上，深情讲授三年抗击新冠疫情中共产党人的先进事迹，引导学生养成高尚的品行，树立服务人民、奉献社会的人生理想。再次，在讲到如何去创造有意义的人生时，授课教师可以围绕新时代中国特色社会主义思想的世界观和方法论，尤其是通过联系"坚持守正创新""坚持系统观念"的立场观点方法帮助学生认清拜金主义、享乐主义、极端个人主义的实质和危害，引领学生选择高尚的人生目的，自觉地与历史同向，与祖国同行。

3. "追求远大理想，坚定崇高信念"

理想与现实相对应，它是一种期待，是一种对于未来的憧憬。处于新时代的大学生，是否应该拥有理想，应该追求什么样的理想，坚定何种信念，是值得探讨的话题。首先，思政课教师讲到树立理想信念的重要性时，可以与二十大主题中的"伟大建党精神"联系起来，通过讲述中国共产党践行初心、担当使命的百年征程和取得的伟大成就，如革命时期的长征途中，战士们不怕任何艰难险阻勇毅前行，只为崇高的革命理想，深刻体现了中国共产党人坚定的理想信念，引导大学生从中感悟到理想的意义、信念的作用。其次，在讲授"坚定信仰信念信心"内容时，思政课教师可以联系"两个行"的重要论断，向学生深刻阐释这样一个道理：正因为我们在革命、建设和改革中始终坚持马克思主义，不断推进马克思主义中国化时代化，才取得了举世瞩目的辉煌成就，由此引导大学生坚定马克思主义信仰。再次，在讲到为什么要将个人理想追求融入党和国家事业之中时，思政课教师可以结合党的中心任务，讲清楚中国共产党人带领全国人民正行进在"全面建成社会主义现代化强国""全面推进中华民族伟大复兴"的新征程上，由此启发大学生做新时代的奋斗者，努力在新征程中书写精彩人生。这个时候思政课教师可以进一步通过讲述榜样模范人物的故事，如袁隆平一生都在为实现"禾下乘凉梦"和"杂交水稻覆盖全球梦"而奋斗的故事，来引导学生理解将个人理想同国家前途和民族命运结合起来。

4. "继承优秀传统，弘扬中国精神"

人无精神则不立，国无精神则不强。统编教材的第三章是关于优秀传统和中国精神的内容。首先，在讲授中国精神的丰富内涵时，思政课教师可以围绕着以伟大建党精神为源头的中国共产党人精神谱系，将劳动精神、奋斗精神、奉献精神、创造精神、勤俭节约精神、科学家精神等伟大精神融入课堂教学中，可通过讲述模范人物的先进事迹，比如爱国科学家黄大年，把全部精力投入国家事业中，为科研事业做出了突出贡献，由此引导大学生深刻把握中国精神的丰富内涵，鼓励他们敢想敢为、善作善成，在新征程上弘扬中国精神，振奋精神状态，增进精神力量。其次，在讲解维护祖国统一和民族团结时，教师可以结合二十大报告对坚持和完善"一国两制"，推进祖国统一的论述，讲解中可用西方敌对势力对我国意识形态的渗透现象，尤其是历史虚无主义扭曲着大学生的世界观，引导大学生警惕和反对分裂国家和破坏民族团结的思潮。① 再次，在讲到如何争做堪当民族复兴大任的时代先锋时，思政课教师可联系二十大报告提出的"教育、科技、人才是全面建设社会主义现代化国家的基础性、战略性支撑"② 来进行讲解。在讲解过程中为了增强生动性和鲜活性，可列举近年来社会关注的中兴事件、华为事件说明当前我国面临"卡脖子"的技术瓶颈，帮助大学生认识到创新能力决定着国家的核心竞争力，从而引导他们树立改革创新的自觉意识，在实践中增强改革创新的能力和本领。

5. "明确价值要求，践行价值准则"

在我们经常讲的"三观"中，其中之一就是价值观。简单地讲，价值观就是关于应该做什么、不应该做什么，区分好坏、对错、善恶、美丑现象的总观点。第四章就是要引导大学生成为社会主义核心价值观的信仰者、传播者和践行者。在讲述社会主义核心价值观的基本内容时，思政课教师不仅要阐释清楚"富强、民主、文明、和谐，自由、平等、公正、法治，爱国、敬业、诚信、友善"，而且可以结合二十大报告中关于"人类命运共同体"的理论观点进行讲解。习近平总书记提出："我们真诚呼吁，

---

① 孙华峰. 新时代大学生爱国主义教育的价值意蕴、现实挑战及创新路径探析 [J]. 思想教育研究，2022 (8)：147 - 152.

② 习近平. 高举中国特色社会主义伟大旗帜 为全面建设社会主义现代化国家而团结奋斗：在中国共产党第二十次全国代表大会上的报告 [N]. 人民日报，2022-10-26 (1).

世界各国弘扬和平、发展、公平、正义、民主、自由的全人类共同价值。"① 在这里，要讲清楚全人类共同价值与西方"普世价值"的区别，全人类共同价值是站在整个人类前途命运的立场上，引领人类向积极的方向发展，符合各国的整体利益，西方某些国家倡导的"普世价值"具有排他性和虚伪性，其本质是用以谋求西方国家自身发展的私利。比如，2019 年香港动乱背后就有美国以"普世价值"为幌子，对中国内政进行干涉，严重影响了香港人民的正常生活和中国的稳定发展。在谈到青年要积极践行社会主义核心价值观时，思政课教师不仅要"弘扬以伟大建党精神为源头的中国共产党人精神谱系，深入开展社会主义核心价值观宣传教育"②，而且可以鼓励学生走出校门，参与社区志愿服务、开展乡村支教服务等，让大学生到实践中去历练，增强本领才干，服务人民、奉献社会。

6."遵守道德规范，锤炼道德品格"

道德是立身兴国之本。第五章就是为了帮助大学生树立马克思主义道德观，弘扬社会主义道德。首先，在讲到为人民服务是社会主义道德的核心、集体主义是社会主义道德的原则时，思政课教师可结合新时代十年中国共产党人赢得脱贫攻坚、全面建成小康社会的历史性胜利，讲述奋战在脱贫攻坚一线的共产党人的先进事迹。比如，讲述扶贫干部黄文秀埋头苦干，带领村民脱贫，把生命奉献给脱贫攻坚事业的事迹，向大学生说明共产党人在脱贫攻坚中始终以符合人民群众的集体利益为最高标准，进而引导他们从生动的实践中理解社会主义道德的核心与原则。其次，在讲授传承中华传统美德时，思政课教师可以联系二十大报告提到的"把马克思主义基本原理同中国具体实际相结合、同中华优秀传统文化相结合"，说明党中央对优秀传统文化的高度重视。为人们所熟知的"修己""克己""慎独""吾日三省吾身""民无信不立"等观点，如今依然具有重要的时代价值。这些思想同样能指导我们的日常生活，诸如身

---

　　① 习近平．高举中国特色社会主义伟大旗帜　为全面建设社会主义现代化国家而团结奋斗：在中国共产党第二十次全国代表大会上的报告［N］．人民日报，2022-10-26（1）．

　　② 习近平．高举中国特色社会主义伟大旗帜　为全面建设社会主义现代化国家而团结奋斗：在中国共产党第二十次全国代表大会上的报告［N］．人民日报，2022-10-26（1）．

边的考试作弊、论文抄袭等行为，既违反校纪校规，也不符合优秀传统文化。再次，在讲授弘扬中国革命道德时，思政课教师可以联系"三个务必"这个新思想来进行讲解。二十大报告首提"三个务必"，这是对革命胜利前夕毛泽东提出的"两个务必"的继承和发展，引导大学生深刻了解和领会中国共产党人的理想信念、优良作风、精神力量，进而启发学生锤炼革命道德涵养个人品德。

7."学习法治思想，提升法治素养"

提升新时代大学生的法治素养，是这门课程的重要使命。在最后这一章中，思政课教师可以从以下几个方面将习近平法治思想融入其中：首先，在讲到坚持中国特色社会主义法治道路必须遵循的原则时，可以结合全过程人民民主，讲清楚我们的法治道路必须坚持人民主体地位。教师可以以上海虹桥街道基层立法联系点为例，讲述一个小小的立法联系点能直接对国家层面的法律发表意见，这是在民主立法方面，生动体现了坚持人民主体地位的原则；还可以讲述部分成年学生参与人大代表选举，是在依法行使民主权利，也体现了坚持人民主体地位的原则。其次，在谈到推进全面依法治国时，可以引述二十大报告中提到的"全面依法治国是国家治理的一场深刻革命，关系党执政兴国，关系人民幸福安康，关系党和国家长治久安"①。为了增强内容的生动性，授课教师可以列举新近发生的典型案例，比如某地司法机关破获了某件大型网络诈骗案，为人民群众挽回大量经济损失，以此来引导大学生认识到：法律保护每一位公民，能够极大增强人民群众的获得感、幸福感和安全感。再次，在讲到自觉尊法学法守法用法时，思政课教师可结合二十大报告中提出的"坚持系统观念"，尊法、学法、守法、用法分别具有不同含义，但又彼此联系，青年大学生只有做到心中尊法，才愿意去学法，然后才习惯于守法，最后善于用法。这本身就是一个系统工程，是一项长远事业，引导大学生尊法学法，提升法治素养，以后做一个守法用法的好公民，不走违法犯罪道路。

---

① 习近平．高举中国特色社会主义伟大旗帜　为全面建设社会主义现代化国家而团结奋斗：在中国共产党第二十次全国代表大会上的报告［N］．人民日报，2022-10-26（1）．

二、党的二十大精神融入"马原"的教学设计——以哲学部分为例

相对于其他课程而言，"马原"课的教学难度较大，其课程体系却相对稳定，章节内容的变化不大。将党的二十大精神融入"马原"课的教学需要精心设计。教师要通过深入学习和理解二十大精神对马克思主义哲学、政治经济学和科学社会主义的运用和发展，以此为基础在各个章节穿插知识点或设置专题，从而将二十大精神有机地融入思政课教学内容当中。在教学设计尤其是内容的设计上，思政课教师要做到层次分明、结构合理、逻辑清晰。这里就以"马原"中的哲学部分来做说明，探讨二十大精神融入马克思主义哲学部分的教学设计，并且以专题教学的形式来展现。

1. 在导论部分设置专题：党的二十大精神是马克思主义中国化时代化的最新理论成果

导论在"马原"课中起到引导作用，能帮助学生更好地理解课程内容。思政课教师可以在导论中采用适当的教学方式，以激发学生的好奇心和兴趣。首先，讲清楚马克思主义的概念，包括其内涵和外延，以确保学生对马克思主义理论有准确的理解和把握。其次，导论还需要详细介绍马克思主义的历史发展，将学生的思维引入马克思主义中国化时代化的最新成果，进而引出二十大精神和习近平新时代中国特色社会主义思想。通过引导学生了解习近平新时代中国特色社会主义思想的深刻内涵，再引导并帮助学生理解其在当代中国的重大意义。再次，在导论中还需详细讲解马克思主义的当代价值。通过对当代社会问题、挑战和变革的分析，以及对马克思主义在解决这些问题上的独特贡献的阐述，帮助学生清晰认识马克思主义的当代意义。有必要通过多样化的教学形式，提高导论的针对性和吸引力，从而开启学生对"马原"课的学习之旅。

在讲解"什么是马克思主义"时，思政课教师可以通过提问的方式引出"马克思主义是关于自然、社会和人类思维发展一般规律的学说"这一重要内涵。教师可以通过引导学生联想和思考，帮助他们逐步理解这句话的深刻含义。例如，引导学生思考自然、社会和人类思维发展的概念，分别探讨它们背后的关键要素和相互影响。同时，教师还可以引导学生深入思考无产阶级和人类彻底解放的内涵，以及马克思主义对于实现这个目标的重要性。教师应当始终牢记"理论只要说服人，就能掌握群众；而理论只要彻底，就能说服人"①。在理解马克思主义的内涵之后，教师还应详细讲解马克思主义的三个组成部分，即马克思主义哲学、马克思主义政治经济学和科学社会主义。教师可以通过对每个部分的主要内容和核心思想进行讲解，帮助学生全面了解这三个部分以及它们之间的关联。这个时候，根据教学进展和学生情况，选择是否需要介绍一些背景知识，也就是马克思、恩格斯当时在创立理论时的时代背景，从而帮助学生理解得更加深入。通过讲解和探讨，思政课教师能够帮助学生更加清晰地认识马克思主义的全貌。这样的教学设计能够激发学生的学习兴趣，提高他们对马克思主义的理解和掌握能力，促使他们在实践中更好地运用马克思主义。

在讲解"马克思主义的创立与发展"时，需要从西欧工业革命开始，讨论资本主义生产方式以及无产阶级的斗争，为学生呈现出时代背景和社会动力。随后，教师可以引出马克思和恩格斯这两位伟大人物的诞生，介绍他们对社会现象和历史规律的深刻洞察，特别是他们对无产阶级解放的独特思考。然后，教师还应当向学生揭示《共产党宣言》的发表标志着马克思主义的公开问世。最后，向学生介绍马克思主义的传播。在全球范围内，马克思主义逐渐得到发展，形成了众多的派别和学派。特别是在中国，产生了毛泽东思想、邓小平理论、"三个代表"重要思想以及科学发展观等一系列重要思想。特别要强调的是，十八大以来，马克思主义在中国再次迎来了新的发展阶段，即习近平新时代中国特色社会主义思想的提出。在讲解过程中，教师要清晰解释马克思主义与习近平新时代中国特色社会主义思想的关系，强调习近平新时代中国特色社会主义思想是对马克思主义的继承和发展。同时，也要将党的二十大精神有机纳入马克思主义的内容体系之中。这样的教学设计可以帮助学生更加清晰地理解二十大精神在马克思主义理论体系中的重要地位。

---

① 马克思恩格斯选集：第 1 卷［M］. 北京：人民出版社，2012：9.

　　在讲解"马克思主义的当代价值"时，教师可以引导学生理解马克思主义的多重作用。首先，作为观察当代世界变化的认识工具，马克思主义提供了一种独特的分析框架和思考方法，帮助人们深刻理解和把握当代社会问题和变革，从而推动社会的发展和进步。其次，作为指引当代中国发展的行动指南，马克思主义为中国共产党领导中国特色社会主义事业提供了理论依据和行动指引，指导中国社会实现历史性的巨大变革。在这里，教师可以引出二十大报告中讲到的"过去五年的工作和新时代十年的伟大变革"，讲清楚党的新时代的伟大成就是对马克思主义当代价值的最生动诠释和最有力证明。再次，作为引领人类社会进步的科学真理，马克思主义提供了一套科学的世界观和方法论，促进了社会的进步和人类的解放。此外，教师还需要重点阐述二十大精神作为马克思主义中国化时代化的最新理论成果，在认识当今乃至展望未来方面具有重要价值。这样的教学设计将帮助学生更好地认识马克思主义的当代价值，更好地理解习近平新时代中国特色社会主义思想的实践意义。

2. 在"世界的物质性及发展规律"部分设置专题：辩证唯物主义是习近平新时代中国特色社会主义思想的方法论基础

　　辩证唯物主义是将唯物主义和辩证法有机地统一起来的世界观。作为马克思主义的哲学理论和科学思维，辩证唯物主义既承认了物质是世界的本源，也承认了意识对客观世界的能动反映。因此，辩证唯物主义回答了哲学的基本问题，为人们提供了科学的认识工具。不论马克思主义如何发展，辩证唯物主义始终是其核心和灵魂，使马克思主义具有强大的思维能力和分析方法，能够洞察事物本质及其发展规律，同时为习近平新时代中国特色社会主义思想奠定了坚实的方法论基础。

　　如何结合二十大精神讲述好这样一个方法论基础？一方面，思政课教师可以通过侧重于唯物论的教学，阐述物质与意识、思维与存在、认识与实践之间的辩证关系，以展示人的主观能动性与客观规律性的内在联系，从而培养学生正确的认识观和积极向上的精神。唯物论的核心思想是物质决定意识，即人的思维和行动是由物质世界的客观存在和发展规律决定的，同时意识又能反作用于物质，并且能给物质提供强大的精神动力。讲述意识的反作用，可以与二十大报告提到的"中国共产党人精神谱系"相结合。以伟大建党精神为源头的中国共产党人精神谱系具有巨大的能量，能够为全面建设社会主义现代化国家和实现中华民族伟大复兴提供强大的精神支持。由此，思政课教师可以激发学生的爱国情怀和社会责任感，培养学生正确的世界观、人生观和价值观。教师还可以通过讲述脱贫攻坚故事来说明这种精神力量的作用，甚至可以用来说明发挥人的主观能动性的重要性。比如，以黄文秀、张桂梅等先进模范为代表的新时代中国共产党人，正是在遵循历史规律和进程的基础上，正确发挥了主观能动性，才取得了新时代脱贫攻坚的巨大胜利。

另一方面，可以通过阐述党的自我革命理论来深入说明辩证法。首先，可以将党的自我革命与中国共产党的百年发展历程结合起来，从中揭示出事物具有持续变化的普遍规律。无论是个人、组织还是社会，都存在着向好的变化以及向坏的变化的可能。必须通过自我革命，坚持纠偏和改错，才能保持党的青春活力。通过深入探讨党的历史，教师可以引导大学生理解：党在长期奋斗中不断反思自身，以适应时代的要求和克服自身的不足。其次，需要认识到世界上的各种事物都存在内部矛盾，都是在自我否定、自我扬弃和自我超越的矛盾运动中不断前进变化的。中国共产党人敢于进行自我革命，正是基于对事物内部矛盾的深刻认识，以及对事物发展的深刻洞悉。自我革命是党在扬弃旧有观念和体制的基础上进行的脱胎换骨的改革，符合事物否定之否定的规律。最后，结合党的自我革命，可以看到党找到了跳出治乱兴衰历史周期率的第二个答案。党通过自我革命不仅证明了唯物辩证法的科学性和实践性，而且彰显了其具备批判性和革命性等本质特征。思政课教师应该认识到，唯物辩证法不仅仅是一种学术理论，更是一种指导实践和变革的工具。在这样的理解基础上，可以引导学生更深入地领会学习唯物辩证法的要旨，以进一步提升他们的辩证思维能力。通过培养学生的辩证思维能力，可以帮助他们更好地理解事物的复杂性和变化性。这将有助于学生成为具备全面素质和批判能力的未来领导者，更好地应对社会变革和挑战。

3. 在"实践与认识及其发展规律"部分设置专题：习近平新时代中国特色社会主义思想的世界观和方法论的形成来源与现实价值

实践是认识的基础，它在认识活动中发挥着决定性的作用。马克思主义哲学强调实践性是其最显著的特征，正如毛泽东所言："实践的观点是辩证唯物论的认识论之第一的和基本的观点。"① 学生掌握这一观点对于理解辩证唯物主义至关重要。教师还可以引导学生学习二十大报告中提出的"新时代中国特色社会主义思想的世界观和方法论"，其中包括坚持人民至上、坚持自信自立、坚持守正创新、坚持问题导向、坚持系统观念、坚持胸怀天下。教师可以通过讲述这"六个坚持"，向学生阐述实践与认识的辩证关系，并强调这些认识是新时代中国共产党人在实践中探索出来的具有深刻理论价值的思想观点。

一方面，需要阐明实践与认识的辩证关系。实践是思想理论产生的源泉，人类之所以拥有思想，乃是因为在实践中不断思考。从古至今，伟大哲人的思想和普通人的思考都源于不同形式的社会实践。实践是培养认识能力和推动社会发展的重要途径。通过实践来观察、反思和实践，人们的思想和认识能力得到了增强。因此，实践与认识是相辅相成、互为依存的。习近平新时代中国特色社会主义思想的世界观和方法论是紧密结合中国特色社会主义发展需求和实践要求的产物。它顺应新时代党和国家事业发展的需要，是马克思主义世界观和方法论在中国的最新成果，体现了对马克思主义世界观和方法论的创新和发展。② 这一思想的形成与实践密切相关，它是在党领导的伟大历史性变革实践中不断深化和提炼而得到的。充分认识到这一点，对于学生理解实践与认识的辩证关系具有重要意义。此外，教师可以借助新时代中国的实践例证，引导学生深入思考并充分认识到新时代中国特色社会主义思想的世界观和方法论是如何在实践中不断丰富和完善的。举例来说，可以通过探讨中国特色社会主义建设取得的显著成就，如生态文明建设、疫情防控等，来展示"六个坚持"在实践中的应用和推动作用。这样的实践例证将引发学生对实践与认识关系的深入思考，帮助他们理解实践的重要性和实践对认识的塑造作用。

另一方面，需要阐明理性认识转化为实践的现实价值。习近平新时代中国特色社会主义思想的世界观和方法论指导实践具有深刻的现实价

---

① 毛泽东选集：第1卷 [M].北京：人民出版社，1991：284.
② 高继文.习近平新时代中国特色社会主义思想的世界观和方法论 [J].理论视野，2023 (1)：39－44.

值。教师可以强调只有把握好"六个坚持",坚持好并运用好其中的立场、观点和方法,才能继续推进基于实践的理论创新,并取得实践的成果。"六个坚持"为全党全国各族人民在全面建设社会主义现代化国家的新征程中夺取中华民族伟大复兴的新胜利提供了科学指引,并对当今人类文明进步贡献了智慧。教师可以阐述"六个坚持"在实践中转化为实际行动的现实价值。例如,可以通过讲述"坚持胸怀天下"的理念,揭示这一理论对于中国共产党在百年奋斗征程中的意义。这意味着党始终倡导人类命运共同体理念,关心和支持世界上其他国家和地区的发展,并坚持走和平发展道路,为推动世界和平、发展、公平、正义做出贡献。人类命运共同体理念创新遵循了唯物辩证法从事实的联系出发的本体论逻辑,以能动实践为基础的认识论逻辑,以事实与价值辩证统一的价值论逻辑。[①] 这种理念以及一直以来的实际行动不仅符合中国特色社会主义的价值取向,也具有世界意义,为全球治理提供了中国方案。总之,通过具体阐述习近平新时代中国特色社会主义思想的世界观和方法论在实践中的现实价值,教师能够帮助学生更好地理解这一理论的深刻内涵,并激发他们将理论转化为实际行动的积极意愿。这将培养学生的实践意识和责任感,使他们成为既有理论素养又有实践创新能力的社会发展者和文明建设者。

4. 在"人类社会及其发展规律"部分设置专题:新思想、新论断、新要求,坚持以人民为中心的价值追求

这一部分主要讲述历史唯物主义的抽象概念及其思想观点。作为描述人类社会发展普遍规律的科学理论,历史唯物主义涉及两个核心内容:社会存在与社会意识的辩证关系以及马克思主义群众史观。为了将二十大精神与这些概念结合起来,思政课教师需要善于发现历史与现实之间的联系,并在讲解时使用形象生动的语言和具体的例子来帮助学生理解。

一方面,要阐明社会存在与社会意识的辩证关系。社会存在决定社会意识,而社会意识则是社会存在的反映,二者之间相互影响。教师可以指

---

① 王金玉. 人类命运共同体理念创新逻辑的哲学阐释:基于唯物史观视角 [J]. 南宁师范大学学报(哲学社会科学版),2022,43(3):102–111.

出，在现代社会中，信息技术的快速发展和普及不仅改变了人们的生活方式，也对社会意识产生了深刻影响。社交媒体的兴起导致了信息传播速度的加快，同时也塑造了现代人的价值观念和行为方式。这种社会存在和社会意识之间相互作用的例子，有助于学生更加生动地理解和认识这一辩证关系。在探讨这一理论知识时，思政课教师可以先强调二十大精神属于社会意识的范畴，是对社会存在的反映。同时，教师还应引导学生准确理解和把握党的理论创新立足于中国特色社会主义进入新时代的历史方位，这是对当今时代变化的判断，涉及时代态势中的"世界之变、时代之变、历史之变"。无论是"三个务必"、新时代新征程党的使命任务，还是中国式现代化的本质要求，这些理论都是对当前时代的反映。此外，在谈到有关文化作用时，会涉及"社会存在和社会意识辩证关系原理的重要意义"，教师可以融入二十大报告中关于提高全社会文明程度的相关论述，来阐述文化在推动社会发展中的作用。思政课教师还可以引用一些当代重要事件来加深学生对这一辩证关系的理解。例如，近年来，全球范围内的气候变化引发了广泛的关注和讨论，这是社会存在（气候变化）对社会意识（环保意识的提升）产生影响的一个典型例子。通过引用这些实际案例，教师可以让学生更好地理解社会存在和社会意识之间的相互关系，并从中认识到自身的责任和使命。

另一方面，要阐释人民群众是历史创造者的群众史观。以人民为中心的发展思想，是中国共产党结合中国革命、建设和改革实践要求所形成的重要成果，是实现21世纪马克思主义中国化时代化新飞跃的又一条理论证明。① 思政课教师可以通过阐述"一切为了群众"和"一切依靠群众"的观点来阐述这一群众史观。坚持"一切为了群众"，就是要始终发扬人民至上的理念，坚持以人民为中心，将人民的利益、需求和愿望摆在首位。二十大报告多次提到"以人民为中心"，强调"坚持把实现人民对美好生活的向往作为现代化建设的出发点和落脚点"。教师可以进一步展示党在教育发展、人民民主、民生福祉等方面的理念和措施，如坚持以人民为中心发展教育，发展全过程人民民主，保障人民当家作主，增进民生福祉，

---

① 尹文嘉，贾钰鑫．以人民为中心的发展思想的价值和发展［J］．传承，2023（1）：24-30．

提高人民生活品质等。通过这些具体实践，教师可以引导学生认识到人民群众在历史进程中的重要地位，以及党对人民群众的关心，从而使学生更加深入地理解群众史观的重要性。坚持"一切依靠群众"，意味着党和政府必须充分发挥亿万人民的创造伟力，以人民的力量为源泉和动力来推动国家的发展和进步。二十大报告中提出了"全面建设社会主义现代化国家，必须充分发挥亿万人民的创造伟力"的重要论断，由此可以进一步引导学生深刻领悟在中国特色社会主义实践中人民群众的主导地位。教师可以通过引用一些具体的案例和事实来说明人民群众在国家建设中的作用，以及他们在成就国家事业上的积极参与和贡献。通过这样的阐释，教师可以帮助学生认识到人民群众在历史发展中的重要作用，加深他们对群众史观的理解和认同。

三、党的二十大精神融入"史纲"的教学设计

"史纲"课主要讲授 1840 年鸦片战争爆发以来至今 180 多年的历史，教材按照时间顺序分为 10 章，本书为了分析方便，将这 10 章内容依照下述的 5 个历史时期来进行划分。在将党的二十大精神融入"史纲"课教学过程中，教师可以根据党的二十大精神与这 5 个历史时期是否紧密联系，以及学生应当掌握的核心要点，有侧重地将其融入"史纲"课教学中去，以期帮助学生更好地把握中国近现代史发展主线及内在规律。

1. 旧民主主义革命时期

这一时期主要对应"史纲"教材第一至第三章的内容。在第一章中讲到西方列强对中国的侵略时，教师可以结合中国式现代化的相关论述，在深刻把握"中国式现代化是走和平发展道路的现代化"① 的基础上，通过对比西方所谓的"修昔底德陷阱"，以及"国强必霸"的逻辑，引导学生从中感悟中国式现代化与西方现代化的区别。在第二章中讲到各种救国方案失败的教训时，教师可以结合坚持以人民为中心思想，深刻阐释不管是农民阶级发起的太平天国运动、地主阶级发起的洋务运动还是维新派发起

---

① 习近平. 高举中国特色社会主义伟大旗帜　为全面建设社会主义现代化国家而团结奋斗：在中国共产党第二十次全国代表大会上的报告［N］. 人民日报，2022-10-26（1）.

的戊戌变法等各种探索均以失败告终，无法改变中华民族处在民族危机和社会危机之中的状况，它们失败的历史进程和经验教训各不相同，但失败的原因却有共同之处。在半殖民地半封建社会时期，帝国主义和封建主义的力量太过强大，而开展救亡图存的各类政治势力却难免具有历史局限性，不能真正代表人民，不能站在最广大人民利益的立场上，因此也就不能依靠人民力量，正如毛泽东所说："主要原因，是占全国人口百分之九十的工农劳动群众还没有动员起来。"① 由此要引导学生深刻理解这样一个规律：人民是历史的创造者，是推动一切社会变革和发展的主体力量，任何时候都不能忽视人民群众的地位和作用。在第三章中讲授辛亥革命的相关内容时，教师要讲清楚：由于历史进程和社会条件的制约，以及没有找到解决中国前途命运问题的正确道路和领导力量，所以辛亥革命未能改变中国半殖民地半封建的社会性质和中国人民的悲惨命运，未能探索出中华民族复兴的前进方向。这就可以揭示出，资产阶级共和国的方案在中国行不通。在这里，思政课教师可以结合"中国特色社会主义是实现中华民族伟大复兴的必由之路"，引导学生加深对这一规律的认识，促使他们更加坚定道路自信。

2. 新民主主义革命时期

这一时期对应着"史纲"课教材第四至第七章的内容。在第四章讲到中国共产党成立的历史意义时，思政课教师可以将实现中华民族伟大复兴的历史主题融入教学讲解中，深刻阐释中国共产党一经成立，就肩负起重要的历史使命。在这里教师可以灵活运用历史叙事法来讲述1921年前后一批有志青年的故事。比如毛泽东、周恩来、陈乔年作为那个年代的青年人才，他们正在想什么，正在做什么，以此来引导大学树立理想，并将自身自觉融入实现中华民族伟大复兴的奋斗之中。在第五章讲到遵义会议时，教师可以结合党的自我革命思想，通过讲述遵义会议上党彻底纠正自己的错误，对博古、李德在军事指挥上的错误进行深刻分析，结束了"左"倾教条主义在党中央的统治，从而引导学生认识到遵义会议之所以是党的历史上一个生死攸关的转折点，关键在于党敢于自我纠错，自我革新。在第

---

① 毛泽东选集：第2卷［M］. 北京：人民出版社，1991：564.

六章讲到抗日战争时，教师可以结合"三个务必"之"敢于斗争、善于斗争"，以抗日战争中英雄人物的事迹，如东北抗日联军第三军二团政委赵一曼在作战中受重伤被掳，忠贞不屈，慷慨就义，向学生说明中华儿女在抗日战争中的英勇表现，进而引导他们从中感悟到中华民族敢于斗争的风骨。在第七章讲到中共七届二中全会提出的"两个务必"思想时，教师可以结合"三个务必"，向学生阐明"三个务必"是我们党洞悉历史规律、立足时代大势做出的重大判断，是对"两个务必"的继承与发展，体现出我们党的历史主动和历史自信。

3. 社会主义革命和建设时期

这一时期对应着"史纲"课教材第八章的内容，至少可以从以下两个方面将二十大精神具体融入进去。一是在讲到共和国的成立与新生人民政权的巩固时，思政课教师要引导学生明白，新中国成立初期中国共产党面临着国际环境和国内状况的双重挑战。在这里，思政课教师可以进行历史叙事，即通过讲述故事来引导学生明白道理。比如在讲抗美援朝战争的故事时，以长津湖战役为例，当时的志愿军部队缺衣少食、兵力不足，甚至冒着接近零下 40 摄氏度的严寒，与美军最精锐的王牌部队作战，通过这些讲述来引入二十大报告中提出的"总体国家安全观""维护国际公平正义""反对一切霸权主义和强权政治"等重要思想。还可以通过叙述杨根思、邱少云、黄继光、柴云振等英雄模范的先进事迹来揭示中国人的"志气、骨气、底气，不信邪、不怕鬼、不怕压"。二是在讲到社会主义早期探索的积极进展时，要引导学生懂得社会主义主要矛盾和社会主义基本矛盾的联系和区别，进而认识到我们社会的主要矛盾是随社会发展阶段的变化而变化的。在具体教学过程中，"在讲清楚我国社会主要矛盾发生变化的同时，还要讲清楚当前我国仍处在社会主义初级阶段的不变。社会主要矛盾的变化，既没有改变我们党对我国社会主义所处阶段的判断，即我国仍处于并将长期处于社会主义初级阶段这个最大国情、最大实际没有变，也没有改变我们党对我国仍是世界最大发展中国家的判断。在讲清楚'变'和'不变'的过程中引导学生充分认识到新时代是不断发展变化的新阶段"①。

---

① 何虎生. 党的二十大精神融入"中国近现代史纲要"课的几点思考 [J]. 思想理论教育导刊，2023（1）：96-104.

4. 改革开放和社会主义现代化建设新时期

这一时期对应着"史纲"课教材第九章的内容。一是在讲到第一节关于十一届三中全会中提到的为了保障人民民主，必须加强法制等内容时，教师可以结合二十大报告中提到的"全面依法治国是国家治理的一场深刻革命，关系党执政兴国，关系人民幸福安康，关系党和国家长治久安"，引导学生认识到法治建设的重要作用。二是在讲到"一国两制"方针的形成时，教师可以结合二十大报告中对坚持和完善"一国两制"，推进祖国统一的论述，可以通过讲述 2019 年西方介入的香港暴乱事件导致城市运作陷入半瘫痪状态，市民无法正常生活，深入探究其原因是西方资本主义意识形态对香港的渗透，而后我们党和国家通过法律和行政手段平息了暴乱，保证了香港的繁荣稳定，从而引导学生正确看待"一国两制"，增强国家观念和维护国家安全的意识。三是在讲授改革开放和社会主义现代化建设新时期"三步走"发展战略的制定时，教师可以联系中国式现代化的本质要求和总的战略安排的论述，从"三步走"战略到如今的"两步走"战略，从邓小平提出的"我们开了大口，本世纪末实现四个现代化。后来改了个口，叫中国式的现代化，就是把标准放低一点"①，从中国式的四个现代化是实现"小康之家"②，到当今的中国式现代化是人口规模巨大的现代化，是全体人民共同富裕的现代化，是物质文明和精神文明相协调的现代化，是人与自然和谐共生的现代化，是走和平发展道路的现代化③，帮助学生认识到中国共产党在不同时期对中国式现代化认识的不断深化，以及对中国式现代化理论的不断完善，增强学生以中国式现代化推进中华民族伟大复兴的志气、骨气、底气。

5. 中国特色社会主义新时代

这一时期对应着"史纲"课教材第十章的内容。一是讲到党的十八大以来党和国家取得的系列成就时，教师可以结合"两个行"的重要论断，指出新时代十年的伟大成就的原因，"归根到底是马克思主义行，是中国

---

①　邓小平文选：第 2 卷 [M]. 北京：人民出版社，1994：194.
②　邓小平文选：第 2 卷 [M]. 北京：人民出版社，1994：237.
③　习近平. 高举中国特色社会主义伟大旗帜　为全面建设社会主义现代化国家而团结奋斗：在中国共产党第二十次全国代表大会上的报告 [N]. 人民日报，2022-10-26（1）.

化时代化的马克思主义行"。面对国内外形势新变化和实践新要求，面对着中西关系的不稳定性，中国共产党人坚持用马克思主义及其中国化创新理论指导实践，不断回答时代之问，从而引导学生坚定理论自信，增强理论自觉。二是要讲清楚"两个确立"的重大意义。党的二十大通过的《中国共产党第二十次全国代表大会关于十九届中央委员会报告的决议》中提出："新时代十年的伟大变革，是在以习近平同志为核心的党中央坚强领导下、在习近平新时代中国特色社会主义思想指引下全党全国各族人民团结奋斗取得的。"① 由此引导学生明白"两个确立"是顺应时代的呼唤。教师可以讲述党的十八大以来我们经受住了来自各方面的风险挑战与考验，比如在抗击新冠肺炎疫情期间，在习近平总书记的亲自指挥和亲自部署下，中国共产党万众一心，众志成城，打赢了"武汉保卫战"，以最快的速度和最果断的抉择阻断了疫情的快速传播，在病毒的毒性非常强的情况下保护了人民群众的生命健康。还有开展反腐败斗争、解决"卡脖子"技术问题等，通过这些案例可以引导学生认识到"两个确立"是有效应对复杂局势的必要选择，是解决大党独有难题的必然担当。三是要结合社会主要矛盾变化和经济新常态要求，深入阐释新时代新征程中国共产党的使命任务。"中国共产党的中心任务就是团结带领全国各族人民全面建成社会主义现代化强国、实现第二个百年奋斗目标，以中国式现代化全面推进中华民族伟大复兴。"② 教师要引导学生认识到中国共产党的使命任务，激励其在新征程上贡献自己的青春力量。

第三节

有效融入的方法审视

推进党的二十大精神进入课堂、教材和学生头脑，必然需要重视教学

---

① 党的二十大报告辅导读本 [M]. 北京：人民出版社，2022：68 - 69.
② 习近平. 高举中国特色社会主义伟大旗帜　为全面建设社会主义现代化国家而团结奋斗：在中国共产党第二十次全国代表大会上的报告 [N]. 人民日报，2022-10-26（1）.

方法。就像使用什么样的机器设备来进行生产一样，教学方法的选择必然会影响到教学的效率和质量，也会制约"怎么培养人"的效果。对于大学生思政课来说，教学方法就是开展教学的工具，是使学生全身心参与教学的必要条件。教无定法，更没有固定模板。每个教师都有最适合自己的教学方法，但这并不等于不要创新。相反，任何课堂教学都离不开对教学技术与方法的创新运用。在将二十大精神融入思政课的教学中，如果只是沿用传统的单一教学方式，可能难以达到预期的效果。就思政课这样"曾不受学生待见"的课程而言，如果善于运用方式方法，便能够在很大程度上有效提升教学效果。这是一项能力，也是一门艺术。因此，需要在传统教学方法的基础上进行各种教学形式的创新融合，通过引入新的形式、新的载体和新的方法，增强思政课的吸引力、渗透力和说服力。为了更好地将二十大精神融入大学生的思政课中，思政课教师不仅需要打破传统的"我教你听"的教学模式，还需要调动学生的主动性和积极性。同时，教师还应以灵活的方式因事制宜、因时制宜、因势而新，注重学生的思想获得感和内心认同感。[①] 在选择运用方式方法时，思政课教师要注意结合知识结构及重难点分布来做安排。毕竟教学内容与方法之间存在着一个是否"搭配"的问题。在将二十大精神融入"德法"课过程中，可以根据教学内容灵活运用方式方法。

一、运用以师生互动为形式的"翻转式"展示法

在开展思政课教学时，有些老师常常会遇到这样的困惑：尽管各个专题的内容都充实，脉络清晰且结构严谨，甚至课件设计得很漂亮，但学生却依然对课堂不感兴趣，抬头率仍然很低。那么，应该如何解决这个问题呢？首先，需要找到问题出现的原因。这个原因需要从时代的背景中去寻找。"不理解一个时代人类已经达到的知识状况，就不能很好地理解那个时代教育活动的方方面面；分析一个时代教育所面临的问题也必然要分析

---

① 吴宁宁.党的十九大精神融入"马克思主义基本原理概论"课程探微 [J].思想理论教育导刊，2019，241（1）：120-124.

那个时代所面临的知识问题。"① 目前的研究已经表明，在由互联网驱动而形成的大数据时代，知识的生产、存储、获取和传播相较于从前都发生了革命性的变化。这一变化直接影响并挑战着传统的教育学习方式。特别是年轻人不再喜欢也很不愿意接受来自教育者的"单方说教"。因此，要提高思政课的教学效果和学生接受度，需要扩展话语空间，从传统的单向度的强制灌输转向互动对话的方式。需要营造一个真诚表达的话语氛围，实现师生之间话语的"视域融合"。② 通过视域融合，教师和学生可以相互分享观点和经验，进行更有深度的思考和讨论。这就是讨论式的融入。

顾名思义，讨论式教学就是采取讨论方式来安排课堂教学活动。不同于"老师讲，学生听"的传统式教学，其特别强调教师的主导作用和学生的主体作用。这种教学方法是在教师的指导下，学生围绕某一个问题现象进行相应探讨或争辩，最后教师针对讨论内容进行点评和总结，旨在引导学生提升创新思维能力、表达能力和团队协作能力。既然运用讨论式教学方式，那么就要有值得讨论甚至具有争议性的话题内容。浅显的概念、简单的道理、公认的观点，一般不适合讨论。在"德法"课中，讨论"复兴大任""时代新人""投身崇德向善的道德实践""积极践行社会主义核心价值观"等问题时，可以有效融入二十大报告关于"过去五年的工作"的最新提法。在学生的讨论中，帮助他们了解过去三年中共产党人的先进事迹，引导学生养成高尚的品行，树立服务人民、奉献社会的人生理想。同时也加深他们对于"以人民为中心"的深刻理解。

讨论式的融入，不会拘泥于定势。对于经验丰富的"金牌教师"，可以将讨论式教学穿插于传统式教学之中，即根据具体情境临时决定开展讨论，而不需要过多的专门组织与准备。而对于大多数普通教师而言，要想确保讨论课的效果，需要做好提前准备，也就是说要提前告知学生即将讨论的内容，要求学生自学二十大精神的相关内容，对相关知识点进行预习和思考。无论是临时性的讨论，还是有准备有组织性的讨论，都要让学生在其中"唱主角"，教师要善于"做配角"，这也就是教育界提倡"翻转课

① 石中英．知识转型与教育改革［M］．北京：教育科学出版社，2001：8．
② 叶荣国．大学生思想政治教育话语接受面临的问题与应对［J］．思想政治教育研究，2019，35（1）：104-107．

堂"的应有之义，即"翻转式"展示法。等到讨论结束时，教师马上转换角色，对讨论内容和学生的争论情况进行总结。比如在"德法"中讲到"人生态度"的内容时，教师可以提前设计"服务人民、奉献社会的人生追求过时了吗""从党的二十大报告中关于党的自我革命思想中获得的启示是什么"等问题。在后续的课堂讨论中，就可以讨论当前大学生的某些不良现象，包括媒体报道过的学生干部在竞选过程中通过"走后门"或贿赂拉票方式当选的现象。这样有助于引导学生树立廉洁自律的思想，形成积极良好的人生态度，从而加深学生对于"党的自我革命"思想的深刻认识。

不同的章节内容、不同的情景语境，翻转讨论的融入会有不同特点。但无论如何，教师都需要注意以下几点：一是善于抓住讨论中的观点争议。在学生激烈的讨论过程中，会产生针锋相对的观点、矛盾对立的说法，甚至是完全不同的价值观，究竟孰是孰非？这需要老师在课堂讨论中捕捉得到，并在后面的点评时做出判断，并有理有据地进行分析阐述。二是积极回应讨论中学生的疑问。新时代大学生普遍具有思想多元化、个性鲜明化、行为独特化等特征，他们成长于网络时代，获取信息的渠道比教师更广，具有强烈的好奇心与怀疑精神，在课堂讨论中有些人会提出很刁钻甚至敏感的问题。这个时候教师应该正面做出回应，把道理讲深、讲透、讲活。三是认真倾听每一位学生的发言并对正确观点加以肯定。安排学生讨论时，教师不能开小差或者做其他事情，而是要认真倾听，这是对学生的尊重，犹如教师讲课时学生认真倾听一样。对于学生偏颇的观点，教师要通过温和的方式加以指正，并顺势引导到正确的观点上来。而对于学生深刻的思考和正确的观点，教师要积极地加以肯定和表扬。

这样的教学方式能够激发学生的兴趣和积极性，也能够使他们更加主动地思考和参与到课堂中来。教学不再是单纯地向学生传授知识，而是促使学生参与到知识的探索和思考过程中。这种互动的学习方式不仅能够提高教学的有效性，也符合学生的认知特点和需求。在思政课教学中运用翻转课堂的方式，是对传统的灌输式教学模式的重塑。这种教学方式关注学生的需求，尊重学生的意见，激发学生的兴趣，以学生为中心，改变了线性的教学思维和习惯。通过倾听学生的心声，走近学生的生活，翻转课堂引导学生从被动学习转变为自主学习，从而激发了学生对课程的兴趣和对教师的喜欢。正如俗话所说，人敬我一尺，我敬人一丈。因此，尊重学生的教师也必然获得学生的尊重。所以，在将二十大精神融入思政课教学的过程中，思政课教师可以采用启发式教学方式。启发式教学是根据教学任务，针对学生的认知水平和知识储备，综合采用多种方式来启发学生的思维。在这种模式下，教师发挥主导作用，学生成为主体，鼓励学生在课堂上展示自己。这种展示可以是学生完成的作业，或是对某个问题的思考，主要通过语言表达来实现，同时也锻炼了学生的口头表达能力。学生可以与教师和同学进行互动，通过这些展示活动来活跃课堂氛围，调动学生的主动性和积极性，从而提升教学效果。通过翻转课堂，思政课教师与学生之间建立了更加平等和互动的关系，教师尊重学生的思想和个性，激发了学生的参与度和合作意识。这样的教学方式也能够增强学生的自主学习能力和创新思维能力，培养学生终身学习的意识和能力。

为了在课堂上更好地引导学生展示，需要协调并组织好课前、课中与课后的工作。做好课前准备是非常必要的。思政课教师可以提前布置预习材料，例如人民出版社的《党的二十大报告辅导读本》，或者直接让学生在网上下载二十大报告，并让他们阅读新华社或《人民日报》关于二十大的精神解读。根据班级规模，可以将学生分成若干小组，并选出每个小组的组长，由组长负责带领小组成员按照学习计划开展线上或线下讨论，同时形成小组的课堂展示内容。可以委派一名同学代表小组在课堂上进行展示。当思政课教师讲解到与学生小组的准备材料相吻合的部分时，可以邀请该小组上台展示讨论成果，或者该小组代表自愿上台展示。在展示过程中，教师还应善于提问。可以根据教学内容针对学生展示的成果或现实生活等提出问题。例如，在讲授"马原"中的认识与实践的辩证关系时，思政课教师可以启发学生思考："运用联系与发展的辩证关系原理，说明中国为什么会坚持马克思主义的指导思想。"教师要给予学生发言和讨论的机会，以发挥学生的主导作用。通过教师的有效提问和启发诱导，有助于促进同学对问题的深入思考。二十大精神以这种方式融入进去，能够激发学生的兴趣，增强他们对思政课的参与度。同时，学生也有机会展示自己的学习成果和思考能力。

二、运用以探索问题为目标的"主题式"研讨法

出生并成长在互联网时代的"00后"大学生具有强烈的好奇心，对这个瞬息万变的世界产生了各种疑问。他们的思维认知呈现出一定程度的独立性、选择性、多样性和差异性，对社会变化敏感且具有开放的思维方式。然而，传统的课堂教学仍然停留在"是什么"的知识层面，只重视简单陈述事实和空洞的政治说教。[①] 为了改变这种状况，思政课教学必须创新教学理念和方式，实现从"是什么"到"为什么"的转变，并不断将学生提出的问题纳入教学体系中。[②] 为了更好地融入二十大精神，思政课可以采用"主题式"研讨法。这种方法的目标是探索问题，通过在课堂上创设情境、提出和解决问题，使学生在研讨问题的过程中获得知识和智慧。思政课教师可以根据课程的内容体系选择不同的主题，这些主题最好能够引发学生的兴趣和探索欲望。

如果从宽泛意义上说，"主题式"研讨法，在这里也可以称为专题式融入法。专题教学，是根据教学理论结构的内在联系和逻辑关系对知识点进行整合，基于特定问题形成若干个教学专题。[③] 这是一种颇受学生欢迎的教学方法。过去，为了全面妥当顺利地完成教学任务，教师们大多是按照每门课的章节顺序来讲授教材内容。这样按部就班、循规蹈矩地进行课堂教学，虽然能够面面俱到不遗漏任何章节，但却越来越提不起学生的兴趣，越来越难以满足学生们对于知识的新要求。因此，专题式教学方法应运而生。

新时代大学生的知识获取渠道较多，对思政课教材上的不少理论知识已有一定了解，教师不需要按部就班地按照教材目录顺序进行过多讲解，特别是没有必要对一些概念进行详细阐述。可以将学生关注的热点问题、二十大精神涉及的理论难题单独"拎"出来，再将其他相关知识整合在这

---

① 易新涛. 提升高校思政课教学质量的基本遵循 [J]. 湖北社会科学，2021 (12)：149 - 153.

② 王天恩. 问题逻辑与思想政治理论课教学 [J]. 思想理论教育，2011 (13)：38 - 42.

③ 孙巍. 新时代高校思政课专题式教学的基本遵循及实施策略 [J]. 学校党建与思想教育，2022 (10)：45 - 48.

个问题之中，形成围绕中心问题而展开的逻辑严密的专题教学内容。在"德法"课教学中，要将二十大精神很好地融入，需要通过专题形式将很多热点问题和理论难题阐释清楚。比如说，二十大报告中所提到的伟大建党精神、斗争精神，可以有机融入"新时代呼唤担当民族复兴大任的时代新人""追求远大理想，坚定崇高信念"等章节内容中，形成相对独立的专题教学内容。

开展专题式教学，第一步是要选择专题式教学的"题目"。二十大精神融入思政课，一般不需要在题目上"融入"。如果专题的"题目"就直接是二十大精神的体现，那么这个专题就变成了二十大精神宣讲课，而不是"思想道德与法治"课。所以，专题"题目"必须来源于教材本身，可以是较为具体微观的，也可以是抽象宏观的，可以是短语式表达，也可以是一个句子，甚至可以是一个疑问句。从教学实践中看，词组式或短语式的题目比较常见，比如说"专题一：大学生的理想信念""专题八：民法典与日常生活"。在凝练专题"题目"时，授课教师要有整体思维和发散思维，做到理论联系实际，并在平时注意收集大学生的兴趣点和关注点，以及他们遇到的疑问与困惑。也就是要做到"知己知彼"，只有教师懂得学生，学生才会"信服"老师。如果要讲授"大学生的理想信念"这一专题，在讲授之前教师就应该了解这些问题：大学生有理想吗？他们的理想是什么？在实现理想方面大学生普遍存在什么困惑？

在课堂上的专题教学中，教学内容要由若干相互联系的具体问题连接起来，做到具有层次性、逻辑性。[①] 专题式教学可以以"是什么—为什么—怎么做"的顺序讲授教学内容。在讲授"大学生的理想信念"专题时，首先，可以针对大学生的困惑和迷茫，以"伟大建党精神"为切入点，围绕"什么是理想信念"这个问题展开，选用建党初期烈士们的感人故事，引导学生认识到理想信念的深刻内涵。其次，可以围绕"为什么需要理想信念"展开教学，讲清楚理想信念是世界观、人生观、价值观的"总开关"，正是因为一代代人守牢了理想信念这个"总开关"，才能不断推进伟大事业。用"觉醒年代"时期李大钊在革命道路上把理想信念看得

---

① 陈红，米丽艳. 高校思想政治理论课专题教学设计的六大要素 [J]. 思想理论教育导刊，2019（9）：99－102.

比生命还重要，帮助学生认识到理想信念对个人、国家和民族的意义。再次，以"斗争精神"为着力点，围绕"怎样实现自身的理想"讲清楚仅仅有理想是不够的，需要在实践中化理想为现实，需要"把自己的梦和祖国的伟大事业联系在一起，将奋斗的平台放在祖国伟大事业上，才能成就理想"。

二十大精神所呈现的理论的深刻性和科学性，要求思政课教师钻研其中的新观点和新论断，寻找其与思政课相契合的"同类项"，设计符合二十大精神、贴合教学内容的主题。当然，从严格意义上说，专题和主题是不同的。应该说，专题涵盖了若干主题，主题涵盖了若干问题。也就是说，在进入各个专题内容时，思政课教师可以提炼出若干主题，引导学生一起研讨。比如以"马原"课为例，"党的二十大精神是马克思主义中国化时代化的最新理论成果"这个专题，里面涉及不少主题。思政课教师在讲到"马克思主义的发展"主题时，可设置"为什么要把马克思主义基本原理同中华优秀传统文化相结合"这样的具体问题，引导学生开展研讨。比如在"坚持以人民为中心的价值追求"专题中，里面也涉及好几个主题：社会存在与社会意识的辩证关系，社会历史发展的动力，人民群众是历史的创造者。在"社会历史发展的动力"这个主题中，可以引导学生关注二十大报告中提到的"教育、科技、人才是全面建设社会主义现代化国家的基础性、战略性支撑"。再比如，在讲到"联系和发展的普遍性"主题时，可设置"如何看待构建人类命运共同体及其意义"的具体问题；在讲到"矛盾的普遍性和特殊性及其相互关系"主题时，可以提出"为什么中国要走具有自己特色的中国式现代化道路"这样的具体问题。

党的二十大报告指出："必须坚持问题导向。问题是时代的声音，回答并指导解决问题是理论的根本任务。"① 这样的方法论正是"主题式"研讨法的权威注脚。新时代大学生有很多心存困惑的问题，不仅有理论学习上的问题，也有日常生活上的问题。这些问题都可以拿出来探讨，但这些问题可能还够不上主题，更不被认为是专题，但可以是被安排在某个主题之下的"小问题"。"德法"课的很多内容就是为了解决大学生的日常困惑或者小问题的。不少问题的解答，同样可以与二十大精神结合起来，或者

---

① 习近平.高举中国特色社会主义伟大旗帜　为全面建设社会主义现代化国家而团结奋斗：在中国共产党第二十次全国代表大会上的报告［N］.人民日报，2022-10-26（1）.

可以运用二十大精神所提到的理论和方法来进行指导。比如"宿舍同学相处时出现矛盾了该怎么办""大学生该不该谈恋爱",此类"小问题"其实涉及了许多主题或专题,可以在"马原"的哲学部分中来讲,也可以在"德法"的道德板块和法治板块中来讲,也可以在"史纲"中对照历史人物的故事来启发。总之,以探索问题为目标的"主题式"研讨法以主题和问题为核心,通过研讨来促进学习、思考和提升。这种教学方法有利于激发学生的自主思考,同时培养学生的辩证思维能力、语言表达能力和解决问题的能力等多方面能力。

三、运用以生动趣味为点缀的"媒体式"辅助法

过去的很长一段时期,由于思政课的性质特殊,稍不注意就会容易造成整个教学过程枯燥无味。有老师感叹思政课越来越难上。后来才发现,越来越难上的原因是没有顺应时代潮流,没有跟上互联网发展步伐。现在将"媒体式"教学方法运用到思政课教学中,运用到二十大精神的融入过程中,不仅能丰富教学内容,拓展信息资源,而且通过网络平台,使得教学内容更加生动,形式更加活泼,能够有效增强学生对课程知识的学习兴趣。这里所谓的媒体主要是指网络新媒体,而不是指传统报刊媒体。随着"90后"大学生陆续走向社会,"00后"已成为大学的新主体。新一代青年善于接触新事物、适应新环境,具有行动自由化、个性独立化、表达直接化、思想多元化等特征。[①] 他们的成长与互联网在中国的发展同步同行,他们助推虚拟生活和视频社交的极速发展。中国互联网络信息中心(CNNIC)发布的第 51 次《中国互联网络发展状况统计报告》显示,截至 2022 年 12 月,我国网络视频(含短视频)用户规模达 10.31 亿,较 2021 年 12 月增长 5 586 万,占网民整体的 96.5%;其中,短视频用户规模达 10.12 亿。上"抖音"、刷"快手"、玩"B站"是现在年轻人的主要生活方式和娱乐形式。三年疫情防控期间,视频上课、视频会议、视频求职等方式更是助推了视频应用程序的流行。

① 张展,周琪超. 基于"00后"大学生的德育实效性研究 [J]. 学校党建与思想教育,2021(4):78-80.

新媒体技术成为思政课教学的重要工具，极大拓展了教师和学生的思维空间。思政课教师可以利用学校或学院建立的数字网络平台，推送关于宣传党的二十大精神的视频资料，并从人民网、新华网等主流媒体网站中为学生挑选学习资源。同时，教师还可以通过微信、钉钉、微博等互动平台与学生分享关于二十大精神的新闻时讯和理论解读。通过媒体网络形式来展示学习内容，而不仅仅是通过"翻书本"查找知识点，既提升了效率，又具有鲜活性。在具体的教学活动中，可以开展网络互动交流，如在线答疑、在线测试等。也可以把与课堂知识点相关的电影、纪录片等网络资源进行整合梳理，形成课堂学习的拓展材料，并将其加入网上教学资源中，学生在逐步掌握理论的同时，也能提高鉴别能力和审美能力。深入观察教学一线就不难发现，那些很"潮"的老师之所以受到学生的普遍欢迎，是因为在"抖音""快手"上注册个人用户，并与班级学生形成"互相关注"的"连线"状态，这样既能拉近教师与学生的距离，也能通过增进信任从而提高思政课的教学效果。当然，需要注意的是，思政课教师要顺应潮流，而不是迎合潮流，尤其是不能迎合低级趣味。真正的好老师永远是注重"理论为本"和"内容为王"。① 所以说，思政课教师运用新媒体，尤其要善用短视频，但这些也只能是作为点缀，作为辅助方法，要切实注意将理论系统性与教学有效性恰当结合并有机统一起来。

除了容易陷入"泛娱乐化"境况之外，"媒体式"教学法还存在一个很大的缺点，即可能导致内容散乱、知识碎片化。在课堂上，学生可能会感到非常开心，但课后却可能忘记所学，没有形成系统的知识结构。为了解决这一问题，思政课教师可以针对学生的知识碎片化问题，制定有效的教学方法和策略。其中，在使用新媒体进行教学的同时，可以结合教材中的知识重点和难点，进行有针对性的讲解和引导，通过深入浅出、生动活泼地讲解教材内容，引导学生去思考和理解，从而帮助他们建立起完整的知识框架。此外，教师还可以通过课后讨论、小组合作等形式，加强学生对理论知识的巩固。通过这些形式，学生可以有机会将所学知识与现实生

---

① 孙蚌珠. 理论为本·内容为王·因材施教：提升思想政治理论课教学质量的思考 [J]. 思想理论教育导刊，2017（9）：44 - 48.

活中的案例、问题相结合，进行思考和探索。此外，小组合作可以培养学生的合作能力和沟通能力，促进知识的互补与交流。通过这些措施的实施，可以弥补"媒体式"教学法的缺漏，提高学生的学习效果。因此，在将二十大精神融入思政课的教学过程中，教师需要充分认识到"媒体式"教学法存在的问题，注重理论系统性和教学有效性的有机统一，针对学生的知识碎片化问题，制定相应的教学方法和策略。

四、运用引人入胜的"叙事式"融入法

近些年来，随着"00 后"大学生相继进入大学校园，教育工作者更多考虑如何将思想政治教育与大学生的学习、生活实际紧密结合起来。一种不同于传统理论教学法同时又超越讨论教学法与专题教学法的新型教学方法逐渐流行。这就是通过讲故事并融合知、情、意、行的叙事教学法。"叙事是人类社会的一种普遍现象，它既是一种话语方式，也是一种思维方式。就其作为话语方式来说，叙事即讲故事，它与抒情、说理相区别。"① 所以说，叙事性教学是按照备故事、叙故事、结构故事、重构故事展开教学，通过将学生置于情节化的故事情境之中进行反思，解决成长过程中遇到的问题，从而实现个人成长发展。② 这种教学在方法上可以采取情节展开、悬疑引导和叙事总结等方式。在将二十大精神融入"德法"课过程中，通过叙事性教学的融入，有助于增强课堂内容的生动性和趣味性。

实践是理论之源，二十大精神源于新时代的伟大实践。党的十八大以来，各行各业发生了许多变化，取得了伟大成就，同时也涌现出许多先进的人物事迹。有很多故事值得珍藏与传颂，有不少人物值得铭记与讴歌。在脱贫攻坚战的伟大斗争中，黄文秀、张桂梅等先进共产党员的扶贫事迹能够给予大学生最强大的精神力量，与二十大报告的"坚持发扬斗争精神"相契合。在疫情防控第一线，钟南山、李兰娟、张定宇等人所做出的

---

① 陈然兴. 叙事与意识形态［M］. 北京：人民出版社，2013：1.
② 潘莉，欧阳菁菁. 高校思想政治理论课叙事教学法内涵、过程及实施策略［J］. 学校党建与思想教育，2017（19）：66-69.

贡献同样也是二十大报告中"担当精神""奉献精神"的鲜明体现。而这些故事正好可以与"德法"课中的某些章节结合起来。当然，课堂教学中融入二十大精神，不必局限于新时代以来的故事叙述，也可以将视野打开，将之放置在党的百年历程之中。以讲授"中国精神的丰富内涵"为例，叙事性教学的课堂教学主要有以下两个环节：一是选择叙事内容。选择故事是叙事式教学的首要环节，而且是课堂教学的关键内容。在课前，教师就要根据教学内容，选定合适的故事。二是展开叙事教学。在提前选好叙事故事的基础上，教师要将故事带入课堂进行讲授，开展思政课教学。

在叙事式融入中，教师要饱含深情，通过叙述故事引起学生共鸣。教师可以从中华优秀的传统故事、革命历史故事、社会主义建设和改革故事等中进行选择。例如，在讲述延安精神时，教师可以选用革命战士张思德的故事。1944 年，张思德在延安安塞县执行烧炭任务，为了多烧几窑木炭，决定多挖几个新窑，连雨天也不停工。然而一个即将挖成的炭窑突然坍塌下来，张思德将战友推出窑口，自己却被埋在窑内牺牲了，年仅二十九岁。

叙事有宏大叙事、微小叙事、开放叙事、叙事总结、启发叙事等不同方式，并在不同程度上影响着教学效果。要使课堂教学取得好的成效，就需要设计好叙事方式。如在讲述伟大奋斗精神和伟大团结精神时，教师可以采取宏大叙事和微小叙事相结合的方式进行教学设计。教师要把团结奋斗精神放到宏大的历史发展背景中讲述，即通过讲述党和人民在新民主主义革命、社会主义革命和建设、改革开放和社会主义现代化建设、中国特色社会主义新时代各个历史时期取得的一切历史成就，对中国共产党人团结奋斗的历史展开描绘，从整体上把握团结奋斗精神在不同时期的具体体现。同时教师可以讲述"为人民服务"的先进代表张思德、"中国氢弹之父"于敏、"青蒿素之母"屠呦呦、扫雷英雄杜富国等人物故事，使学生在叙事环境中实现理论知识和情感价值的传递与转化，促使课堂生活化、情感化，从而提升"德法"课的说服力和实效性。

本章小结

作为落实立德树人根本任务的关键课程，大学生思政课备受重视。将党的二十大精神融入大学生思政课，是当前的一项重要教学任务和教育实践，同时也是一个值得研究的理论课题。既然是将二十大精神融入思政课，那么就必须准确把握两者的相同性和不同性，特别是要懂得如何从差异中找到相通之处。只有找到两者的相通点，才能真正实现"融入"。因此，党的二十大精神融入大学生思政课的逻辑前提体现在三个方面：首先，思政课教师应该深入学习二十大精神，包括学习二十大报告、习近平总书记在二十大期间的重要讲话以及二十大新党章等内容，深入挖掘二十大精神中的育人元素，融会贯通二十大精神，在学习领悟时不能教条化片面化。其次，不仅需要将教材体系转化为教学体系，更重要的是要对教材内容有深入的理解。只有教师对教材具备深度辨识力，才能将二十大精神融入思政课教学中。而要达到这一目标，教师需要深度理解课程内容，尤其是要辨识思政课教材内容。再次，为了防止出现"两张皮"的现象，避免出现二十大精神与思政课教学的脱节，教师需要坚持两者相互靠拢的理念。在理解和研究二十大精神的同时，要将其与思政课教材内容相联系，能够在研读思政课教材内容时寻找到与二十大精神相关的内容。尤其在备课时，教师要能够做到将二者相互联系，以形成无缝对接的教学过程。

将二十大精神融入大学生思政课教学中，如何做好教学设计十分关键。涉及教学目标的设定、内容的选择、教学方法的运用和教学资源的准备等方面，特别是在内容上要体现二十大精神的元素。相对于其他课程而言，"马原"课的教学难度较大，其课程体系却相对稳定，章节内容的变化不大，以"马原"课程作为例子可以说明一般情况。为了将二十大精神有机地融入"马原"课教学中，教师需要通过深入学习和理解二十大精神对马克思主义哲学、政治经济学和科学社会主义的运用和发展。在此基础上，教师可以穿插知识点或设置专题，将二十大精神融入各个章节中。在教学设计尤其是内容的设计上，思政课教师要做到层次分明、结构合理、逻辑清晰。

以哲学部分的专题教学来说明，在将二十大精神融入"马原"课哲学部分的过程中，思政课教师需要理解两者在哪些方面具有内在的一致性和关联性，以及新观点和新论断如何体现了哲学原理。这是基本功，也是一项不容易做到的任务，尤其对于刚刚参加工作的年轻老师可能有一定难度。因此，在很多高校的思政课教学团队中，通常采取"老教师指导新教师"的师资培养模式，这种做法对于"马原"课老师的成长十分有帮助。在能够抓住二十大精神与"马原"课的契合点之后，思政课教师就要做好教学设计，本书主张在哲学部分的各个章节设置专题，将二十大精神融入其中，从而在教学过程中实现两者之间的有机统一。在导论部分可以设置"党的二十大精神是马克思主义中国化时代化的最新理论成果"专题。在"世界的物质性及发展规律"部分可以设置"辩证唯物主义是习近平新时代中国特色社会主义思想的方法论基础"专题。在"实践与认识及其发展规律"部分可以设置"习近平新时代中国特色社会主义思想的世界观和方法论的形成来源与现实价值"专题。在"人类社会及其发展规律"部分可以设置"新思想、新论断、新要求，坚持以人民为中心的价值追求"专题。

教学方法也非常重要。如果沿用传统单一化的教学方式，可能难以达到良好的教学效果。思政课教师需要打破传统的"我教你听"的模式，想方设法调动学生的主动性和积极性。尤其在当前"00后"成为大学新主体的阶段，思政课教师应善于运用新的方式和方法。教师可以采取以师生互动为形式的"翻转式"展示法，注重教师主导作用和学生主体作用的有机统一。通过讨论和互动，鼓励学生积极参与，提高学习的效果。另外，教师还可以采取以探索问题为目标的"主题式"研讨法，注重激发思考和培养能力的有机统一。通过设定具有挑战性和启发性的问题，鼓励学生主动探讨和解决问题，培养他们的批判性思维和创新能力。同时，教师还可以采取以生动趣味为点缀的"媒体式"辅助法，注重理论系统性和教学有效性的有机统一。通过运用多媒体等教学工具，将课堂内容呈现得生动有趣，吸引学生的注意力，帮助他们更好地理解和记忆知识。在教学过程中，多种教学方法交汇融合，可以实现党的二十大精神深度融入思政课教学中。然而，需要注意的是，不能为了追求教学方法而使用方法。真正优秀的教师始终注重"理论为本"和"内容为王"，教学方法只是辅助手段，合理运用才能取得良好的教学效果。

将二十大精神融入高校思政课教学时，应该避免枯燥乏味、静止孤立和生搬硬套的融入，而是要做到鲜活生动、系统关联的融入。尤其需要注意的是，二十大精神涉及各个方面的内容，很多内容都可以融入思政课教学中，有些内容甚至可以与多门思政课联系起来，都能与"马原""史纲""德法""毛中特""习思想"等课程相结合。这就要求思政课教师有选择性地融入，而不是"眉毛胡子一把抓"，绝不能"照单全收"。例如，中国式现代化和"三个务必"等新论断都可以融入各门的思政课教学中，但是，将它们融入哪个板块或哪个章节更加合适，这就需要有所取舍，并且需要讲究标准。对于思政课教师而言，如何进行选择和取舍是一个更深层次的问题，有待同行们的进一步思考和讨论。

第七章 未来已来：生成式人工智能的挑战[①]

当今数字时代，人工智能作为引领新一轮科技革命和产业变革的重要驱动力，"正深刻改变着人们的生产、生活、学习方式"[②]。2023 年 7 月，国家网信办等七部门联合发布《生成式人工智能服务管理暂行办法》，鼓励生成式人工智能在各行业、各领域的创新应用。这必将推动新一轮的教育大变革。作为一种强大的自然语言处理工具，生成式人工智能为高校教学开辟了新的应用场景。生成式人工智能与大学生思政课获得感之间存在一定的关系，通过个性化学习体验、高效学习辅助和多元学习资源等方面的应用，为大学生思政课提供更好的学习环境和学习支持，从而增强学生的获得感。探讨生成式人工智能在高校思政课中的应用，有助于今后更好应对数字技术的挑战并提升大学生思政课获得感。

第一节

生成式人工智能催生教育变革

生成式人工智能，即 AIGC（AI-Generated Content），是人工智能技术的一个分支，指利用机器学习和自然语言处理技术，让机器自动创造各

---

① 本章主要内容已发表在《河南科技学院学报》2024 年第 2 期上。
② 习近平向国际人工智能与教育大会致贺信 [N]. 人民日报，2019-05-17（1）.

种形式的内容，如文章、视频和音频等。2022 年 11 月，美国 OpenAI 推出新一代人工智能技术 ChatGPT，引发了全球范围内的广泛关注。它以深度学习等技术为基础，经过针对海量数据的预训练，根据用户指令生成内容丰富的自然语言文本。[①] ChatGPT 是 AIGC 的一个特定应用，专为会话交互而设计。生成式人工智能的其他应用可能包括语言翻译、文本摘要或用于营销目的的内容生成。

ChatGPT 的发展可以追溯到 OpenAI 对生成式预训练模型的研究。在最初阶段，OpenAI 开发了第一版 GPT（Generative Pre-trained Transformer）模型，通过大规模互联网数据的预训练，并通过微调用于特定任务。在 GPT 发布一年后，OpenAI 推出了"升级版"的模型 GPT-2。这个模型的规模比 GPT-1 大了 10 倍以上，但由于潜在的滥用风险，OpenAI 没有将其公开发布。到了 2020 年，OpenAI 推出了公众可用的 GPT-3，能够执行各种自然语言处理任务。在 2022 年的神经信息处理系统大会上，OpenAI 再次推出了全新的大型语言预训练模型，也就是 ChatGPT。自 2022 年 11 月推出以来，ChatGPT 凭借其强大功能迅速引起了广泛关注，被誉为人工智能领域的"顶流"。

作为 AIGC 的特定应用程序，ChatGPT 在全球范围内的热度快速上升，而且在教育领域引发了广泛的讨论。当前，学术界对 AIGC 在教育领域的研究主要集中在三个方面。

首先，AIGC 在教育中的功能优势。AIGC 有助于推动高等教育资源的智能化，实现高校教育资源的高效获取、公平分配和科学评估。[②] 教师可以使用 AIGC 实施翻转课堂、智慧课堂等交互式教学模式，从而有利于提升教学效果。[③] AIGC 还可以为学生提供多方面的帮助。对于小学生来说，它可以促进他们的阅读和写作技能的发展。对于初高中生来说，AIGC 可以帮助他们学习语言，以及各种科目和主题的写作。对于大学生来说，AIGC 可以协助他们完成研究和写作任务，并培养他们的批判性思

---

① 蒲清平，向往. 生成式人工智能：ChatGPT 的变革影响、风险挑战及应对策略 [J]. 重庆大学学报（社会科学版），2023，29（3）：102 - 114.

② 沈超. ChatGPT：助力高等教育变革与创新型人才培养 [J]. 国家教育行政学院学报，2023（3）：13 - 16.

③ Rudolph J，Tan S，Tan S. ChatGPT：Bullshit Spewer or the End of Traditional Assessments in Higher Education? [J]. Journal of Applied Learning and Teaching，2023，6（1）：1 - 22.

维和问题解决能力。①

其次，AIGC在教育中的挑战。一是异化风险②，即AIGC应用于教育领域可能带来的知识异化、学生主体性异化、教学过程异化、认知过程异化、师生情感关系异化、实践活动异化和教育环境异化等风险③。二是教师地位弱化。利用AIGC获取信息和知识的便利性和丰富性，使学生认为教师不再重要，会对教师的角色和作用进行再评估。教师作为知识普及和技能传授的主体地位正在消解，教师在学生心中的地位和权威受到挑战。④三是投入成本高。教育数据的敏感性和多样性、教育概念和教学方法理解的复杂性、高质量教育数据获取和标注的困难致使教育领域大语言模型开发需要更高的投入。⑤

再次，AIGC挑战的有效应对。一方面，在遵守国家人工智能治理规范的前提下，教育主管部门和各个学校也应该积极行动起来，制定有关人工智能风险应对的实施细则。⑥另一方面，在数字赋能教育的大趋势下，学校需要不断提升教师对于智能技术的适应力，鼓励教师积极拥抱智能技术，发展人机协同教学的能力。同时还要提升学生数字素养与技能，增强智能时代的学习能力⑦，重要的是意识到AIGC的局限性和可能带来的问题与风险。⑧

---

① Kasneci E，Sessler K，Küchemann S，et al. ChatGPT for Good? On Opportunities and Challenges of Large Language Models for Education [J]. Learning and Individual Differences，2023，103.

② 周洪宇，李宇阳. ChatGPT对教育生态的冲击及应对策略 [J]. 新疆师范大学学报（哲学社会科学版），2023（4）：102-112.

③ 詹泽慧，季瑜，牛世婧，等. ChatGPT嵌入教育生态的内在机理、表征形态及风险化解 [J]. 现代远距离教育，2023（4）：3-13.

④ 吴军其，吴飞燕，文思娇，等. ChatGPT赋能教师专业发展：机遇、挑战和路径 [J]. 中国电化教育，2023（5）：15-23，33.

⑤ 刘明，吴忠明，廖剑，等. 大语言模型的教育应用：原理、现状与挑战：从轻量级BERT到对话式ChatGPT [J]. 现代教育技术，2023，33（8）：19-28.

⑥ 郑燕林，任维武. 实践观视域下ChatGPT教学应用的路径选择 [J]. 现代远距离教育，2023（2）：3-10.

⑦ 黄荣怀. 人工智能正加速教育变革：现实挑战与应对举措 [J]. 中国教育学刊，2023（6）：26-33.

⑧ Pavlik J V. Collaborating with ChatGPT：Considering the Implications of Generative Artificial Intelligence for Journalism and Media Education [J]. Journalism & Mass Communication Educator，2023，78（1）：84-93.

学术界已经取得了丰富的研究成果，为 AIGC 赋能思想政治教育提供了有益参考和思路。然而，在高校思政课教学中，AIGC 的价值还没有得到充分认识，学术探索还有很大的深入空间。教育部发布的《高等学校人工智能创新行动计划》中明确提到，要加强人工智能与学科专业教育的交叉融合，探索"人工智能＋X"的人才培养模式。深入探究 AIGC 赋能思政课教学的相关研究，不仅是智能时代思政课教学的发展需要，也是落实"立德树人"根本任务的内在要求。

第二节

AIGC 在高校思政课中的应用价值

党的二十大报告提出"必须坚持系统观念"[①]。高校思政课可以被看作一个系统，通常认为其包含了"教"与"学"两个主要的子系统。在当前"大思政课"建设理念下，高校思政课至少包含了教学目标的实现、知识的传授与学习、教学平台构建、课程资源利用、教学评估等诸多要素。AIGC 赋能教育带来的泛在化空间、沉浸式体验、交互式学习，同样也体现在高校思政课教学中，并在以下五个方面得到具体的体现。

一、有助于增强教学过程与教学目标的契合度

教学目标是指导、实施和评价教学过程的基本依据。[②] 思政课教学目标具有综合性的特点，主要包括：传授学生课程的理论知识；培养科学的思维方式，增强运用马克思主义立场、观点、方法解决现实问题的能力；养成理论素养、道德素养、法律素养等素质。[③] 根据教育部文件规定，高

---

① 习近平．高举中国特色社会主义伟大旗帜　为全面建设社会主义现代化国家而团结奋斗：在中国共产党第二十次全国代表大会上的报告［N］．人民日报，2022-10-26（1）．

② 施良方．课程理论：课程的基础、原理与问题［M］．北京：教育科学出版社，2003：95．

③ 蔡小葵．思想政治理论课理论性和实践性相统一的理论探析与实践要求［J］．思想理论教育导刊，2020（4）：141－145．

校思政课"重在增强使命担当，引导学生矢志不渝听党话跟党走，争做社会主义合格建设者和可靠接班人"①。通过系统学习，高校学生能够深入理解党的理论、路线、方针、政策，逐渐形成一套科学的世界观和方法论，同时培养勇于实践、善于创新的能力。然而，在实际的教学过程中，教师难以充分关注学生思维能力培养，导致教学效果呈现出低阶性和短视性特点，与教学目标还相距较远。然而，通过 AIGC 赋能思政课教学，可以有效促进课程目标的实现。一方面，通过与 AIGC 的对话，学生可以获取到广泛而深入的马克思主义理论知识。AIGC 可以处理和理解大量的文本数据，特别是马克思、恩格斯、列宁、毛泽东等经典作家浩如烟海的著作。比如，根据学生的个性化需求，AIGC 能够快速地提供《共产党宣言》中某一句话的背景和意义。另一方面，AIGC 的交互式学习方式可以激发学生的思维水平和创新能力，学生也能进行深入的思考和讨论，比如：封建制度为什么会被推翻？辛亥革命的成功与失败如何放在中国式现代化视域下去理解？通过互动性的人机合作，可以提高学生运用马克思主义立场分析问题的能力。

二、有助于推进思政课"大平台"的建设

习近平总书记指出："'大思政课'我们要善用之，一定要跟现实结合起来。"② 2022 年 7 月，教育部等十部门印发的《全面推进"大思政课"建设的工作方案》强调："充分调动全社会力量和资源，建设'大课堂'、搭建'大平台'……"③ 在"大思政课"建设背景下，AIGC 作为一种先进的人工智能技术，可以促进思政课"大平台"的建设，将思政课堂进一步拓展，推进教学空间的泛在化。其中最明显的功效就是拓展实践教学。"上思政课不能拿着文件宣读，没有生命、干巴巴的。"④ 通过结合专题内容，

————————

　　① 关于深化新时代学校思想政治理论课改革创新的若干意见［M］．北京：人民出版社，2019：5．

　　② 杜尚泽．"'大思政课'我们要善用之"（微镜头·习近平总书记两会"下团组"·两会现场观察）［N］．人民日报，2021-03-07（1）．

　　③ 教育部等十部门关于印发《全面推进"大思政课"建设的工作方案》的通知［EB/OL］．(2022-07-25)［2023-11-20］．https://www.gov.cn/zhengce/zhengceku/2022-08/24/content_5706623.htm.

　　④ 杜尚泽．"'大思政课'我们要善用之"（微镜头·习近平总书记两会"下团组"·两会现场观察）［N］．人民日报，2021-03-07（1）．

AIGC 可以辅助开展课堂实践，通过文本、音视频等方式"生成"有趣的案例和故事，帮助学生理解深奥的理论观点。同时，AIGC 还可以提供相关的实践指导，帮助学生将理论知识与实践经验相结合。比如，在关于"坚持人民至上"的理解上，可以让 AIGC 举出一些生活事例。通过这种方式，AIGC 就可能快速地生成这样的一段话：三年疫情之后，如何全面恢复并发展经济，如何提升城市"烟火气"从而增进民众幸福感，这些都是很急迫的问题，并且是关系到老百姓日常生活的"大事""要事"。2023 年期间，国家鼓励消费，淄博烧烤"出圈"，各个地方出台很多便民利民措施，这些都是落实"坚持人民至上"的生动体现。除此之外，通过充分发挥 AIGC 的优势，可以推动课程教学向大数据平台拓展，积极建设更具有智慧大脑的线上思政课，打造更为先进的"云端课堂"。

三、有助于推进知识传授与学习的方法创新

在高校思政课教学中，AIGC 的对话式交互模式能够激发学生的参与和互动。与传统的思政课教学相比，AIGC 为学生提供了更主动参与学习过程的机会，而不仅仅是被动地接受知识的传授。首先，打破传统课堂的单向传授模式。过去，大多数学生只是静听课程内容，缺乏积极的参与和互动。教师通常采用的也是"单向路"学习，即"犯了错，将其抓住，并在下一个教育周期内予以纠正，尔后继续前行"[①]。以后，学生可以通过与 AIGC 进行对话，积极提问、表达观点和分享想法。这种互动的方式让学生成为学习的主体，激发了他们的学术好奇心和主动性。其次，促进学生之间的互动和合作学习。在传统的思政课教学中，学生之间的互动机会相对有限。然而，通过人机的对话，学生可以彼此将观点呈现出来，这有助于思想碰撞。尤其是在课堂辩论环节，引导学生使用 AIGC 作为辩论的伙伴。再次，促进学生和教师之间的互动。在传统的思政课教学中，学生和教师之间的互动通常局限于课堂上的简短交流。未来，通过与 AIGC 进行对话，学生可以通过"云端""机端"进行交流，与教师建立更为持久的沟通渠道。他们可以提出问题、

---

① 张娟. 基于大数据的高校思想政治理论课教学改革研究 [J]. 黑龙江高教研究，2018，36（4）：139 – 142.

寻求教师的建议和指导。而教师通过了解学生的疑难困惑、知识掌握程度等，可以有针对性地调整教学内容和策略，从而提高教学实效。这种师生之间不限时空的互动可以帮助学生更好地理解和掌握思政课的内容。

四、有助于提供丰富的课程资源

高校思政课教学，不同老师有不同的教法，但除了教材之外，都需要有辅助资料或相关资源的支撑。通过与 AIGC 进行对话，师生可以获得相关的学术文献、经典案例与社会热点，从而帮助他们更深入地理解和掌握思政课的内容。首先，分享学术文献。通过与 AIGC 的互动，师生可以向它提出关于特定主题或领域的学术文献需求。比如在学习《马克思主义基本原理》中的历史唯物主义时，可以与历史虚无主义相辨析。那么关于历史虚无主义，主要有哪些学术观点？两者的主要争论焦点在哪里？这个时候，AIGC 可以根据需求提供相关的期刊论文、学术书籍、研究报告等。其次，分享经典案例。通过与 AIGC 的互动，师生可以提出对于特定主题或问题的经典案例需求，AIGC 就会即时提供这样的案例。比如在教师讲授《思想道德与法治》的法治部分时，为了弄清楚程序法治的重要意义，学生可以在老师的指导下借助 AIGC，由其提供诸如美国的"辛普森案"、中国的"田永诉北京科技大学案"等著名案例，并给出权威专家对这些案例的解读。再次，AIGC 还可以分享与思政课程相关的社会热点。思政课教学应紧密联系社会现实，帮助学生理解和参与社会问题的讨论与解决。通过与 AIGC 的互动，学生可以获取与思政课程相关的最新社会热点信息。AIGC 可以提供与社会热点相关的新闻报道、评论文章、政策文件等，帮助学生了解当前社会问题的背景、争议和影响。比如，教师在讲到《习近平新时代中国特色社会主义思想概论》中的"以人民为中心"时，AIGC 可以列举出 2023 年 8 月的"涿州洪灾"等案例，帮助学生了解消防人员和基层干部的先进事迹。

五、有助于开展教学评估

教学评估是对"教"与"学"等情况进行系统化、科学化评价的过程，旨在了解学生的学习效果、教师的教学效果以及教学环境的质量，并为改善教学质量和提高学习效果提供依据和参考。这里的评价是一种价值判断活动，是评价主体根据价值主体的需要，衡量价值客体是否满足价值主体的需要，以及在多大程度上满足价值主体的需要的一种判断。[①] 不少高校思政课都是大班教学，一名老师面对上百名学生，学生究竟掌握了多少理论知识，老师很难了解，评估专家也不知道，以前的教学评估往往是形式大于内容。在这方面，AIGC 能够发挥重要作用。首先，AIGC 具备自然语言处理的能力，能够分析大量的教学评估数据。它能够快速筛选和整理评估内容，提取关键信息，为教师和评估人员提供全面的数据分析和可视化报告。这样，评估人员可以更加高效地了解教学效果，从而及时调整教学策略和改进教学方法。其次，AIGC 能够使教学评估更加精准化。对于思政课本身而言，单纯依靠成绩评价教学质量是不够的，还需要关注学生其他方面的发展。借助AIGC，评估者可以与学生进行虚拟对话，记录学生的回答情况。这样一来，评估数据的准确性和全面性都得到提高，并且工作量也得到简化。AIGC 可以采集学生的课堂到课率、抬头率、课堂互动情况等数据，分析和评估教师的授课语言、情感表达、教学方法等内容，实现对教学的精准评估。再次，AIGC 还能根据评估者的要求或特定评估标准，生成具有科学性和针对性的评估报告或指导意见，帮助提升教学质量。评估者可以向 AIGC 提出问题或要求，它将根据其预训练的知识和理解能力，给出相应的回答和建议。

第三节

AIGC 带给高校思政课的现实隐忧

人工智能犹如一把"双刃剑"，在提升人们生活便捷度的同时，潜藏着诸多影响人类生存与生活的威胁与挑战。[②] 当前，以 AIGC 赋能高校思政课已从"装置意义"上的技术运用，演进至以技术工具、技术思维和技术逻辑为核心的技术治理范式的嵌入。其开放性、便捷性和高效性有助于彰显技

---

① 冯平. 走出价值判断的悖谬 [J]. 哲学研究，1995 (10)：41-48.

② 李谧. 人工智能的民生伦理审视 [J]. 中国社会科学院研究生院学报，2021 (5)：57-67.

术的应有价值。然而，AIGC 也给高校思政课带来了不少的现实隐忧。

一、大学生数据安全风险

在当今的大数据时代，数据已成为生产力的核心要素。随着人工智能在各个领域的深度应用，数据资源得到更广泛的使用，但同时也面临着数据安全风险。[①] 作为思想最活跃的青年群体，大学生将是 AIGC 的忠诚用户。一旦 AIGC 在高校思政课教学中得到应用，大学生的个人信息就会在无意间被 AIGC 系统的预训练阶段吸收，并成为生成式人工智能语料库的一部分。而且，通过运用生成式人工智能，大学生在系统里留下的访问记录、输入痕迹，甚至还有学习情况、考试成绩，以及由这些而推理出来的政治倾向、政治面貌、政治背景、政治观点都被人工智能所记录下来，容易发生数据隐私和安全问题。首先，存在数据泄漏风险。为了更全面地利用好 AIGC 的价值功能，不可避免地需要收集学生的个人信息和学习数据。然而，如果这些数据未被妥善保护，可能会面临数据泄露的风险，导致学生的个人隐私受到侵犯或被滥用。其次，使用 AIGC 可能涉及不透明的数据使用。在某些情况下，学生的数据可能被用于其他目的，例如个性化广告定向等商业用途。然而，这种使用方式缺乏透明度，学生可能无法了解他们的数据被如何使用，这可能引发隐私担忧。再次，学生对于数据控制权的缺乏也是一个关注点。在使用 AIGC 时，学生往往缺乏对自己数据的控制权和决策权。他们可能不知道自己的数据被存储在何处，也无法选择是否分享自己的数据。这种情况下，学生的数据隐私权利可能受到侵犯。可以预见，在不久的将来，关于生成式人工智能的数据泄露问题，将成为民事纠纷的一个增长点。

二、教育伦理问题

人工智能教育成了热切的必然趋势，也出现了不可避免的风险挑战，引发一系列伦理问题。[②] AIGC 应用于高校思政课中的伦理问题有以下几

---

① 林伟. 人工智能数据安全风险及应对 [J]. 情报杂志，2022，41（10）：88，105 - 111.
② 王佑镁，王旦，梁炜怡，等. 敏捷治理：教育人工智能伦理治理新模式 [J]. 电化教育研究，2023，44（7）：21 - 28.

个方面：首先，人工智能代替教师的角色。教师在课堂上扮演着指导、启发和提供反馈的重要角色，他们能够根据学生的个体差异和需求进行个性化教学，而机器是否能够完全取代这些关键职责，是一个需要深入思考的伦理问题。已有研究表明，人类具有多元智能，人工智能可以超越其中理性化的智能，但是却难以超越人化的情感，人工智能更多是"智"而不是情。① 教师的人性化特质、情感表达和人际交互对于学生的学习和发展具有重要意义，而机器无法提供这种人性化的体验。其次，抄袭和作弊风险增加。AIGC 具备强大的写作能力，可以帮助学生快速生成报告、论文等。然而，学生滥用 AIGC 作为抄袭和作弊工具，会引发对学术诚信问题的担忧。如学生借助 AIGC 代写课堂作业、期末论文等任务，甚至可能在考试过程中利用它作弊。而由于 AIGC 生成的文本内容是对已有文本的重新组合，使得教师难以识别学生是否使用 AIGC 进行抄袭，从而又助长了学生的作弊行为。再次，可能导致学生的技术依赖和智慧减弱。学生对 AIGC 的使用引发了人们对其是否会像对电脑、手机等的过度沉迷和上瘾的担忧。虽然 AIGC 能够提供个性化支持，但它强大的运算能力却让学生轻易获得答案，致使学生"放弃思考"而产生过度依赖，从而"引发对学生培养的反向驯化、认知弱化、偏见学习"② 等问题。

三、技术局限性所致的误导性输出

从功能维度来看，AIGC 在某种程度上模拟了人际传播的功能，以一种"拟人际传播"的形态存在。它可以生成与人类对话类似的回答，给人一种与真实人类交流相似的感觉。虽然 AIGC 可以无限接近"拟人化表象"，但它仍然存在一些无法克服的固化模式和不可控的偏向风险。③ 首

---

① 刘悦笛. 人工智能、情感机器与"情智悖论"[J]. 探索与争鸣，2019 (6)：76-88，158.

② 鲁云鹏，李春玲. 技术伦理视角下 ChatGPT 对学生培养的辩证影响研究 [J]. 中国大学教学，2023 (7)：84-91.

③ 姜泽玮. 功能局限、关系嬗变与本体反思：人机传播视域下 ChatGPT 的应用探讨 [J]. 新疆社会科学，2023 (4)：146-153.

先，AIGC 在某些情况下可能存在语义混淆和逻辑混乱。尽管 AIGC 在处理大部分任务时表现出了惊人的能力，但由于其基于统计模型，可能在某些情况下无法理解复杂语义的细微差别或潜在的逻辑规则。这可能导致输出回答的不准确性或模棱两可性，对学生产生误导。其次，AIGC 的输出可能受到其训练数据和模型的局限性影响。训练数据的选择和质量对 AIGC 的表现具有重要影响。如果训练数据存在偏见、不平衡或不完整，那么 AIGC 的输出也可能反映这些问题。在这种情况下，AIGC 迅速生成的本文内容看似可靠，但却是错误或无意义的。而由于用户无法对它所提供的内容进行追溯，也自然就无法了解它查阅了哪些资料以及根据何种依据进行生成。再次，AIGC 可能受到源数据的质量和先入为主的问题的影响。由于它是基于大量的网络数据进行训练，如果训练数据集中而多样性不足或存在主观偏见，那么 AIGC 的输出也可能受到这些影响。比如，在思政课教学中，对于"政党"概念的理解，中西方的主流观点是不一样的，西方学界普遍认为政党以执政为目标，而在 AIGC 的训练数据中，就是以西方的这种流行观点"先入为主"。

四、师生群体中智能鸿沟的普遍出现

智能鸿沟指的是在智能化发展过程中，人们在获取知识和创造知识的能力方面存在广泛的权力不对称现象，不同主体对于智能技术的掌握与应用也存在能力上的差距。[①] 与数字鸿沟相比，智能鸿沟几乎无法逾越，具有更为严重的影响。人工智能按照"智能识别—智能分析—智能供给—智能施策"[②] 的技术逻辑展开。在高校思政课教学中，AIGC 使用上的智能鸿沟难以避免。一方面，思政课教师之间存在技术使用的差异。尽管 AIGC 为教师的教学提供了便利，但同时也给他们增加了技术要求和应用难度。他们多是文科背景出身，长期钻研马克思主义理论和思政课教学，对数字技术并不敏感。他们只有熟练掌握技术使用能力，才能正常地使用 AIGC，

[①]　张海波，杨兆山. ChatGPT 的教育挑战与应答 [J]. 四川师范大学学报（社会科学版），2023，50（4）：107-114.

[②]　万光侠，焦立涛. 人工智能赋能思想政治教育双重向度 [J]. 思想教育研究，2023（5）：38-43.

否则就会遇到技术障碍。已有研究表明，教师在人工智能技术资源和培训方面存在差异，且教师个人智能素养不足会导致选择少用人工智能技术，甚至是避免使用人工智能技术。因此，在实施思政课教学时，部分教师能够有效地运用 AIGC 实现智能化思政课教学，而另一些技术欠缺的教师则难以充分发挥技术教学的优势。另一方面，学生之间存在资源分配的不平衡现象。由于部分教师不善于使用 AIGC，所以这部分教师名下的学生可能错失很多教学资源和学习机会，从而影响他们的学习效果。而有些学生通过老师或者凭借自己的数字技术能力能够擅长使用 AIGC，从而获得良好的现代教育资源，并能有效开展个性化学习。在教学资源不平衡的情况下，容易出现两极分化的现象，这进一步加剧了学生之间的差距和不平等现象。

五、西方不良价值观念的渗透

AIGC 来源于西方，其依托的数据和模型是建立在西方价值体系的基础上的，其输出的内容可能存在着某种程度的偏见、歧视等有害信息，从而为中国学生带来西方不良意识形态的渗透风险。所以说，AIGC 并非完全客观中立的产品，意识形态问题一定会通过某种形式反映其中。[①] 首先，输出结果的偏见。高校思政课教学本质上就是意识形态教育，由于中西方的诸多差异，在涉及政治的相关话题上，AIGC 生成结果具有明显的偏见。例如，对于某些敏感的政治、社会或文化问题，AIGC 可能会倾向于提供特定意识形态的观点，而忽视其他不同的观点。相关研究表明，有人利用 AIGC 生成包含历史虚无主义的文本，革命先烈、民族英雄可能被抹黑，历史事实也可能被歪曲。[②] 其次，信息缺失或歧视。如果训练数据集中、缺乏多样性或包容性，那么 AIGC 可能无法全面理解和呈现各种观点。这可能导致某些观点、立场或文化受到忽视或歧视，而影响了学生对世界的全面理解。比如，长期的"西方中心论"就使得中华优秀传统文化在西方话语世界中有所缺失。再次，价值观倾斜的答案。在回答特定问题时，

---

① 蓝江. 生成式人工智能与人文社会科学的历史使命：从 ChatGPT 智能革命谈起 [J]. 思想理论教育，2023（4）：12-18.

② 高奇琦，严文锋. 知识革命还是教育异化？ChatGPT 与教育的未来 [J]. 新疆师范大学学报（哲学社会科学版），2023，44（5）：2，102-112.

AIGC 可能会提供偏向某种特定价值观的答案，比如崇尚西方式的自由、民主和宪政，而否认中国式的全过程人民民主，甚至将现代中国说成是专制国家。这可能会导致学生受到误导，缺乏对问题多重维度的理解，也可能降低基于"实践导向"的思考能力。

第四节

AIGC 赋能高校思政课的优化进路

AIGC 应用于高等教育领域，应用于高校思政课教学是大势所趋。从长远来看，每一次技术革命会造福人类社会，但是在短期却隐藏着陷阱，而这种技术所带来的发展潜力，实际的结果将取决于短期发展能否得到良好的管理。[①] 在充分享受 AIGC 带来的红利之时，应该极力避免其附随的问题与风险，因此需要寻求恰当的优化进路。

一、在法律框架下完善信息保护技术与机制

保护数据隐私是合理使用人工智能的前提。欧洲的《一般数据保护条例》（GDPR）和美国的《儿童在线隐私保护法》（COPPA）也都要求各组织保护个人的数据。[②]《中华人民共和国民法典》第一百一十一条以及《中华人民共和国个人信息保护法》第二条均规定了自然人的个人信息受法律保护。使用 AIGC 进行教学需要确立明确的数据保护政策，明确规定学生数据的收集、使用和共享方式，以及对数据安全的保护措施。只有建立健全的政策框架，才能保障学生数据的安全和隐私。[③] 因为 AIGC 是通

---

① 弗雷. 技术陷阱：从工业革命到 AI 时代，技术创新下的资本、劳动与权力 [M]. 贺笑，译. 北京：民主与建设出版社有限责任公司，2021：25.

② Da Veiga A，Vorster R，Li F D，et al. Comparing the Protection and Use of Online Personal Information in South Africa and the United Kingdom in Line with Data Protection Requirements [J]. Information and Computer Security，2019，28（3）：399 – 422.

③ 陶磊，汪萍平. 人工智能赋能高校思想政治理论课混合式教学之思 [J]. 黑龙江高教研究，2022，40（12）：119 – 126.

过从互联网上获得的大量数据进行训练的，所以必须确保学生的个人数据得到保护且不得被用于不合法的用途。① 首先，采用数据加密和匿名化技术。教育机构应考虑采用先进的数据加密和匿名化技术来保护学生个人数据的安全。这些技术可以确保在数据传输和存储过程中，学生的个人敏感信息得到充分的保护，减少数据泄露和被其他未授权的人访问的风险。其次，最小化数据收集和存储。确保只收集和存储教学所需的最少量数据。应该建立健全数据合理使用的审查机制，从而避免过度收集学生的个人信息。此外，教育机构应确保及时删除不再使用的数据，以防止这些不再用于教学但却又关系到学生信息安全的信息遭到泄露。再次，构建并完善学生数据使用的透明度和知情同意规则。透明度和知情同意对于保护学生数据隐私和促进教育机构与学生之间的信任至关重要。教育机构应将数据使用的目的和方法向学生和家长明确说明，并获得其知情同意。学生和家长应被告知哪些数据将被收集和使用，以及数据使用的范围和期限。

二、重塑思政课教师的"人生导师"角色

教育的本质不是知识的堆砌而是灵魂的交流。生成式人工智能即便再强大，也只是一种改进工作的"生产工具"。AIGC 并非完美无瑕，而是作为外在资源来辅助教学，教师在教学中将其作为辅助教学手段，而非完全对其产生依赖。也许 AIGC 在理工科教学方面发挥的作用更大，而在人文社会科学尤其是思政课教学上的功能发挥却有所局限，这是由思政课的性质和特点决定的。在此前提性的认识之下，应当善于驾驭 AIGC 这个工具，将"用 AIGC"与"去 AIGC"相结合。因此，为有效应对严峻的伦理危机，需要重塑思政课教师的"人生导师"角色。② 既要发挥 AIGC 的应用价值，更要强化教师在立德树人中的主导性地位。一方面，加强情感式教育。"以情感人"是思想政治教育最基础的方法，强调对受教育者进行情

---

① 毕文轩. 生成式人工智能对教育行业的挑战与回应：以 ChatGPT 为分析对象 [J]. 江苏高教，2023（8）：13 - 22.

② 赵中源. 高校思想政治理论课教师的角色定位 [J]. 中国高等教育，2016（8）：16 - 18.

感引领，以便通过对受教育者的"感动"而塑造和引导其灵魂。[①] 尽管人工智能技术在教育中发挥着重要作用，但教师的人性化特质、情感表达和人际交互仍然是不可替代的。教师应注重发展与学生的情感联系，确保思政课课堂的"情感在场"[②]。教师可以利用 AIGC 等技术作为辅助工具，而不是让其完全取代自己的角色，以确保教育过程中的人性化体验和情感共鸣。另一方面，平衡技术应用与智慧培养。教育应该注重培养学生的想象力，而不仅仅是依赖技术应用。想象力是人异于人工智能的重要能力，释放学生想象是教育伦理的重要原则。[③] 教师可以利用 AIGC 设计具有创新性的教学活动、教学方式、教学内容等，着重培养学生的创造性思维和独立思考能力。例如，在课堂上开展辩论时，可以利用具有良好交互能力的人工智能助教实时提供辩论反馈，并鼓励学生与人工智能助教展开辩论，从而培养学生更高阶的想象思维能力。同时，需要借助严格的检测机制和反作弊措施，确保学生通过 AIGC 等工具产生的内容符合学术规范和诚信原则。

三、构建虚实共生与人机协同模式

为了尽可能防范由于技术局限所产生的误导性输出，需要构建虚实共生与人机协同模式。这就意味着，要充分发挥虚拟实践的超越性功能与现实实践的基础性功能，基于虚实共生逻辑剥离教育要素的冲突成分，打造教育要素虚实互动融通的和谐之境，并增进人与机器的协作、交互与整合功能。[④] 一方面，不断完善人工智能的应用模式。首先，多样化训练数据是关键。通过增加训练数据的多样性，包括不同来源、不同观点和不同文化背景的数据，可以提高生成式人工智能对各种观点的理解和回答准确性。这样可以避免 AIGC 过度倾向某种特定观点或产生偏见。其次，通过

①　吴宏政，辛欣．思想政治理论课教学中的"以理服人"和"以情感人"［J］．思想教育研究，2019（7）：12－14．

②　刘侣萍．新时代高校思政课改革创新需要"情感在场"［J］．学校党建与思想教育，2020（13）：53－55．

③　李政林．释放想象：人工智能教育应用的伦理审视与未来教育［J］．电化教育研究，2023，44（8）：18－25．

④　赵建超．思想政治教育与人工智能深度融合的内在机理［J］．思想理论教育，2023（8）：94－100．

引入更多的规则和知识，AIGC 可以更好地理解不同语义的细微差别和潜在的逻辑规则，从而减少语义混淆和逻辑混乱的可能性。再次，为了提高透明度和可追溯性，可以引入 AIGC 生成回答的追溯功能。这意味着记录和展示 AIGC 查阅的资料、参考的文献和依据，使用户能够了解回答的来源和依据。这样，用户可以更好地评估回答的可信度，并追溯 AIGC 生成回答的过程，从而减少误导性输出的风险。另一方面，就是发挥自然人的主观能动作用，增强对人工智能生成信息的鉴别能力。在条件可能的情况下，教师或专业人士可以担任审核者的角色，对 AIGC 的回答进行评估和纠正。这样可以确保 AIGC 的输出质量和可信度，避免误导学生。教学主体都应培养识别和评估信息的能力，包括 AIGC 生成的信息。尤其是教师，能够具有一定的知识把关能力和事实考证能力。比如，在《中国近现代史纲要》关于抗日战争史的教学中，对诸如"中国共产党是七分发展、三分抗日"等错误观点，思政课教师"要更多通过档案、资料、事实、当事人证词等各种人证、物证来说话"①。同时还要鼓励学生在学习中进行合作和互动，通过小组讨论、辩论等形式，共同思考和解答问题，相互纠正和补充，从而发现和纠正误导性输出的情况。

四、全面提升师生群体的智能素养

如何有效利用 AIGC 等生成式人工智能技术跨越智能鸿沟，关键在于全面提升人的智能素养。智能素养是个体面向智能时代必备的关键能力，它主要包括理解人工智能、应用人工智能和学习人工智能三类素养。② 这就意味着师生都需要理解 AIGC 等生成式人工智能的基本原理、工作方式，需要掌握其使用方法，并遵循技术伦理，还应努力提高自身的智能胜任力，具备适应智能时代的素质和才能。为此，应该采取以下措施：首先，为教师提供全面的技术培训。习近平总书记指出："随着信息化不断发展，知识获取方式和传授方式、教和学关系都发生了革命性变化。这也对教师

---

① 让历史说话用史实发言 深入开展中国人民抗日战争研究 [N]. 人民日报，2015-08-01 (1).

② 郑燕林，任维武. 实践观视域下 ChatGPT 教学应用的路径选择 [J]. 现代远距离教育，2023（2）：3 - 10.

队伍能力和水平提出了新的更高的要求。"① 在数字时代面前，每个人既是自然人，也是社会人，还是"数字人"。虽然思政课教师属于文科类教师，但是也不能将自身规避于数字技术之外。教师只有熟练掌握智能技术的使用方法和教学策略，才能够充分利用 AIGC 等工具进行教学。其次，建立教师间的合作与交流平台，鼓励经验丰富的教师与技术欠缺的教师之间的互助和分享。② 经验丰富的教师可以分享他们在使用 AIGC 等工具方面的教学经验与方法。再次，积极推动技术的普及，为所有学生提供平等的技术资源和培训机会。通过提供适当的支持和培训，帮助那些技术能力较弱或资源条件有限的学生充分利用智能工具进行学习，缩小智能鸿沟的差距。最后，不断优化智能工具。持续改进和优化智能工具的功能和用户体验，使其更加易用和适应多样化的教学场景。这样可以降低技术门槛，提高教师和学生使用智能工具的效率和满意度。

五、筑牢意识形态安全屏障

在关于教育的论述中，习近平总书记指出："如果历史观错误，不仅达不到学习教育的目的，反倒会南辕北辙、走入误区。"③ 高校思政课是培养大学生担当民族复兴大任的重要课程，而意识形态安全关系到他们成长成才，关乎国家的前途命运。因此，要高度重视 AIGC 对大学生意识形态的影响。首先，政府应发挥积极作用。应加强对 AIGC 等生成式人工智能的有效监督，确保其输出内容符合主流意识形态和价值观。同时，还应支持人工智能的科学研究，推动开发出安全可靠的"中国版 AIGC"。其次，主流媒体扮演关键角色。网络空间是当代大学生的重要精神家园，主流媒体应充分利用抖音、快手等网络平台，推广与主流意识形态相关的正面内容，加强社会主义核心价值观的传播。同时，主流媒体也应警惕 AIGC 可能传播虚假信息、政治谣言和错误思潮的风险，通过内容审核和监管机

---

① 习近平. 在北京大学师生座谈会上的讲话 [N]. 人民日报，2018-05-03（2）.

② 张惠. 固守或超越：人工智能时代高校教师的角色重塑 [J]. 黑龙江高教研究，2023（9）：91-97.

③ 习近平. 在党史学习教育动员大会上的讲话（2021 年 2 月 20 日）[M]. 北京：人民出版社，2021：24.

制，防止不良意识形态的渗透，以保障学生接收到真实与准确的信息。再次，高校与科技公司的合作也是关键。两者共同研发和推广具有内容检测和筛选能力的教育或教学类智能工具，这些工具可以自动过滤和识别潜在的西方不良意识形态输出的内容，确保学生接收到既具有多元性又符合思政课教学内容的信息。这种合作可以提供技术支持和解决方案，帮助高校建立起强有力的意识形态安全屏障，确保教学内容的准确性。最后，教师要有政治站位，提升意识形态的安全意识。他们应深刻认识到自身的政治责任和使命，时刻保持清醒和警惕，坚守政治立场，严格遵守思政课的教学内容和要求。他们应积极主动地研究和学习习近平新时代中国特色社会主义思想，将其作为主要内容融入教学话语中，以引领学生树立正确的意识形态观念。

第五节

本章小结

生成式人工智能应用于高校思政课教学是大势所趋。凡事预则立，不预则废。本章系统讨论了 AIGC 在高校思政课中的应有价值：能够促进思政课教学目标的实现，推进思政课"大平台"的建设，促进课程讲授与学习方式的创新，提供丰富的课程资源，有助于开展教学评估。其开放性、便捷性和高效性彰显了技术的价值功能，但 AIGC 在高校思政课的应用也存在着不少隐忧，包括大学生数据安全风险，教育伦理问题，技术局限性所致的误导性输出，师生群体中智能鸿沟的普遍出现，西方不良意识形态的渗透。在充分享受 AIGC 的红利之时，应该极力避免其附随的问题与风险，需针对以上问题寻求适当的优化进路，尤其要坚持马克思主义的指导，筑牢意识形态的安全屏障。

技术的进步空间究竟有多广阔，我们无从想象，但照此趋势下去，AIGC 对高校思政课甚至对所有课程都会造成很大冲击。比如，高校思政课使用全国统编教材，课程内容都是权威专家设计的，遵循着"专家论证与撰稿—教育行政部门开发审定—学校传授"这一知识传播逻辑。但基于

AIGC 的教学模式会直接解构专家课程的权威性，并在一定程度上消解课程的统一性和标准化特征，国家对此该如何应对？同样，AIGC 应用于课程教学，也可能将教学中的师生二元结构向"教师—学生—技术"的三元结构转型，这个时候教师的主导性作用又该如何发挥？"我们的一切发明和进步，似乎结果是使物质力量成为有智慧的生命，而人的生命则化为愚钝的物质力量。"① 高校的首要职能是人才培养，而如果技术逻辑超越育人逻辑，如果技术赋能转向技术悬浮，这种情况下课程育人又该走向何方？这些深层次问题，有待学界进一步探讨。

习近平总书记指出："思想政治工作从根本上说是做人的工作，必须围绕学生、关照学生、服务学生，不断提高学生思想水平、政治觉悟、道德品质、文化素养，让学生成为德才兼备、全面发展的人才。"② 当前，思政课教师需要意识到，AIGC 赋能思政课教学不仅仅是追求技术的前沿性，更重要的是明确这一技术的应用必须围绕立德树人这一根本任务，引导学生立德成人、立志成才，树立正确的世界观、人生观、价值观。所以，高校思政课教师要用好主渠道，种好责任田，要深刻认识到 AIGC 只是一个工具，它对人类是有利还是有害完全取决于我们对它的使用方式，要树立育人为"本"与技术为"用"的思想政治教育理念，坚守教育者"主导"与智能"辅导"的思想政治育人原则。

① 马克思恩格斯选集：第 1 卷［M］.北京：人民出版社，2012：776.

② 习近平在全国高校思想政治工作会议上强调：把思想政治工作贯穿教育教学全过程　开创我国高等教育事业发展新局面［N］.人民日报，2016-12-09（1）.

后　记

　　长期以来，我致力于政治学研究，在干部制度研究方面取得了些许成果，并成功主持了两项与干部制度相关的国家社会科学基金项目。然而，自 2017 年起，当我开始独立指导硕士研究生时，我的科研精力不可避免地有所分散。鉴于每位学生均具有自身的个性、兴趣和特长，我需要顾及他们的学习特点、兴趣倾向以及职业规划，而非要求学生的论文选题与我的研究专长保持一致。其中，我的两位研究生徐艳和刘念，未来将投身于教学工作，从而选择了思政课教学作为硕士论文的研究方向。因此，我也将一部分精力投入到思政课教学研究中，并倾注心力指导她们的论文写作。所以，尽管这部专著是我个人的科研成果，但它也凝聚了两位学生的心血，尤其是其中的调研内容，离不开她们辛勤的劳动。

余绪鹏

2024 年 5 月